Cómo hablar cuando los hijos no escuchan

Cómo hablar cuando los hijos no escuchan

Quejas, peleas, berrinches,
provocaciones y otros
retos de la paternidad

Joanna Faber y Julie King

Ilustraciones de Emily Wimberly

OCEANO

CÓMO HABLAR CUANDO LOS HIJOS NO ESCUCHAN
Quejas, peleas, berrinches, provocaciones y otros retos de la paternidad

Título original: HOW TO TALK WHEN KIDS WON'T LISTEN.
Whining, Fighting, Meltdowns, Defiance, and Other Challenges of Childhood

© 2021, Joanna Faber y Julie King

Traducción: Aridela Trejo

Diseño de portada e ilustraciones: Emily Wimberly

D.R. © 2022, Editorial Océano de México, S.A. de C.V.
Guillermo Barroso 17-5, Col. Industrial las Armas
Tlalnepantla de Baz, 54080, Estado de México
info@oceano.com.mx
www.oceano.mx

Primera edición: 2022

ISBN: 978-607-557-632-9

Impreso en México / Printed in Mexico

"Antes de ser padre no sabía que podía arruinarle el día
a alguien si le pedía que se pusiera pantalones"

—Anónimo

Índice

Introducción

Querido lector, bienvenido a nuestro libro. Vamos a explorar el paisaje: la primera parte es un resumen ilustrado de las herramientas esenciales que necesitarás para sobrevivir una vida con niños, desde un año hasta la primera adolescencia. Incluimos actividades al final de cada capítulo para que practiques lo aprendido, si estás de humor para hacerlo.

En la segunda parte, encontrarás temas populares entre nuestros lectores. También compartimos anécdotas que nos envían padres y maestros, y respondemos las preguntas sobre algunos de sus desafíos más difíciles.

Como siempre, será un gusto escuchar tus comentarios. Te invitamos a compartir tus historias y preguntas en info@how-to-talk.com o en nuestra página, how-to-talk.com. Tal vez incluyamos tu tema en nuestro próximo libro.

Nota: solemos cambiar los nombres y otros detalles para proteger las identidades de los cansados protagonistas (aunque, cuando nos lo piden, usamos sus nombres reales); no obstante, intentamos elegir nombres que representen con fidelidad las identidades culturales o étnicas de los involucrados.*

---

*Algunas de las cartas en este libro reúnen preguntas que ha hecho más de un lector.

PRIMERA PARTE
Las herramientas para la comunicación elemental

Si alguna vez te has encontrado con consejos sobre cómo sobrevivir si tienes hijos, seguramente estás familiarizado con alguna de estas advertencias: sé cálido pero firme, consistente pero flexible, apóyalos pero dales su espacio, y traza límites claros. No se te olvide darles amor incondicional, alimentar el vínculo afectivo, mostrar empatía, y al mismo tiempo, ¡no perder la calma!

Nadie podría contradecir esta sabiduría tan racional. Suena factible, especialmente antes de que los niños lleguen a tu vida.

Desde luego, quienes hemos dado el paso y sabemos cómo es la vida con niños de carne y hueso nos encontramos en situaciones en las que la teoría no se puede poner en práctica. Cuando tu hijo de dos años está inconsolable porque le diste una taza de otro color diferente al que quería; tu hijo de cinco años hace un berrinche monumental porque de tarea le pidieron dibujar un objeto que empiece con B (pero no quiere dibujar una bota); tu hija de doce años, siempre a la moda, está furiosa porque eres la única madre del mundo que no le compra esos tenis carísimos de diseñador; tu hija de dieciséis años acaba de sacar su licencia, y te ignora cuando le prohíbes manejar rumbo a una fiesta durante una tormenta de nieve... estás librando una batalla y no sientes ese vínculo afectivo.

¿Y ahora qué hago?

Si alguna vez te has hecho esta pregunta, ¡bienvenido! Durante las últimas décadas hemos enseñado a los padres, educadores y otros adultos que viven o trabajan con niños a superar tiempos muy difíciles (momentos cotidianos que te hacen jalarte el cabello) sin perder la perspectiva. En este libro vas a encontrar las herramientas que necesitas para hacerle frente a los conflictos inevitables entre los adultos y los niños.

CAPÍTULO UNO

Gestionar los sentimientos

¿Por qué los niños no pueden ser felices y punto?

Cuando te imaginaste cómo sería tu vida con niños (antes de tenerlos), seguro creíste que la pasarían muy bien.

Los niños de nuestros sueños

Pero a estas alturas ya habrás descubierto que a veces, la realidad de la vida con los niños dista mucho de la fantasía.

A veces, así es la REALIDAD

Cuando enfrentamos conflictos o desgracias queremos recuperar la felicidad que nos imaginamos. Pero nuestros esfuerzos más valientes y bien intencionados para ser útiles, para resolver un problema, pueden terminar empeorando las cosas.

¿Por qué cuando intentamos calmar a los niños, a veces se ponen peor? Nuestra intención es tranquilizarlos. Enseñarles que pueden pasar este bache minúsculo en el camino de la vida sin perder los estribos. *No pasa nada.* Pero el mensaje que escuchan es otro: "No te voy a dar lo que quieres y no me importa, pues tus sentimientos no son importantes como para preocuparme". Y así se duplica la aflicción: además de la decepción original de no poder comerse una barra de granola, se suma el sentimiento de soledad cuando se dan cuenta de que a nadie le importa que estén tristes...

Es verdad que, para los adultos, en la escala de desastres mundiales, las barras de granola están en último lugar. Pero para un niño decepcionado, ese refrigerio es igual de importante que cualquier catástrofe insignificante que aqueja a los adultos durante el día. ¿Tu molesto compañero de trabajo siempre toma tus plumas y nunca te las devuelve? *Deja de quejarte. ¡No pasa nada!* ¿Tu amigo compartió tus problemas personales de salud con todo el barrio? *No exageres, no seas tan sensible.* ¿El mecánico te cobró de más por arreglarte la transmisión, una semana después se volvió a descomponer y no te reembolsó? *¡Así es la vida! Para qué molestarse.*

No te enojes. Queremos ayudarte *explicándote* por qué te sientes mal.

Es exasperante cuando de golpe desestiman nuestras decepciones, sí, insignificantes en el esquema general de las cosas. Cuando alguien intenta tranquilizarnos minimizando lo que nos molesta, terminamos sintiéndonos peor, e incluso dirigiendo una nueva ola de ira a la persona que intentaba ayudarnos. Y nuestros hijos son iguales.

Incluso los profesionales pueden hacer sentir peor a un niño afligido:

El agravio

Estrategia clásica #1: negación de los sentimientos

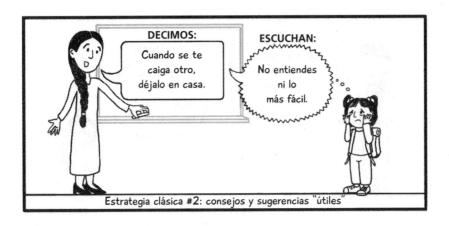

Estrategia clásica #2: consejos y sugerencias "útiles"

Estrategia clásica #3: preguntas

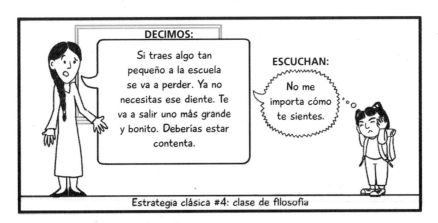

Estrategia clásica #4: clase de filosofía

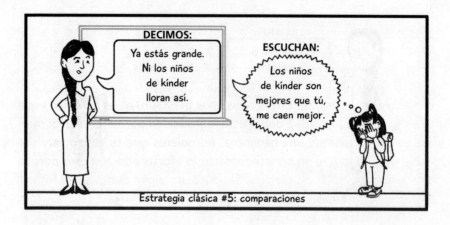

Estrategia clásica #5: comparaciones

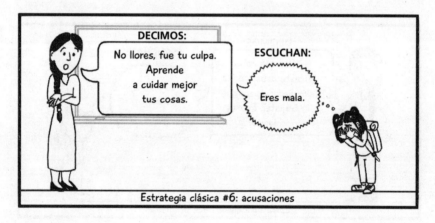

Estrategia clásica #6: acusaciones

Nos desesperamos porque queremos darle cierta perspectiva a los niños. No pueden ir por la vida derrumbándose por el más mínimo detalle. Es nuestra responsabilidad enseñarles lo que es importante y lo que no, ¿no es cierto? Pero el momento no es oportuno. Cuando estás enojado porque te robaron los tenis en el gimnasio, no es apropiado que tu amigo te recuerde que debes estar agradecido por tener pies. Si pierdes el pie a causa de una gangrena, no quieres que tu amigo te visite el día de la amputación para recordarte lo afortunado que eres porque hay gente que no tiene piernas. Sin duda, en algún punto en el futuro, será una perspectiva útil, pero por ahora, agradecerías compasión, no un discurso motivacional.

Tal vez entendamos intelectualmente que en momentos de angustia no conviene disuadir por medio del diálogo a alguien que se siente miserable. Sin embargo, tenemos una necesidad apremiante de minimizar o desestimar los sentimientos negativos, tanto por su bien como por el nuestro. Cuando los niños nos comparten sus infortunios, nos resulta natural convencerlos de que *no está tan mal*. Responden con mayor intensidad para demostrarnos que *sí está muy mal*. Reaccionamos frustrados, y de pronto todos los involucrados se dejan llevar por una espiral de ira que va creciendo. Cuanto más intentes apagar la llama, más crece. Resulta que acabamos echando gasolina al incendio, no agua.

QUÉ HACER

Entonces, no es útil intentar que los niños vean el lado amable de las cosas, tampoco decirles que se aguanten y dejen de lloriquear porque no es para tanto. ¿Ahora qué? ¿Sentarse en el sillón con audífonos que cancelen el ruido? ¿De verdad no podemos decirles NADA o hacer algo que no empeore la situación?

¡Gracias por preguntar! Te ofrecemos un conjunto de herramientas a las que puedes recurrir cuando un niño está angustiado.

Herramienta 1: reconoce sus sentimientos con palabras

En vez de argumentar que la niña es ridícula, está mal, es grosera o está exagerando, ponte a pensar: ¿qué siente? ¿Está frustrada, decepcionada, enojada, molesta, triste, preocupada o asustada?

¿De acuerdo?

Ahora demuéstrale que la entiendes.

Nos referimos a lo que le dirías a un amigo, con emoción genuina, con quien quieres empatizar. *Suena preocupante. Ay, qué decepcionante. ¡Qué situación tan frustrante! Parece que estás muy molesta con tu _____ (hermano / maestra / amigo).*

Herramienta 2: reconoce sus sentimientos por escrito

Las palabras por escrito hacen que un niño sienta que lo estás tomando en serio. Incluso a los niños que no saben leer les encanta que anoten sus ideas y se las lean. Puedes escribir una lista: una lista de deseos, del súper, de preocupaciones o quejas.

Herramienta 3: reconoce sus sentimientos con arte

El arte puede ser una herramienta muy poderosa cuando se trata de emociones fuertes. Y la buena noticia es que no tienes que ser artista. Basta con figuras de palitos. A veces los niños van a querer mostrarte sus sentimientos de tristeza o enojo con un lápiz, gis o crayones para dibujar una carita triste y que entiendas cómo se sienten.

Herramienta 4: en una fantasía concede lo que la realidad no te permite

Cuando un niño quiere algo imposible, la tentación es explicarles hasta el cansancio por qué no puede tenerlo. *"Ya te expliqué que no podemos ir a nadar ahora, mi vida, la alberca está cerrada. No tiene caso llorar".* Este tipo de ejercicios de lógica rara vez convencen a un niño de aceptar la realidad. Se alegrará más rápido si le dices: *"Ay, me encantaría que la alberca estuviera abierta toda la noche. ¡Podríamos nadar aunque estuviera oscuro!*

La próxima vez que quieras administrar una dosis de realidad absoluta, mejor recurre a la fantasía. Dile a tu hijo que te gustaría tener una varita mágica para que apareciera una tina llena de helado, que necesitas que unos robots te ayuden a limpiar, que sería increíble que el reloj pudiera congelar el tiempo para tener cientos de horas más para jugar.

Herramienta 5: reconoce sus sentimientos con atención (casi) silente

A veces basta con un sonido solidario. Aguanta las ganas de sermonear a tu hijo, hacerle preguntas o dar consejos. Mejor escucha y genera un sonido de afirmación: *ay, ash, mmm, uf.*

Sí, pero...

A veces es evidente que un niño se siente mal. Se le cae una galleta, se rompe en pedazos y el perro se la come. Además, era la última galleta. ¡La caja está vacía! Después de estudiar la sección sobre reconocer los sentimientos, saltamos al rescate emocional. Resistimos la tentación de refunfuñar: "*Qué pena, querida, así es la vida, y mejor que lo aprendas de una vez*". Mejor respondemos con empatía: "*Ay, con las ganas que tenías de comerte tu galleta. No querías que se la comiera Bruno. ¡Qué rápido reaccionó! Es una aspiradora. Me encantaría tener una varita mágica para aparecer una caja de galletas. ¿Y ahora qué hacemos? ¿Me ayudas a ponerlas en la lista del súper? Vamos a anotarlas con letra grande para que no se nos olviden.*"

Guau, vaya pelea de campeones. Evitaste una crisis, tu hija está practicando coordinación motora al escribir.

Pero a veces, no es tan fácil descifrar las emociones. Los niños se molestan y no lo vemos venir. Nos da la impresión de que estamos teniendo una conversación agradable, razonable, y de pronto nos encontramos en un drama de dimensiones épicas. ¿Qué carajo pasó?

Querido lector, para tu comodidad, compilamos una lista de interacciones clásicas que pueden salirse de control en un abrir y cerrar de ojos. El truco es percatarse cuando los niños expresan sentimientos fuertes, pero no de manera evidente.

Expresiones de sentimientos que no son evidentes

1. Cuando *parece* que un niño plantea una pregunta

—¿Por qué no devolvemos al bebé?

—¿*Tengo* que vestirme?

—¿Cómo debo hacer la tarea?

Una pregunta directa merece una respuesta directa...¿no?

—¡Porque es parte de la familia!

—¡Te acabo de decir que estamos a −5°!

—Empieza con un borrador.

De algún modo, esas respuestas molestan más a los niños. Aunque un niño no conozca qué es una "pregunta retórica", es lo que está planteando. Es más útil fomentar la *conversación reconociendo el sentimiento implícito en la pregunta*.

—Los bebés exigen mucha atención! A veces extrañas ser el hijo único.

—Ay, me encantaría que hiciera más calor. Es más cómodo usar shorts.

—Parece que esta tarea es agobiante. Tiene muchas partes y es difícil decidir por dónde empezar.

Aceptar el sentimiento que implica la pregunta puede ser suficiente para apaciguar el conflicto y ayudar al niño a aceptar la decepción o sortear la ansiedad. Quizá no es suficiente. Por eso escribimos los capítulos dos y tres, sobre la cooperación y la resolución de problemas. Pero antes de que te vayas volando para allá, recuerda que todo empieza aquí. Necesitamos buena disposición para resolver conflictos sin ser combativos y reconocer los sentimientos genera la buena disposición.

2. Cuando *parece* que un niño pide un consejo

Parece una oportunidad de oro para compartir nuestra sabiduría, fruto de la experiencia.

¿Por qué se fue enojado y azotó la puerta?

Resiste la tentación de brindar consejo al instante. Piensa que el niño está expresando un sentimiento y la respuesta más útil es empezar por reconocerlo. ¿Qué sentimiento? Vamos a adivinar, respetuosamente.

Parece que tienes sentimientos ambivalentes.

¿Qué es ambivalente?

Cuando tienes dos sentimientos opuestos a la vez. Quieres inscribirte al equipo, pero te preocupa que no te guste.

Sí, hay muchos niños más grandes y no los conozco.

Mmm, ahora que estás en la prepa serías el más chico del equipo. No sabes si estarás cómodo.

Sí, qué tal si soy el más lento.

Mmm, te gustó en la secundaria, pero aquí podría ser distinto... ¿Te gustaría probarlo una o dos semanas para decidir?

No hay que comprar tenis, voy a usar los viejos hasta que decida.

Tal vez te diste cuenta de que la madre en esta conversación hizo una sugerencia.* Si tienes la costumbre de aceptar los sentimientos, tu hijo puede ser receptivo frente a una sugerencia respetuosa. Todo depende del momento indicado. Si empezamos la conversación diciendo: "¿Por qué no lo intentas?", es más probable que el niño pelee o se moleste. Los niños necesitan sentir que los entendemos, antes de contemplar las soluciones.

3. Cuando un niño exagera

—Es un bebé, siempre llora cuando no hacemos lo que quiere.

—¡Odio a mi maestro!

—¡Nunca me dejas hacer nada divertido!

Nuestros instintos nos invitan a corregirlo y ofrecer una dosis de realidad.

—Debes ser más paciente con tu hermano. Eras igual a su edad.

—No odies a tu maestro. Tienes suerte de tenerlo.

—No seas ridícula, es una fiesta. Habrá muchas más.

Sin embargo, todas estas respuestas los enfurecen, en vez de tranquilizarlos. Vamos a intentar reconocer los sentimientos implícitos en las exageraciones. Estas son algunas ideas para empezar una conversación que enfriará las aguas y dará pie a debates más civilizados.

—No siempre es fácil tener un hermanito. Le gusta agarrar tus cosas y grita cuando se enoja.

---

*La mamá en esta conversación fue Joanna, y su hijo sí se quedó en el equipo de *cross-country* durante toda la prepa. Resultó que los chicos más grandes eran menos intimidantes de lo que parecían.

—Parece que tu maestro te hizo enojar mucho hoy.

—Parece que esta fiesta es muy importante. Me encantaría poder estar en dos lugares a la vez.

No todas las situaciones requieren reconocer los sentimientos

Sugieren que todo en absoluto es un sentimiento. ¡Qué agotador! ¿Cómo vamos a hacer las cosas del día a día?

¡Tienes razón! Sabemos que en lo que se refiere a emociones fuertes, en ocasiones podemos eludir el conflicto y ahorrar energía si primero reconocemos esos sentimientos. Pero habrá muchas ocasiones en las que no hace falta el drama emocional.

Cuando una niña pregunta algo que exige una respuesta:

No necesitas responder: "Parece que te sientes frustrada y no estás segura de cómo pronunciar una serie de letras confusas y extrañas". Simplemente puedes responder: "V-a-c-a".

Si un alumno pregunta:

No hace falta que explores el subtexto: "Mmm, la luz de interior tiene efectos deprimentes en las personas, sobre todo con tantos focos fluorescentes". Simplemente puedes responder: ¡sí!

Si un niño se pregunta:

¿Por aquí hay tigres?

No necesariamente tienes que explorar los sentimientos. "¡Caray, qué miedo!".

Puedes responder con información: "No. ¡Sólo viven en el zoológico!". O si hay tigres en tu zona menciónalo con claridad: "¡Claro! ¡Si ves uno, mantén la calma y aléjate despacio!".

Muchos de los participantes en nuestros talleres nos han contado que cuando intentan aceptar los sentimientos de los niños, les ayuda imaginar qué le dirían a un amigo. Cuando hablamos con una persona de nuestra edad, es natural ser empáticos sin negar sus sentimientos, cuestionarlos, sermonearlos ni darles consejos. Pero incluso con los adultos a veces nos falla el instinto.

Anécdota de Joanna

Hace tiempo, me llamó una amiga que se iba a hacer análisis clínicos. Me contó: "Lo peor es que me preocupa que sea cáncer". Mi instinto me pidió descartar sus temores. *Eso no va a pasar. ¡Ni lo pienses!* Me quedé pensando y se produjo un silencio incómodo. Por fin pude responder: "Es una preocupación enorme".

Mi amiga respondió explosiva: "¡SÍ! ¿Y sabes qué me dice la gente? Que ni siquiera lo piense. ¿No te parece ridículo? ¿Cómo no pensarlo?". Estuve de acuerdo, era igual de absurdo que decirle a alguien que no pensara en un problema evidente. Las dos nos reímos. No reconocí que había estado a punto de decirle exactamente lo mismo que toda esa gente "ridícula".

Cuando aceptamos los sentimientos negativos de una persona afligida, le damos un regalo. Somos una persona en el mundo que entiende lo que está viviendo. No está sola.

Reconocer los sentimientos es más que un truco o una técnica. Es una herramienta que puede transformar las relaciones. No garantiza que nuestros niños vayan a pasear al perro, se laven los dientes o vayan a dormir sin dramas, pero sí crea una atmósfera de buena disposición en la cual las cosas se vuelven más fáciles y agradables. También establece las bases para que los niños desarrollen la capacidad para preocuparse por los demás y aceptar sus sentimientos.

Pero no nos tienes que creer. John Gottman, investigador prominente en el área de psicología infantil, publicó un estudio en el que siguió y comparó a padres con diferentes estilos de comunicación en el curso de varios años.* El resultado mostró que los niños cuyos sentimientos eran identificados y aceptados tenían una ventaja enorme, al margen de su coeficiente intelectual, o la clase social o nivel educativo de sus padres. Tenían mejor concentración, les iba mejor en pruebas de aptitud, tenían menos problemas de conducta y se llevaban mejor con maestros, padres y compañeros. Eran más resistentes frente a enfermedades infecciosas e incluso sus muestras de orina mostraron menos hormonas del estrés. Así que si queremos niños con una buena orina (¿quién no?), procuremos reconocer sus sentimientos.

---

* Carole Hooven, John Mordechai Gottman y Lynn Fainsilber Katz, "Parental Meta-emotion structure predicts family and child outcomes", en *Cognition and Emotion*, 1995, 9:229–264

PRÁCTICA

Para cada situación elige la respuesta que reconozca mejor los sentimientos del niño con palabras, arte, fantasía o atención (casi) silente.

1. "¡Todos me odian!"

    a. —¡No es cierto! Tus padres te aman, tus abuelos te aman, tu maestra te ama, ¡hasta tu gato te ama!.

    b. —¿Qué esperabas si te gusta llorar y estar de malas? A nadie le cae bien un llorón.

    c. —Parece que tuviste un pésimo día.

    d. —No seas dramático, siempre exageras.

2. "¡Se rompió mi cochecito de control remoto!"

    a. —Es que juegas muy pesado. Eso pasa si lo avientas de la cama.

    b. —Ay, no. Qué decepción. ¡Con lo que te gustaba!

    c. —Lo bueno es que no tienes licencia de conducir.

    d. —No llores. Mañana te compro otro.

3. "¡Mi maestra es una tonta!"

    a. —Guau, parece que estás muy enojada con ella.

    b. —No te expreses así de tu maestra, no seas irrespetuoso.

    c. —¡Ya sé! Encontré tres errores en el permiso que mandó la semana pasada. ¡Es patética!

    d. —Estoy segura de que tiene la razón.

4. Tu hija ve a una persona paseando a un perrito. Empieza a llorar y a pedir que la cargues.

    a. —¡Basta! No tengas miedo. Ese perrito no te está haciendo nada.

    b. —Acarícialo, mira qué suave.

    c. —¿Tienes miedo? Métete a la casa. Le voy a decir que de ahora en adelante, pasee a su perro en la calle de enfrente.

d. —Los perros pueden poner nerviosas a las personas. No sabes cómo va a reaccionar. Vamos a pararnos allá para que puedas verlo de lejos.

5. "Creo que reprobé el examen de matemáticas."

a. —No seas tan negativa. Seguro te fue bien. Si no, pídele a tu maestro que te lo vuelva a hacer.

b. —Pues tendrías que haber estudiado más. Llevo toda la semana recordándote, pero no me escuchas.

c. —Uf, es difícil esperar las calificaciones cuando te preocupa cómo te fue.

d. —Nadie en esta familia es bueno para las matemáticas. Lo siento pero está en tus genes.

6. Tu niño de tres años no deja de llorar porque le dijiste que no se puede comer el bote de helado solo.

a. —¿Quieres que se te pudran los dientes? No es sano comer tanta azúcar.

b. —No seas encajoso. ¡El helado es para todos!

c. —Deberías agradecerme por comprar postre. Si sigues quejándote, no te voy a dar ni una probada.

d. —Es difícil compartir algo tan delicioso. Te gusta tanto el helado que nadarías en una alberca de helado. A ver, vamos a dibujarlo. Aquí te echas un clavado al helado. Dibuja las chispas de chocolate.

7. "¡Tyler me dijo idiota!"

a. —No te enojes. Los niños dicen esas cosas. Son muy buenos amigos, seguro no lo dijo en serio.

b. —Es triste que un amigo te insulte.

c. —¿Qué le pasa? Ignóralo toda la semana. ¡A ver qué le parece!

d. —Debe haber alguna razón para que él dijera eso. ¿Qué le hiciste?

8. "Steven volvió a ganar el concurso de arte. Yo ni siquiera quedé en cuarto lugar."

a. —No puedes ganar todo. Esfuérzate más a la próxima.

b. —¡Qué injusto! Tu dibujo era mucho mejor. Ni siquiera se entendía qué era el suyo. Seguro es familiar de alguno de los jueces.

c. —Qué decepción. Te esforzaste mucho en tu dibujo, tenía muchos detalles, como el insecto en el pasto y la expresión chistosa del gato.

d. —A lo mejor lo tuyo no es el arte. No todos pueden dibujar. Eres mejor en los deportes.

9. "¡No es justo! ¡Yo le quería jalar al baño! Quería ver cómo se iba."

a. —¿Quién te dijo que la vida es justa? De todas formas, casi siempre se te olvida y no quería que el baño apestara.

b. —¡Deja de quejarte! A la otra lo haces tú.

c. —Espera. Me voy a tomar una lata de refresco para ir al baño y tú le jalas.

d. —Ay, es verdad. Tenías ganas de jalarle. Vamos a poner un letrero en el baño para acordarnos a la otra.

> MAMÁ, NO TOCAR, MIKEY LE VA A JALAR.

10. "No puedo dormir, estoy preocupado".

a. —Acuéstate e intenta relajarte. Todo estará mejor en la mañana.

b. —¿Por qué? ¡Espérate a que crezcas y tengas que pagar una hipoteca!

c. —Ay, pobrecita. A lo mejor hay que sacarte del programa de avanzados, es mucha presión.

d. —Es difícil dormir cuando estás preocupada. Voy a traer una hoja para que anotes qué te preocupa.

---

1. *La próxima semana entrego la tarea de ciencias. Es mucho trabajo.*

2. *Se rompió la cadena de la bici.*

3. *Necesito pilas para el control remoto de mi avión.*

4. *No tengo dinero, se me perdieron unas monedas debajo de la lavadora.*

5. *Mi clóset está desordenado, necesito más espacio.*

Respuestas

1. C
2. B
3. A
4. D
5. C

6. D
7. B
8. C
9. D
10. D

REPASO: GESTIONAR LOS SENTIMIENTOS

1. Reconoce sus sentimientos con palabras

—No siempre es fácil tener un hermanito.

—Parece que esta tarea es agobiante. Tiene muchas partes y es difícil decidir por dónde empezar.

2. Reconoce sus sentimientos por escrito

—Tenías ganas de una barra de granola, vamos a anotarlo en la lista del súper.

—Tienes mucho en mente, cuéntame qué te preocupa y hacemos una lista.

3. Reconoce sus sentimientos por medio del arte

—Sientes ganas de llorar, ¿quieres ponerle lágrimas?"

—Extrañas mucho a tu mamá, vamos a dibujar un retrato suyo.

4. Crea una fantasía que no tiene cabida en la realidad

—Me encantaría tener una varita mágica para hacer que apareciera el sol.

—Parece que esta fiesta es muy importante. Me encantaría poder estar en dos lugares a la vez.

5. Reconoce sus sentimientos con atención (casi) silente

—"Ah", "Mmm...", "¡Uy!", "Uf".

CAPÍTULO DOS

Niños que cooperan

¿El sueño imposible? ¿Por qué no pueden HACER lo que les PIDES?

No todo el día podemos hablar de sentimientos. A veces necesitamos que los niños hagan lo que les tiene completamente sin cuidado. ¿A cuántos niños les preocupa no llegar tarde, lavarse las manos, tener la recámara ordenada o cambiarse la ropa interior?

Parece que la forma más eficiente de decirles que hagan las cosas sería pedirlo de forma directa:

"Baja al gato, ponte la chamarra. No al rato, ¡AHORA!"

El problema es que recibir órdenes puede fomentar molestia y resistencia.

Imagina que llegas de trabajar y tu pareja te recibe así: "Ay, qué bueno que llegaste. No, no, no toques la computadora. Por favor, cuelga tu abrigo, lávate las manos y ven a sentarte a la mesa. ¿Te dije que revisaras tu correo? Deja esa tablet, ahora. Apúrate, ya va a estar lista la cena. ¿Me escuchaste? Dije, ¡AHORA!".

¿Tuviste ganas de darte la vuelta y salir por la puerta? A fin de cuentas, es martes y hay especial en la pizzería.

Cuando le damos órdenes a los niños (incluso cuando somos amables y pedimos las cosas "por favor"), la situación juega en nuestra contra. Las órdenes y sus parientes cercanos (amenazas, acusaciones y advertencias) no fomentan la cooperación.

Vamos a revisar algunas de las estrategias ineficientes que empleamos los adultos para que los niños hagan cosas. Para no dejarte en suspenso, también vamos a ofrecer antídotos y alternativas que tienen mayores posibilidades de éxito.

Estrategia ineficiente: amenazas

Mejor, **PONLO A CARGO**

Cuando estamos en una lucha de poder, es más útil enfriar las cosas en vez de prepararnos para la guerra. Una amenaza se percibe como un reto, lo cual puede reforzar la determinación del niño. En vez de tratar de recuperar el control, intenta compartirlo. Podrías tener una sorpresa agradable.

Estrategia ineficiente: advertencias

Mejor, **DESCRIBE EL PROBLEMA.**

Cuando advertimos a los niños que se avecina un desastre, les trans-mitimos el mensaje de que no confiamos en ellos, no están actuando con responsabilidad, o que no tienen el criterio para discernir qué hacer o cómo comportarse. Las advertencias (y las órdenes que las acompañan) les restan la impresión de responsabilidad personal.

Cuando describimos el problema hacemos lo opuesto. Invitamos a los niños a ser parte de la solución. Les damos la oportunidad de decidir qué hacer.

Si no se les ocurre una solución, **DILES QUÉ PUEDEN HACER EN VEZ DE QUÉ NO PUEDEN HACER.**

Cuando los niños nos vuelven locos, nos enfocamos en lo que *NO* queremos que hagan. Pero los niños no pueden simplemente "no hacer". Es mucho más sencillo redireccionar su energía que detenerla de golpe.

Estrategia ineficiente: sarcasmo

Mejor, **ESCRIBE UNA NOTA.**

A todos nos ha pasado, repetir una instrucción y que nos ignoren hasta el cansancio. Terminamos frustrados y diciendo algo cruel e inefectivo. Necesitamos un antídoto. ¿Qué tal una nota?

La palabra escrita tiene muchas ventajas. Primero, después de expresar tu molestia en tu primer borrador, reescríbela en un tono más amable. Segundo, es un buen recordatorio para tu hijo sin que tengas que repetir las cosas. Tercero, como dijo un niño: "Las notas no gritan". Cuarto, la palabra escrita es mágica, incluso a los niños que no saben leer les resulta atractivo.

Estrategia ineficiente: culpar y acusar

Mejor, **BRINDA INFORMACIÓN**.

Lo que para nosotros es obvio, no lo es para un niño. Cuando les damos información en vez de lanzar acusaciones, los tratamos con respeto. Asumimos que si tienen el conocimiento adecuado, van a actuar con responsabilidad.

Puede ser útil pensar en cómo le hablamos a un adulto. Sería insultante dar una orden directa: "¡Oye, deja de golpear con el tenedor en la mesa! Estás maltratando la madera". Lo normal es encontrar la forma de darles información: "La mesa está hecha de madera delicada. Se puede maltratar incluso con el golpecito de un tenedor". Dejamos que los adultos decidan qué hacer.

Estrategia ineficiente: preguntas retóricas

Mejor, **DESCRIBE LO QUE VES.**

Cuando nos desesperamos, puede ser difícil resistir hacer preguntas retóricas. El problema es que los niños pequeños no las entienden y los niños mayores se ofenden.

Cuando nos limitamos a describir lo que vemos, eludimos las críticas implícitas y nos centramos en lo importante.

Estrategia ineficiente: regañar y sermonear

Mejor, **DILO CON UNA PALABRA.**

A muchos nos encanta despotricar a la antigua, pero a nadie le gusta ser el receptor. Si los niños siguen escuchando después de las primeras palabras (seamos honestos, ya se la saben de memoria), es más probable que se pongan furiosos en vez de cooperativos. Incluso si están planeando guardar los zapatos, después de un regaño, ya no van a querer hacerlo.

Una alternativa es recurrir a una sola palabra. La belleza de aprovechar este recurso es que señala el problema y el niño decide qué hacer. El mensaje implícito es: "Estoy segura de que ahora que ya te diste cuenta, lo vas a hacer".

Ojo: asegúrate de que la palabra sea un sustantivo. Éste suena a un recordatorio respetuoso: "Cinturón". Un verbo suena a orden insoportable: "¡Muévete!".

Estrategia ineficiente: insultar

Mejor, **ESCRIBE CÓMO TE SIENTES.** (Utiliza la palabra "yo", evita "tú").

Cuando llamamos a un niño con un nombre despectivo creemos que lo motivará a portarse mejor. *Caray, ya me di cuenta de que soy grosero, voy a reformar mis modos.* Por desgracia, no funciona así. Es más probable que se moleste o peor, adopte esa etiqueta negativa. Tenemos mejores probabilidades de obtener una respuesta solidaria de los niños (¡y los adultos!) si nos abstenemos de insultar y mejor, describimos cómo nos sentimos. Al recurrir a esta herramienta, es importante usar la palabra "yo", en vez de "tú". En cuanto le dices "tú" a un niño, sentirá que lo acusas y se pondrá a la defensiva.

Puede ser delicado. Empezamos hablando de nosotros y a los pocos segundos cambiamos y se rompe la buena voluntad. Recibirá mejor: "Oye, no me gusta que me piquen" que: "Oye, no me gusta cuando me picas".

Estrategia ineficiente: comparar

Mejor, PLANTEA ALTERNATIVAS

Cada individuo (niño o adulto) alberga el deseo feroz de ser autónomo. Cuando planteamos alternativas, recurrimos al impulso natural de controlar nuestro destino. También es un ejercicio valioso para que los niños practiquen la toma de decisiones.

Estrategia ineficiente: ÓRDENES

Mejor, **RECURRE AL JUEGO**

ADVERTENCIA: esta herramienta es muy poderosa, pero no se puede recurrir a ella si estás enojado. ¡Tienes que estar de buen humor!

> **Habla a través de un objeto inanimado:** a los niños no les gusta cuando les decimos qué hacer, pero en ocasiones, para los más pequeños es irresistible cuando los objetos les hablan, incluso cuando es evidente que los sonidos salen de nuestra boca. Por suerte, no necesitas estudiar ventriloquia para que esta herramienta funcione. Sólo usa otra voz para el objeto.

> **Finge ser el adulto incompetente:** los adultos siempre estamos en la postura de poder y autoridad. A los niños pequeños les parece comiquísimo cuando fingimos no tener idea de qué estamos haciendo, y les encanta convertirse en expertos. Hay que disfrutar la diversión de este cambio de papeles todo lo posible porque dentro de poco, nuestros hijos serán más competentes que nosotros... ¡en casi todo!

Finge: para los niños las transiciones son difíciles. Si podemos hacer que la transición sea una actividad divertida, en la práctica, eliminamos la resistencia.

Que sea un juego o un reto: esta es otra estrategia para que la transición sea atractiva, para que no se termine la diversión.

Usa diferentes acentos o voces bobas: a los niños les encanta lo inesperado. En vez de una orden seria, intenta hablar con la voz de la caricatura favorita de tu hijo, o un robot, o un comentarista de deportes.

¿Alguna de las respuestas inútiles te parece familiar? Por desgracia, nuestras estrategias más comunes suelen crear sentimientos hostiles en los niños. Y cuando "funcionan" (cuando un niño hace lo que le pedimos por temor de una consecuencia), puede haber efectos negativos. Cada vez que ordenamos, amenazamos o acusamos a nuestros hijos, les estamos enseñando a ordenar, amenazar y acusar a los demás. Podrá sonar razonable cuando lo decimos, pero cuando escuchamos a nuestros hijos hablar así, suena muy mal. ("*Si no me dejas jugar con mi videojuego, ¡no voy a hacer la tarea!*")

Si queremos que nuestros hijos sean educados y respetuosos, sirve poner el ejemplo.

Desde luego no existe correspondencia exclusiva entre estas herramientas y nuestros impulsos inútiles de ordenar, acusar, amenazar, etcétera. Puedes mezclarlos. Plantéale una alternativa en vez de una orden, brinda información en vez de dar un sermón, describe cómo te sientes en vez de culpar. Nos entiendes. Estos ejemplos son sugerencias para estimular tu creatividad.

PRÁCTICA

Para cada situación, responde con la herramienta para fomentar la cooperación.

1. Cuando le pides a tu hijo que se lave las manos y se siente a comer, nunca quiere dejar de hacer lo que está haciendo. Le das advertencias de cinco minutos y de un minuto, pero de todas formas protesta o te ignora por completo.

   Respuesta inútil:
   Reconoce sus sentimientos:
   Plantéale una alternativa:
   Ponlo a cargo:
   Recurre al juego:

2. Tu hija colgó su chamarra en el mango de una puerta y se cayó. Te acabas de tropezar con ella.

   Respuesta inútil:
   Dilo con una palabra:
   Describe cómo te sientes (usa "yo" no "tú"):
   Describe lo que ves:

3. Ves a tu hijo dirigirse al sillón de la sala con una bolsa de pretzels y un vaso de jugo.

   Respuesta inútil:
   Dale información:
   Nota en la puerta de la cocina:
   Describe el problema:
   Dile qué puede hacer, en vez de qué no puede hacer:

4. Estás listo para poner la mesa para comer, pero descubres que está cubierta con los restos de un proyecto de arte abandonado. Tijeras, plumones, papeles, cinta, cartulina, pegamento e hilo.

   Respuesta inútil:

Recurre al juego:

Describe el problema:

Dilo con una palabra:

5. PUNTOS EXTRA: prueba cuánto tiempo aguantas sin darle ninguna orden a tus hijos.

¿Cuánto tiempo aguantaste?
   a. 20 minutos
   b. Una hora y media (pero la primera hora estaba tomando una siesta)
   c. Todo el día
   d. _____ (tu respuesta)
   ¿Notaste un cambio en tu estado de ánimo o el de tu hijo?

HOJA DE RESPUESTAS
(las respuestas individuales pueden variar):

1.

Respuesta inútil: Llevo 45 minutos preparando la comida. Ya me cansé de llamarte. Si no te sientas en treinta segundos, olvídate del postre.

Reconoce sus sentimientos: No es fácil separarte de... cuando estás tan concentrado.

Plantéale una alternativa: ¿Necesitas un minuto o cinco? ¿Quieres usar jabón líquido o el de dinosaurios? ¿Quieres lavarme las manos o te lavo las tuyas?

Ponlo a cargo: ¿Puedes poner la alarma dentro de cinco minutos y le avisas a los demás que es hora de comer?

Recurre al juego: ¡Necesito manos sucias que lavar! Es-ho-ra-de-que-los-ro-bots-ven-gan-a-co-mer. Los-ro-bots-ne-ce-si-tan-com-bus-ti-ble. Sí-gan-me.

2.

Respuesta inútil: ¿Cuántas veces te he dicho que cuelgues tu chamarra en el clóset? Se va a ensuciar. No seas floja, te toma treinta segundos colgarla en su lugar. Uno de estos días me voy a resbalar con ella y a romper el cuello, y va a ser tu culpa.

Dilo con una palabra: ¡Chamarra!

Describe cómo te sientes (usa "yo" no "tú"): No me gusta ver cómo se ensucia la chamarra en el piso.

Describe lo que ves: La chamarra se cayó.

3.

Respuesta inútil: ¡Ven acá en este momento! No se te ocurra llevar comida a la sala. ¡Conoces las reglas!

Dale información: Comemos en la cocina.

Nota (en la puerta de la cocina): No se permiten alimentos ni bebidas cruzando la puerta. Revise sus bolsillos y zapatos.

Describe el problema: Ah, querías descansar en la sala. El problema es que no quiero preocuparme por migajas y derrames de líquidos en el sillón.

Dile qué puede hacer, en vez de qué no puede hacer: Puedes comer tus botanas en la cocina y después ir a jugar a la sala.

4.

Respuesta inútil: Qué bien...No puedo poner la mesa para comer porque está tu desorden. ¿Por qué no haces tus proyectos en tu recámara? Eso hace tu hermano. Se llama ser considerado.

Recurre al juego: Necesitamos limpiar rápido. Voy a poner [la música favorita del niño]. ¿Crees que podamos guardar todo cuando termine la canción?

Describe el problema: Necesito la mesa limpia para servir la comida.

Dilo con una palabra: ¡La mesa!

5. Puntos extra

A. Buen comienzo.
B. Estás en una buena racha.
C. ¡Guau!
D. No tenemos palabras.

REPASO: NIÑOS QUE COOPERAN

1. **Ponlo a cargo.**
   —¿Puedes revisar la app de viajes y ver a qué hora nos tenemos que ir para llegar a tiempo?

2. **Describe el problema.**
   —Tienes mucha energía y me preocupa que se rompa algo. ¿Qué hacemos?

3. **Dile qué puede hacer, en vez de qué no puede hacer.**
   —A ver qué tan alto saltas.

4. **Escribe un recado.**
   —Querido atleta: antes de salir, ¡recuerda los tenis!

5. **Dale información.**
   —A Bruno no le gusta que le jalen la cola.

6. **Describe lo que ves.**
   —Uy, se cayó leche en el piso.

7. **Dilo con una palabra.**
   —Zapatos.

8. **Describe cómo te sientes.**
   —No me gusta que me piquen.

9. **Plantéale una alternativa.**
   —¿Quieres guardar la comida que quedó o recoger los trastes limpios?

10. **Recurre al juego.**
    —Te apuesto a que llego primero al coche. En sus marcas, listos, ¡fuera!

CAPÍTULO DOS Y MEDIO

¡Nada está funcionando!

El problema con el capítulo 2

Insistieron que si recurría a estas herramientas, mi hijo cooperaría. ¡Mintieron!

¿Qué sigue? ¿Hay dos caminos posibles?

1. Actúa, pero sin insultar.

A veces es necesario actuar de inmediato para evitar la muerte, heridas (o proteger tus muebles). ¡No hay tiempo de reflexionar!

> ¿Tu hija está corriendo alocada en la calle ignorando tus advertencias? La vas a atrapar, sin importar si grita y protesta, meterla a la casa y le vas a decir: "No te puedo dejar correr así en la calle, ¡es peligroso!".

> ¿Tu hijo está usando su pincel para pintar el sillón, las cortinas y el gato en vez del lienzo? Vas a quitarle la pintura y el pincel, a ponerlos en donde no pueda alcanzarlos y le vas a decir: "Es muy tentador salpicar todo con pintura. Pero no te puedo dejar hacerlo. ¡No me gusta ver pintura en los muebles!".

> ¿Tu hijo está a punto de golpear a su hermano en el estómago? Vas a separarlo y decirle: "No puedo dejar que lastimes a tu hermano".

Incluso si no hay amenaza inminente de lesiones corporales o contra tus pertenencias, es normal que pierdas la paciencia cuando ya has tratado con varias herramientas y tu hijo no responde. No sugerimos tragarte la ira y acabar la lista completa. Respira. Piensa en algo agradable. Chocolates... gatitos... caminatas en la playa...y después actúa, sin insultar.

Tu hijo dejó un desastre enorme en la cocina de un experimento (pese a que te hizo la promesa sincera de limpiar), ¿y ahora espera que lo lleves a casa de su amiga? Puedes actuar negándote: "No voy a llevarte hasta que limpies la cocina. Me sentiría enojada si tengo que limpiar yo antes de hacer la comida, y no quiero sentirme así" (en sentido estricto, no es una acción, pero tú nos entiendes. A veces un boicot puede ser una declaración poderosa).

Tu hija está saltando entre las bancas de una pizzería, aunque ya describiste cómo se sienten los comensales ("Los saltos están molestando a las demás personas") y le planteaste una alternativa ("aquí te puedes sentar, afuera puedes saltar"). Puedes actuar diciendo: "Nos vamos a casa. La gente quiere comer en paz".

El principio es *actuar* para proteger a la gente y tus pertenencias, y a veces, las relaciones. No quiere decir que los niños no vayan a llorar y protestar. Pero si no actuamos, los niños aprenden que pueden ignorarnos porque no hablamos en serio, y nos vamos a rendir frente a la desesperación o cansancio.

Las palabras que empleamos cuando actuamos son importantes. En todos estos ejemplos, no insultamos ni atacamos a los niños. ("No seas flojo", "¿Alguna vez piensas en las necesidades de los demás?", "Es tu culpa. Rompiste tu promesa y dejaste un tiradero".) Un niño que se siente atacado dirigirá su energía a defenderse y contraatacar ("No es justo, no fui yo nada más. ¡Siempre me culpas por todo!"). En cambio, nos concentramos en nuestros valores, le comunicamos a los niños cuáles son nuestros límites con firmeza y respeto, y al mismo tiempo, reconocemos sus sentimientos, les damos información y describimos los nuestros. Si logramos resistir la tentación de recurrir a lenguaje insultante o acusatorio, es más probable que los niños comprendan el mensaje que les queremos transmitir.

2. Pregúntate por qué

Cuando tengas tiempo de reflexionar, pregúntate: ¿Qué le pasa por la cabeza de mi hijo? ¿Por qué se resiste tanto a mis expectativas "razonables"?

Problemas frecuentes que interfieren con la cooperación (y qué hacer al respecto)

- Tu hijo está mostrando sentimientos fuertes y se está portando poco cooperativo: **reconócelos.**

¿Recuerdas el primer capítulo y aquello de reconocer los sentimientos? Si tu hijo se niega constantemente a cooperar con una petición puntual, explora sus sentimientos.

¿Todas las mañanas libran una batalla campal para salir a la escuela? Si empiezas aceptando sus sentimientos puede que aprendas algo útil.

Quién sabe cómo responda. Tal vez descubras que no quiere ir a la escuela porque le da miedo ir al baño. A lo mejor le preocupa un examen. Tal vez crea que el bebé va a desarmar su rompecabezas y masticarlo mientras no está. A lo mejor es difícil ponerle pausa a su videojuego y es mejor escoger otra actividad matutina.

En todo caso, con toda seguridad, ayudará reconocer los sentimientos e incluso puede conducir a una solución creativa.

- Tal vez tu hijo tenga mucha hambre, esté muy cansado o agobiado como para cooperar: **atiende sus necesidades elementales, comida, sueño y tiempo para recuperarse.**

¿Tu hijo suele hacer berrinches en la noche? Cuando un niño está cansado o tiene hambre, no habrá estrategias verbales tan eficientes como una siesta o un refrigerio. Es el caso de los niños pequeños.

Trabajamos con una madre y su niño de tres años, Nolan. Todas las tardes se desquiciaba. Gritaba, golpeaba, pateaba, mordía, aventaba cosas, sacaba el agua de la tina, sin motivo aparente. Los papás trataron todas las estrategias posibles sin éxito. Hasta que descubrieron el porqué. Hacía poco Nolan había dejado de tomar siestas en preescolar. Para las cinco de la tarde estaba fuera de control. Sus papás lo empezaron a acostar mucho más temprano y con eso solucionaron la locura vespertina.

Y también le pasa a los niños mayores.

En las escuelas con programas de alimentación gratuita y que iniciaban más tarde para que los adolescentes durmieran más, la conducta y el desempeño mejoró drásticamente. Aumentaron las calificaciones en los exámenes, las tasas de graduación y disminuyó la conducta disruptiva. Se trata de dos soluciones sencillas para un problema complejo. Es difícil concentrarse en la escuela y comportarse con tranquilidad cuando estás cansado o tienes hambre.*

Si un niño está agobiado por estímulos sensoriales o está exhausto emocionalmente, es importante permitir que se recupere antes de exigirle más o empezar una actividad. Una madre nos compartió esta historia:

Cuando Amaya, mi hija de seis años, llega a casa de la escuela, su hermanita Kiana se emociona mucho y tiene prisa por jugar con ella. Antes animaba a Amaya a ponerle atención a Kiana, pero casi siempre resultaba contraproducente. Terminaba perdiendo la paciencia con su hermana, gritándole o empujándola. Por fin me di cuenta de que Amaya necesita tiempo a solas para relajarse después de la escuela. Si entretengo a Kiana la primera hora, más tarde Amaya jugará con ella con mucha dulzura y paciencia. No digo que un día en primero de primaria sea traumático, pero hay muchas cosas que a mi hija introvertida le resultan difíciles. Seguir todas las reglas, lidiar con un grupo numeroso de niños, preocuparse de terminar su trabajo, tener la validación de la maestra... todo suma.

- El desarrollo de tu hijo puede no cumplir con tus expectativas: **modifica tus expectativas y gestiona el entorno, no al niño.**

Pero está listo. Puede hacer _____ *cuando quiera. ¡Lo hizo en la mañana!*

Nos gusta pensar que cuando un niño hace algo la primera vez, ya lo puede hacer siempre. Y no suele ser así.

---

* https://www.consumeraffairs.com/news/reading-scoreshigher-for-children-who-eat-lunch-021419.html; https://www.ncbi.nlm.nih.gov/pmc/articles/PMC4824552/#:~:text=Although%20not%20all%20studies%20found,school%20start%20times%20on%20academics; https://www.npr.org/programs/ted-radio-hour/564577402/simple-solutions

Sólo porque fue al baño correctamente en la mañana cuando despertó, no significa que va a llegar a tiempo si está distraído jugando o comiendo. Tal vez necesite recordatorios amables, o quizás en las tardes sea mejor ponerle un calzón entrenador.

Sólo porque puede jugar con cuidado con el gatito del vecino sin supervisión, no significa que esté listo para tener un gatito, lo cual implicaría tratarlo con cuidado, incluso cuando está emocionado o frustrado. Tal vez sea mejor esperar otro año, aunque esté implorando tener una mascota.

¡Pero a su edad ya debería...!

El desarrollo individual no siempre sigue a la perfección una línea en una gráfica.

Que la mayoría de los niños en edad de ir al kínder se puedan sentar en un círculo diez minutos sin pararse, no implica que tu hijo en particular pueda. A lo mejor necesita permiso para levantarse y dar una vuelta durante la hora de los cuentos.

A lo mejor la mayoría de los niños de quinto de primaria están listos para ir a un campamento de tres días con la escuela, pero no tu hijo. Tal vez le produzca ansiedad no dormir en su casa.

Quizás algunos niños en primero de secundaria pueden llevar el control de sus labores y hacer la tarea en su recámara, de manera independiente. Pero quizá tu hijo necesita que lo ayudes a organizar su trabajo; así como tu compañía y apoyo mientras hace su tarea.

- En la vida libramos más batallas y dedicamos menos tiempo a disfrutar: **dedica tiempo para reconectar.**

Es fácil dejarse llevar por la tarea de criar a los niños y enseñarles a hacer lo que tienen que hacer. Porque, seamos honestos, es buena parte de nuestro trabajo. Pero no es suficiente para mantener una relación amorosa.

. ¿Alguna vez tuviste un vecino que sólo te llamaba para quejarse o comunicarte un problema? Incluso si el vecino era amable, ¿no te oprimía el corazón cuando tu teléfono sonaba y era él? ¿Estuviste tentado a no responderle?

Si siempre nos acercamos a los niños con el objetivo de corregirlos o pedirles que nos obedezcan, llega un punto en el que ya no ven ningún motivo para cooperar, o interactuar con nosotros. Es necesario tomarnos tiempo para reconectar. Hacer algo juntos sólo para disfrutarlo.

Olvídate de tu lista de pendientes, siéntate con tu hijo y lean un cuento, construyan un edificio con sus bloques, cárgalo de caballito, hagan una cueva con las cobijas, jueguen luchitas, hagan refrigerios de crema de cacahuate y pasitas en forma de ojos, hagan un charco de lodo con la manguera, jueguen un videojuego, escuchen su música favorita... La idea es que tu hijo te guíe y que hagan lo que a él le gusta. Cuando se acabe el tiempo, dile: "Me gustó pasar este tiempo contigo. Vamos a hacerlo otra vez mañana cuando el bebé esté dormido". Es bueno planear una hora específica y que tu hijo lo anhele.

Si ninguna de estas ideas funciona, quizá tengas un problema más complicado que exige una solución más complicada. En el próximo capítulo te contamos cómo abordar conflictos más difíciles.

PRÁCTICA

Para cada situación elige la respuesta adecuada, ya sea actuar, reconocer los sentimientos, modificar las expectativas, atender sus necesidades elementales, darle tiempo para que se recupere o reconectar con él.

1. Otra vez, tu hija está jugando muy pesado con el gatito. En lo que va de la mañana ya le pediste diez veces que tuviera más cuidado.

   a. Dile: —Los gatos tienen nueve vidas. Distráete con un rompecabezas.

   b. Pregúntale: —¿Cómo te sentirías si alguien te cargara de una pierna y te volteara de cabeza?

   c. Dile: —Voy a llevar a Horchata a mi recámara. Necesita una pausa. Puedes jugar con tu gatito de peluche (cierra la recámara con llave).

   d. Dile: —¡No mereces tener una mascota! Despídete de Horchata porque mañana la regreso al refugio.

2. Tu hija deja sus libros, cuadernos y equipo deportivo en la mesa de la cocina. Ya le describiste el problema ("Necesito poner la mesa para comer") y le compartiste cómo te sientes ("No me gusta ver el equipo deportivo en la mesa"). Ahora, ya perdiste la paciencia.

   a. Echa todas sus cosas en una bolsa de basura gigante y grita que la vas a tirar a la basura.

   b. Acomoda sus cosas en una torre tambaleante en una esquina de la mesa y come equilibrando tu plato en el palo de lacrosse.

   c. Contrata personal doméstico.

   d. Dile: —¡Se me acabó la paciencia! Voy a llevarme estas cosas a tu recámara. Tira las cosas en un lugar evidente, como su cama.

3. Todas las noches tu hijo que es bastante tranquilo se transforma en un monstruo. Llora trágicamente si su tacita azul no está disponible, tira la comida de su plato y grita cuando le intentas poner el pijama.

   a. Dale un sermón sobre la importancia de comportarse de acuerdo con su edad.

    b. Considera acostarlo mucho más temprano o volver a instaurar la hora de la siesta.

    c. Dile: —¡Perdiste el privilegio de comer postre! Los niños que avientan la comida no merecen helado.

    d. Pide por internet un paquete de tacitas azules, un pijama de unicornio y paga un monto extra para que te lo entreguen mañana mismo.

4. No quieres que tu hija deje su tarea hasta el último minuto. Le das tiempo de relajarse y comer un refrigerio cuando llega de la escuela, pero cuando le pides que saque su cuaderno, empieza a llorar.

    a. Haz la tarea y que ella se siente a ver videos en la tableta (aunque tengas que recordar cómo hacer divisiones largas).

    b. Explícale lo importante que son las matemáticas en la vida diaria. Adviértele de los peligros de desarrollar hábitos de trabajo deficientes y de atrasarse.

    c. No esperes que se ponga a hacer la tarea después de todo un día de seguir las reglas en la escuela. Tómate tiempo para sentarte con ella en el piso y continúen con el extraterrestre de Lego en el que ha trabajado toda la semana.

    d. Crea una tabla de estampas. Dile que cuando junte diez seguidas por hacer la tarea sin quejarse, le vas a comprar el nuevo carro de control remoto.

5. Estás planeando pasar el fin de semana con la familia de tu hermana. Tu hijo se niega a estar listo, incluso cuando ya le diste la información ("Nos vamos a las diez"), le planteaste una alternativa ("¿Qué botanas quieres empacar para el viaje?") y describiste cómo te sientes ("Me preocupa que nos toque tráfico si salimos tarde").

    a. Dices: —Se acabó, me voy sin ti.

    b. Empieza a contar en tono amenazador: —Uno, dos, dos y medio, tres y tres cuartos...

    c. Suspira dramática y dile: —Supongo que tengo que hacer todo yo.

    d. Dile: —Parece que no te emociona mucho visitar a tus primos. Dedica cinco minutos a escuchar con atención sus quejas y reconoce sus sentimientos. Cuando ya no puedas esperar más, dile: —Vamos a seguir platicando en el coche.

RESPUESTAS

1. C
2. D
3. B
4. C
5. D

NOTAS

1B. Pregúntale: "¿Cómo te sentirías si alguien te cargara de una pierna y te volteara de cabeza?"

Es tentador intentar que un niño empatice con el gatito. El problema es que los niños (y las personas en general) reciben este tipo de pregunta como un regaño velado. Es más probable que te lleven la contraria ("¡Me encantaría que me cargaran de un pie!"). Incluso si se da cuenta de que al gatito no le gusta, no querrá admitirlo.

Desde luego es importante enseñar a los niños que vean las cosas desde la perspectiva de los demás, pero si queremos comunicarles un mensaje, no lo podemos hacer en el contexto de un regaño. Te puedes sentar con tu hijo en otro momento e invitarlo a considerar qué le asusta al gatito, cómo le gusta jugar y qué lo hace ronronear.

2D. Dile: "¡Se me acabó la paciencia! Voy a llevarme estas cosas a tu recámara". Tira las cosas en un lugar evidente, como su cama.

Si se trata de un conflicto recurrente, te conviene acudir a la resolución de problemas (véase el capítulo tres).

4D. Crea una tabla de estampas. Dile que cuando junte diez seguidas por hacer la tarea sin quejarse, le vas a comprar el nuevo carro de control remoto.

Investigaciones que se han realizado sobre la motivación confirman la experiencia de los padres con los que trabajamos.[*] Aunque las tablas de estampas y premios pueden inspirar a los niños a corto plazo para que hagan lo que les pedimos, a la larga pueden resultar contraproducentes. Para empezar, tienden a la inflación. Los niños pueden decidir que no les importa la recompensa y exigir premios mucho más costosos por hacer lo que les corresponde. Por otra parte, pueden empezar a exigir recompensas por cosas que hacían "gratis". "¿Quieres que limpie mi recámara / ponga la mesa / limpie la entrada / saque al perro? ¿Qué me vas a dar?". Las recompensas también hacen que los niños se sientan menos motivados a involucrarse en la actividad. Por ejemplo, es mucho menos probable que los niños que leen libros a cambio de recompensas lean por placer.

Y por último, si un niño no completa una tarea, la recompensa prometida se convierte en castigo, con todo el resentimiento y mala voluntad que implica: "Te vas a perder esta cosa maravillosa que pudiste haber tenido sin tan sólo hubieras tomado mejores decisiones" (sigue leyendo sobre el problema con el castigo en el capítulo tres). Como las recompensas no abordan el motivo del problema es probable que el niño siga teniendo problemas para hacer la tarea pese al premio prometido. Pero ahora, el sufrimiento se mezclará con la pérdida de la recompensa.

[*] Alfie Kohn, *Punished by Rewards: The Trouble with Gold Stars, Incentive Plans, A's, Praise, and Other Bribes* (Boston: Houghton Mifflin Company, 1993).

REPASO: CUANDO LAS HERRAMIENTAS PARA COOPERAR NO FUNCIONAN

1. Actúa, pero sin insultar.

—No puedo dejar que lastimes a tu hermano.

2. Reconoce sus sentimientos

—Mmm, no estás de humor para la escuela.

3. Atiende sus necesidades elementales, comida, sueño y tiempo para recuperarse

¿Es hora de acostarlo más temprano? ¿Necesita un refrigerio? ¿Tiempo para descansar?

4. Modifica tus expectativas: gestiona el entorno, no al niño

—Por ahora vamos a volver a usar calzón entrenador en la noche.

5. Dedica tiempo a reconectar.

Destina tiempo a hacer algo que le gusta al niño, leer un cuento, jugar un videojuego, hornear galletas, construir una torre con bloques...

CAPÍTULO TRES

El problema con el castigo y una alternativa

Las ventajas y desventajas de los castigos

Ventajas	Desventajas
• Es tradicional	• No funciona
• Es popular	
• Satisface las ganas de vengarse	
• Ofrece la oportunidad de ser creativos imaginando "consecuencias lógicas"	
• ¡Hay que hacer ALGO!	

Lo bonito del castigo es que parece ser una solución sencilla al problema común del mal comportamiento de los niños: "Si haces eso, recibes esto. Te vas a arrepentir y aprenderás a no repetir la conducta". Es directo y sin complicaciones. Lo puedes escribir en una tabla con letras de oro. Puedes enlistar y calcular distintos niveles de castigo para cada infracción: correr en la calle: *una nalgada*; mentir: *diez minutos encerrado en su recámara*; aventar comida: *no hay postre*; morder a tu hermano: *te mordemos el brazo (no tan fuerte como para sacarte sangre, pero lo suficiente para que sepas qué se siente)*; robar: *te quedas sin teléfono un mes*; reprobar matemáticas: *te sacamos del equipo de fútbol*. Y así sucesivamente...

El único problema con el castigo es que a largo plazo no funciona. Estudio tras estudio ha confirmado que es probable que los niños castigados se vuelvan a portar mal.*

- El castigo inspira ira y resentimiento, no arrepentimiento sincero ni ganas de portarse mejor en el futuro. Es más probable que si le das una nalgada a tu hijo o lo pongas de pie contra la pared por haber pellizcado a su hermanito sienta más hostilidad contra él o contra ti. Nos encantaría que reflexionaran constructivamente sobre su mala conducta: *caray, sentado en la esquina tuve una epifanía. Debería ser más cuidadoso con mi hermanito a pesar de que tire mi torre de Legos.* La realidad es más probable que se concentre en sí mismo: *¿Cuánto me tengo que quedar aquí?* Y lo consuma la indignación: *¡No es justo, nunca castigan al bebé!* El castigo no lo ha animado a ser más cuidadoso con el pequeño intruso, que se lleva toda la atención de los padres. A lo mejor le inspira a ser más astuto en sus ataques. Pasa lo mismo con la adolescente a quien le confiscas el teléfono por no hacer su tarea, es muy improbable que de pronto le nazca la pasión por el álgebra. Es más probable que odie todavía más las matemáticas, que esté muy resentido con sus padres y encuentre maneras dudosas de entrar a sus redes sociales.

- El castigo no aborda el motivo por el cual el niño se porta mal en primer lugar. No ayuda al niño a aprender maneras más aceptables de satisfacer sus necesidades. Como cuenta un profesor: "Los niños que terminan castigados en la esquina siempre son los mismos". Pensemos en el niño que no controla sus impulsos y avienta las cosas cuando se molesta. Aislarlo en la esquina no le enseña estrategias para lidiar con la frustración. La próxima vez que se sienta agobiado por sus emociones volverá a arrojar las cosas. Volverá a la esquina. Y en cada ocasión, se reforzará el concepto de que se porta mal o es malo (y seguramente habrá muchas ocasiones). Cuando

---

*Alfie Kohn, *Unconditional Parenting* (Nueva York: Atria Books, 2005), 63-73; https://www.alfiekohn.org/parenting/punishment.htm.

asumimos que el castigo es la medida correcta y no vemos los resultados, el remedio clásico es recurrir a castigos más severos.

- Cuando el castigo es severo puede extinguir las conductas no deseadas. Sin embargo, conllevará daño colateral. El castigo severo puede provocar desconfianza, temor, conducta agresiva con otros niños y una larga lista de problemas psicológicos. La Academia Americana de Pediatría analizó durante una década varios estudios y encontró evidencia abrumadora contra el uso del castigo físico (que incluye nalgadas).[*] Estos estudios descubrieron que el castigo físico se asociaba con niveles más altos de agresión contra los padres, hermanos, niños y parejas, además de mayor incidencia de depresión y ansiedad, alteración del vínculo entre padres e hijos, consumo de drogas y alcohol, desarrollo cognitivo más lento, pobre desempeño académico y conductas antisociales. Estos efectos no sólo son evidentes después del castigo, pueden durar hasta la adolescencia e incluso la adultez.[†‡]

- Y, por último, cuando castigamos a nuestros hijos les estamos enseñando cómo gestionar el conflicto entre ellos. Cuando no les guste lo que haga alguien más, van a imaginar una forma de hacerlos sufrir, en vez de una forma de resolver un problema: "Si no me prestas tu sable de luz no te voy a invitar a mi fiesta de cumpleaños", "si no dejas de cantarme en el oído, te voy pegar", "salte de mi recámara o te rompo el teléfono".

---

[*] https://www.aappublications.org/news/2018/11/05/discipline110518.
[†] https://www.nytimes.com/2018/11/05/health/spanking-harmful-study-pediatricians.html.
[‡] https://www.ncbi.nlm.nih.gov/pmc/articles/PMC3447048/.

¿Así que con toda la evidencia que desaconseja la práctica del castigo, llegamos a un futuro más cordial en el que resolvemos todos los conflictos con amor, unicornios y un arcoíris? ¿Acaso esto quiere decir que sólo tenemos que recordar ser cálidos y razonables con nuestros niños?

¿Sí conoces a los niños?

El hecho es que cuando intentamos ser cálidos y razonables, a veces los niños nos reciben con negatividad y desafío. Y sin darnos cuenta, ya sentimos que el castigo es la única alternativa. ¿Cómo sucedió? Vamos a verlo en cámara lenta.*

Una orden disfrazada de pregunta

*Basado en una historia real.

El intento de ser amable

La orden llana

Una advertencia con insultos

Un sermón

La amenaza de castigo

Este padre empezó con buenas intenciones. Pidió algo razonable, le dio a su hija más de una oportunidad de cooperar y le explicó por qué tenía que recoger.

Sí, hubo algunos tropiezos (órdenes, un sermón, una amenaza), pero incluso si haces todo "bien", te puedes encontrar tomando cartas en el asunto mientras tu hija protesta furiosa (quizá, gritando, pateando, aventando cosas). No puedes darles opciones interminables ni reconocer sus sentimientos, mientras el bebé se lleva piezas peligrosas a la boca.

Incluso si salimos del paso esta vez, no se ha resuelto el conflicto. Mañana el bebé va a dormir otra siesta. La hermana mayor querrá hacer otra actividad con piezas pequeñas. ¿Papá debería cumplir la amenaza de no dejarla hacer más proyectos de arte? Eso incrementaría la mala voluntad entre padre e hija y contribuiría a que la hermana resienta la sola existencia del bebé.

¿O acaso papá debería ceder y darle otra oportunidad a su hija, aunque esta no quiera cooperar? Esto puede aumentar el resentimiento del papá y dar a la niña el mensaje de que no cumple sus amenazas, así que puede ignorarlas.

Por fortuna, hay una tercera vía. Cuando la situación se complica, los niños se quedan contrariados y los padres se preguntan para qué tuvieron hijos, es hora de resolver los problemas. Este proceso ayuda a que los niños y los padres vuelvan a estar en el mismo equipo. Al final de la sesión de resolución de problemas ya no sentirás que tus hijos son enemigos combatientes e incansables. Habrás convertido su energía sin límites que se resiste a la autoridad a una fuerza que encuentra soluciones y respeta las necesidades de todos los involucrados.

Resolución de problemas

Paso cero: si los ánimos están enardecidos... ¡espera! La resolución de problemas no es una herramienta para el calor de la batalla, cuando estás enojado. Necesitas encontrar un momento de paz, cuando tengas una pizca de paciencia.

Paso uno: reconoce los sentimientos del niño

El primer paso es el más importante. ¡No lo apresures! Escucha a tu hijo y acepta sus sentimientos. Cuanto más tiempo le dediques a demostrarle que entiendes su punto de vista, más dispuesto estará a considerar tu punto de vista en el paso dos.

Paso dos: describe el problema

Este paso debe ser breve. Los niños no ponen atención a sermones extensos. Obtendrás mejores resultados si resistes la tentación de extenderte y contarle con elocuencia los problemas que causa cuando deja su material de arte al alcance del bebé.

Paso tres: pídele ideas

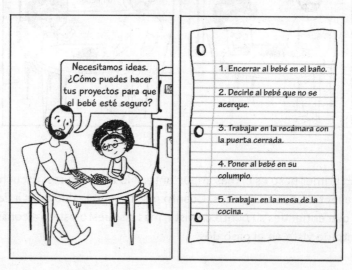

No tienes que hacer una lista por escrito, pero puede ayudar. Los niños valoran que tomes en serio sus ideas, las anotes y las leas. Permite que proponga la primera idea y anota todas, incluso las más inapropiadas. Para un niño puede ser muy satisfactorio ver una sugerencia extravagante por escrito.

Paso cuatro: decidan qué ideas les gustan

Aquí se vetan las ideas con las que ambas partes no están cómodas (¿ves?, no te tenías que preocupar por encerrar al bebé en el baño).

Paso cinco: pongan a prueba las soluciones

Puede parecer que requiere mucho esfuerzo mover al niño del piso a la mesa. ¿Por qué no mejor prescindir de las negociaciones y ordenarle: "Vete a la mesa a hacer tu proyecto, para que el bebé no alcance las cosas"?

Podrías intentarlo, pero la respuesta no será entusiasta. Cuando invitas a un niño a resolver un problema, las soluciones que se les ocurran juntos funcionan mejor porque ellos fueron parte del proceso. ¡Así habrás convertido a un oponente en miembro de tu equipo! Además, le estás enseñando una herramienta para la vida: cómo resolver un conflicto respetando las necesidades de todos los involucrados.

¿En qué planeta vives? ¿Tienes idea de cuántos conflictos hay en mi casa todos los días... a todas horas? Si me detuviera con este lío de resolución de problemas por cada batalla de voluntades entre mis hijos y yo, no podríamos hacer nada más.

De acuerdo, no todos los problemas exigen un proceso extenuante. Puedes recurrir a la resolución de problemas para los conflictos más polémicos que no dejan de surgir y que no se han resuelto. Para el caso de los microconflictos, hay muchas herramientas para resolverlos rápido.

Es muy tentador atacar el carácter de un niño cuando hace justo lo que pedimos no hacer. "¡Mira lo que hiciste! ¿Nunca haces caso! ¡Y ahora ve el desastre!" Por desgracia, los niños se ponen a la defensiva y son hostiles cuando los tratamos así. "¡No es mi culpa, me distrajiste!" Si resistimos las ganas de atacar y nos limitamos a describir nuestros sentimientos (hablando en primera persona y evitando acusar con "tú"), es más probable que un niño se centre en lo que pasó y se arrepienta.

La teoría del castigo sugiere que necesitamos que el niño se sienta mal para que aprenda a portarse bien. El castigo sí hace que los niños se sientan mal consigo mismos y enojados con quien los castigó, pero no los inspira a portarse bien.

Una forma de que un niño aprenda a tomar mejores decisiones en el futuro es darle una oportunidad de actuar mejor en el presente. En vez de pensar en el castigo (o "consecuencia") que le daremos si se portó mal, dirijamos esa energía a enseñarle cómo arreglarlo.

Al plantear alternativas les ayudas a hacer una actividad más aceptable. Ya le dijimos qué no debe hacer, ahora vamos a decirle qué puede hacer. A la próxima que quiera hacer malabares, sabrá cómo hacerlo, sin molestar a su madre (o romper cosas).

Si tu aspirante a cirquero sigue ignorándote, tendrás que actuar. Confisca la fruta abollada y sácalo de la cocina, explícale que no te gusta que las manzanas se caigan y se abollen.

Cuando tenemos un conflicto con un niño, no nada más apagamos un incendio momentáneo. Les enseñamos qué hacer cuando la gente no está de acuerdo. Moldeamos la conducta que queremos que adopten en futuros conflictos. No importa si están peleando con su pareja o discutiendo con su jefe, tendrán herramientas para resolver el conflicto y conservar la relación.

PRÁCTICA

Parte A: encuentra las piezas faltantes en este rompecabezas para solucionar conflictos

> Mamá: Noah, no está funcionando nuestra rutina matutina. Estoy cansada de llegar tarde al trabajo todos los días. Necesitamos ideas para salir de casa a tiempo.
>
> Noah: Y yo estoy cansado de que me grites todos los días. Además, ¿por qué tenemos que hablar de esto ahora? Le estoy contestando un mensaje a Tyler sobre la tarea de mate.

1. **¿Por qué mamá recibe una respuesta tan hostil? ¿Qué pasos vitales de la resolución de problemas olvidó?**

De haber recordado esos pasos, ¿qué hubiera dicho?

Sigamos con el mismo caso:

> Mamá: Necesitamos ideas para salir a tiempo en las mañanas sin enojarnos. Creo que lo primero sería poner tu alarma media hora antes.
>
> Noah: Olvídalo, no me voy a despertar más temprano.

2. **¿Qué principio de la resolución de problemas olvidó? ¿Qué pudo haber hecho para que su hijo se sintiera más implicado?**

Sigamos con el mismo caso:

> Noah: ¿Por qué no me llevas a la escuela en lugar de enviarme en el transporte escolar? Así nos podríamos ir más tarde y yo tendría más tiempo.
>
> Mamá: No, no podemos, porque yo llegaría tarde al trabajo. Además, es mejor para el ambiente si todos usan el transporte público.
>
> Noah: (Pone los ojos en blanco)
>
> Mama: ¡No quiero ver esa actitud!

3. **¿Qué principio de la resolución de problemas se desatendió esta vez? ¿Cómo hubiera respondido mamá a una sugerencia inapropiada?**

Sigamos con el mismo caso:

> Mamá: Ok, los dos estamos de acuerdo en que vas a estar listo sin recordatorios. Pero si no funciona, vas a irte en taxi y lo vas a pagar con tu mesada:
> Noah: Claro que no, no voy a la escuela y ya.

4. **¿Por qué la sesión de resolución de problemas salió tan mal? ¿Qué pudo haber dicho mamá para conservar el espíritu de cooperación?**

Sigamos con el mismo caso (unas semanas después):

> Mamá: Por favor, por favor, POR FAVOR, tenemos que apurarnos. Te lo ruego. Vas a hacer que me corran y entonces nos quedamos sin casa. ¿Eso quieres?

5. **¿Qué puede hacer esta madre si a su hijo se le sigue yendo el transporte?**

RESPUESTAS

1. A la mamá se le olvidó encontrar un momento tranquilo para platicar, y olvidó empezar por reconocer los sentimientos de su hijo. Su hijo estará más abierto a contemplar las necesidades de su madre si ella empieza la conversación así:

   Mamá: He estado pensando en el problema de salir en las mañanas. ¿Es buen momento para platicar?

   Cuando se sienten a platicar, la conversación podría ser algo así:

   Mamá: Me he dado cuenta de que en las mañanas nos peleamos mucho. Te molesta cuando te grito que te apures.
   Noah: Sí, y también gritas: "¡CONCÉNTRATE!". Me choca. No necesito que me digas qué hacer.
   Mamá: Ah, esa palabra en especial te molesta.
   Noah: ¡Sí!

2. Es una buena política dejar que tu hijo proponga la primera idea. Cuando nos precipitamos, transmitimos el mensaje de que en el fondo no nos interesa incluirlos en el proceso de encontrar soluciones. Si esperamos en silencio, demostramos que respetamos su capacidad para analizar un problema.

   Mamá: Necesitamos ideas para salir temprano sin terminar enojados. Vamos a ver qué se nos ocurre. Puedo anotar nuestras ideas.

   Espera...espera...cuenta hasta cinco...espera más... vuelve a contar hasta cinco... Si no parece que el niño vaya a responder, propón algo caprichoso. "Podríamos comprar un rayo transportador para que te materialices en la escuela sin subirte al transporte."

3. Cuando estés intercambiando ideas con tu hijo, es importante anotarlas *todas* sin evaluarlas. Incluso si no estás dispuesta a aceptar ser su chofer personal ("Ni se te ocurra"), puedes reconocer que a él

le gustaría. Anótalo en la lista. Si desechas sus ideas en cuanto las comparte, entonces no le verá el sentido a la lluvia de ideas.

Podría ser algo así:

Mamá: Ah, te gustaría que te llevara para que tengas más tiempo en la mañana. Déjame anotarlo: "Llevar a Noah a la escuela", ok, ¿qué más...?

Anotarlo muestra que respetas las ideas de tu hijo. No te preocupes, anotarlo no implica que lo vas a hacer. En el paso cuatro tendrás la oportunidad de decir: "No me gusta esta idea. Cuando te llevo a la escuela, llego tarde al trabajo".

4. Es importante terminar una sesión de resolución de problemas con la sensación de buena voluntad y optimismo. Si terminas con una amenaza, socavas tus esfuerzos. ¿Cómo te sentirías si después de solucionar un problema con tu pareja o colega, éstos te amenazaran? ¿Sería menos o más probable que te entusiasmara hacer caso a su solución?

Mamá podría haber dicho: "¡Ok, ya quedamos! Vamos a probar y a ver cómo nos sentimos".

Habrá muchas oportunidades para actuar si la solución que acordaron no funciona.

5. Si el plan no funciona pueden volver a platicar y pensar en nuevas ideas.

Mamá: No me gusta esta situación. Hicimos un plan y funcionó un tiempo, pero otra vez tenemos el mismo problema.

O si sientes que es hora de actuar:

Mamá: Ya no puedo llegar tarde al trabajo. De ahora en adelante, cuando se te vaya el transporte de la escuela, te puedes ir en bici o pagarte un taxi (o lo que sea apropiado según la zona en donde vivas).

Parte B: gestionar las situaciones sin castigar a los perpetradores

Situación 1: tu hija de seis años está feliz chocando su patín en la pared, aunque ya le advertiste que no lo hiciera.

1. Expresa tus sentimientos enérgicamente.

2. Dale oportunidad de corregirlo.

3. Plantéale una alternativa.

4. Actúa, pero sin insultar.

Situación 2: tu hija adolescente toma prestadas tus mejores botas para ir a una fiesta en casa de su amiga. Sólo accediste porque te rogó y prometió regresarlas en perfectas condiciones. ¡Regresa a casa sin las botas! Al parecer se las quitó porque le lastimaron, pidió prestadas unas sandalias y se le olvidaron tus botas.

1. Expresa tus sentimientos enérgicamente.

2. Dale oportunidad de corregirlo.

3. La próxima vez que te pida prestado, actúa, pero sin insultar (protege a las personas o tus pertenencias).

4. Plantéale una alternativa.

Respuestas:

Situación 1:

Respuesta 1: No me gusta cuando el patín choca contra la pared, la mancha.
Respuesta 2: Aquí hay una esponja y jabón para limpiar las manchas.

Respuesta 3: Puedes poner conos para rodearlos con el patín o si tienes ganas de chocarlo, chócalo contra el puf.

Respuesta 4: Voy a guardar el patín. Tienes ganas de chocarlo y no quiero manchas en la pared. Vamos a encontrar otra actividad.

Situación 2:

Respuesta 1: ¡Estoy muy molesta! Son mis botas favoritas y ahora me preocupa que se hayan perdido.

Respuesta 2: Me sentiría mejor si le llamas a tu amiga ahora, pídele que las busque y ponte de acuerdo para recogerlas mañana.

Respuesta 3: No te voy a prestar mi ropa un rato. No quiero tener que preocuparme por recuperarlas después.

Respuesta 4: Puedes encontrar algo en tu clóset o utiliza tu mesada para comprarte lo que quieras.

REPASO: ALTERNATIVAS AL CASTIGO

1. Intenta resolver el problema

Paso cero: encuentra un momento tranquilo cuando no estés enojada o impaciente.

Paso uno: reconoce sus sentimientos.
—Es difícil dejar un proyecto a medias.

Paso dos: describe el problema (sé breve).
—El problema es que me preocupa que el bebé se ahogue con las piezas pequeñas.

Paso tres: pídele ideas.
—Necesitamos ideas. ¿Cómo puedes hacer tus proyectos mientras el bebé está seguro?

Paso cuatro: decidan qué ideas les gustan.
—Voy a poner las cosas en la mesa de la cocina.

Paso cinco: prueben las soluciones.
—Vamos a proteger la mesa con periódico.

Cuando no tengas tiempo para esto:

2. Expresa tus sentimientos enérgicamente, sin atacar al niño

—¡Ah! No me gusta ver la fruta abollada y los vasos rotos.

3. Dale oportunidad de corregirlo

—Esto se tiene que limpiar. Toma una escoba para barrer el vidrio.

4. Plantea alternativas

—A la próxima, haz malabares con calcetines o pelotas suaves.

CAPÍTULO CUATRO

Los elogios y sus inconvenientes

¿Por qué se portan tan mal cuando les decimos que se están portando bien?

Todos sabemos que a los niños (y la gente en general) les encanta la retroalimentación positiva. Si nos limitamos a criticar, señalar errores y faltas, corremos el riesgo de desalentar tanto al niño que perderá la voluntad de intentarlo.

Así que los elogiamos mucho. Y después nos preocupamos... ¿es suficiente? ¿Hace falta elogiarlo más para mejorar su autoestima? ¿Nos estamos pasando? ¿Estamos exagerando y dándoles una idea poco realista de sí mismos? Cuando se den cuenta de que no son tan maravillosos, ¿les harán daño tantos elogios? ¿Con qué frecuencia debemos darles palabras de aliento?

Tal vez estas no sean las preguntas más útiles. Investigación reciente sugiere que la diferencia está en el tipo de elogios y no en la cantidad. Cuando queremos animarlos, motivarlos e inspirarlos, ¡las palabras que elegimos importan! Las palabras de aliento que juzgan o evalúan no siempre tienen el efecto que queremos.

A veces elogiamos a los niños porque queremos que reconozcan sus fortalezas para que aspiren a grandes logros.

¿Qué salió mal? Los *elogios evaluativos* —por ejemplo, decirle a un niño talentoso, brillante y perfecto— pueden interferir con su proceso de aprendizaje e inhibir su disposición a arriesgarse. Es común que los niños que reciben elogios evaluativos exagerados, pierdan la confianza cuando asumen nuevos retos. Pueden decidir que es más seguro darse por vencidos cuando les está yendo bien, en vez de afrontar una tarea difícil y descubrir que son incompetentes.

Investigadores revelaron que a los niños a quienes llaman "talentosos" se les dificulta más que a los niños "no talentosos" cuando de manera inevitable, se enfrentan a un problema que no pueden resolver con facilidad.* No es difícil imaginarse por qué. Cuando los niños "talentosos" no encontraban las respuestas rápido, sufrían un golpe al ego, a la imagen que tenían de sí mismos. Algunos niños pueden sentirse ansiosos y querer darse por vencidos. Otros pueden fingir aburrimiento o portarse desafiantes al no estar a la altura de las expectativas de sus padres y maestros.

* Carol Dweck, *Mindset: la actitud del éxito* (España: Random House, 2006).

Entonces, ¿cómo podemos responder a nuestros hijos de manera que saquemos lo mejor de ellos? Que demuestre que nos alegran sus logros, pero que también refuerce su seguridad y disposición para asumir retos más difíciles.

Una de estas maneras para inspirar a un niño es describir el esfuerzo. Cuando nos percatamos y valoramos su esfuerzo, le transmitimos el mensaje de que puede esquivar las adversidades. La dificultad no indica debilidad ni falta de talento, es más bien motivo de orgullo y un reflejo de que está desarrollando sus capacidades.

Cuando nos concentramos en el esfuerzo, los niños aprenden que su capacidad no es un rasgo fijo, sino que se puede desarrollar. Es más probable que frente a desafíos nuevos y difíciles, los niños con esta mentalidad no se den por vencidos.

Describe el esfuerzo

Me he dado cuenta de que no te intimidan los problemas de matemáticas. A lo mejor te interesa la clase avanzada el próximo año.

Es verdad, no me rindo tan fácil.

Mmm, lo voy a pensar.

A veces elogiamos a los niños cuando se sienten desmotivados o agobiados. Queremos darles un empujoncito de seguridad.

Para un niño es difícil aceptar superlativos como "maravilloso" y "excelente" cuando no corresponden con su propia percepción. Por lo regular esos elogios provocan que se centre en sus debilidades, no en sus fortalezas. Y si el niño acepta nuestros pronunciamientos de padres orgullosos al pie de la letra, puede generar otros problemas más adelante. No le estamos dando un panorama realista de sus capacidades. ¿Después de ser "maravilloso" y "excelente" qué sigue? ¿Para qué esmerarte o mejorar?

Necesitamos una alternativa para el superlativo. Le podemos dar retroalimentación alentadora y realista si **describimos su progreso**.

A veces, elogiamos a los niños para que repitan su comportamiento. Por fin nos hacen caso, ¡y queremos que se repita!

Cuando elogiamos con *generalizaciones* (qué buen hermano, qué buen escritor, el padre perfecto) se puede percibir como manipulación. La otra persona puede dudar de la sinceridad o juicio de quien lo elogia. Este niño sabe que no es "un buen hermano". Su mamá está mintiendo o delirando. De todas formas, ¡le va a demostrar que no!

Y el giro final, "cuando lo intentas" es una crítica disfrazada de elogio. *¡Casi nunca lo intentas!* ¿Te gustaría que tu pareja te dijera: "Sabía que si lo intentabas podías preparar la comida a tiempo!".

¿Te empieza a parecer peligroso abrir la boca? No temas, en este caso la solución es sencilla. En vez de halagos falsos, **describe el efecto que tienen las acciones del niño en los demás.** El niño podrá sacar sus conclusiones sobre sí mismo.

Y por último, a veces elogiamos a los niños porque quieren atención de sus personas más queridas ("*Mira mamá, ¡sin manos!*") y queremos satisfacer esta necesidad de conectar con nosotros, ser vistos y sentirse valorados.

"¡Maravilloso!" "¡Perfecto!" "¡Fantástico!" "¡Hermoso!" "¡Qué bien!" Es curioso, pero estos elogios son exagerados e insuficientes al mismo tiempo. Son exagerados porque no se sienten auténticos. Insuficientes porque parecen frases hechas. ¿De verdad el papá vio lo que le enseñó su hija? ¿Le gustó o me ignoró? Es más fácil decir: "¡Muy bien!" que poner atención a lo que nos está mostrando el niño. A veces los niños responden: "¿Pero sí te gusta?".

¿Qué puede hacer un padre o un maestro para satisfacer la necesidad que tiene el niño de que lo reconozcan? Puedes tomarte un minuto para **describir lo que ves**. Si tienes otro minuto, incluso **pregúntale algo** para mostrar tu interés y darle la oportunidad de profundizar. Para un niño puede ser sumamente gratificante cuando un adulto se toma el tiempo y el esfuerzo de observar los detalles de sus logros. Lo puede inspirar a llegar más lejos.

Estos adultos no están elogiando de más, tampoco exagerando los logros de los niños para darles la falsa impresión de excelencia. En cambio, están dando retroalimentación útil que les da a los niños un panorama certero de sus logros.

Buen trabajo en este capítulo. Te mereces una estrellita por terminarlo. Sabíamos que si lo intentabas podías lograrlo. (¿Te das cuenta qué molesto es recibir elogios falsos?) Ahora puedes experimentar con tus hijos usando elogios descriptivos y ver qué pasa.

PRÁCTICA

Para cada situación elige la respuesta que evite los elogios evaluativos, describe el esfuerzo, progreso, el efecto que tiene en los demás, lo que ves, o pregunta para mostrar interés.

1. Estás con tu hijo en la fila del súper. Te está ayudando a poner las cosas en la banda en vez de escoger dulces del mostrador como suele hacer. Quieres fomentar esta conducta.

    a. ¡Muy bien! Qué buen ayudante tengo.
    b. Me gusta cuando te comportas como un niño mayor, en vez de agarrar dulces como un bebé.
    c. Pusiste todas las latas en la banda, ¡qué buena ayuda!
    d. Te has portado muy bien, te mereces un helado.

2. A tu hija le está costando aprenderse una pieza particularmente difícil en el piano. "Está muy difícil". Quieres alentarla para que siga intentando.

    a. Claro que no, suena hermosa, eres una pianista muy talentosa.
    b. Las semicorcheas son difíciles de interpretar. Pero te está empezando a salir cuando la practicas sin los acordes en la mano izquierda.
    c. ¡No te rindas! Estoy seguro de que te va a salir si sigues practicando, sólo tienes que esforzarte.
    d. La introducción suena bien, pero necesitas dedicarle más a la segunda sección. Son semicorcheas con puntillo. Y estás perdiendo el compás. Deberías usar un metrónomo.

3. Tu hija limpió la entrada de la casa después de una tormenta de nieve. Te enseña lo que hizo orgullosa.

    a. ¿Ya viste de lo que eres capaz cuando lo intentas? Me gusta verte ayudando en vez de estar sentada en el teléfono.
    b. La entrada se ve muy bien, pero no terminaste el sendero de la casa al coche. Es lo más importante.

   c. ¡Muy bien!

   d. ¡Guau, quitaste mucha nieve! Fue un trabajo enorme, y no te diste por vencida hasta que llegaste a la calle.

4. De tarea tu hijo tiene que dibujar un objeto que empiece con la letra D. Acaba de hacer bola su dibujo de un dinosaurio y tirarlo en el piso, "¡No puedo, no me sale la cara!".

   a. Haz lo mejor que puedas, es lo que cuenta.

   b. Ay no, mi vida, no lo arrugues, déjame verlo... ¡Te quedó super bien!

   c. Ay, es un dinosaurio morado con rayas verdes y dientes que dan mucho miedo. Pero no te gusta la cara. Quieres que salga diferente.

   d. ¡Por Dios, deja de lloriquear, dibuja una dona y acaba de una buena vez!

5. Tu hija limpió su recámara y organizó sus repisas, ella sola.

   a. ¡Tu recámara quedó increíble! ¡Muy bien!

   b. Ya eres muy mayor, esta recámara se ve impecable. Me gustaría que tu hermano aprendiera a limpiar el suyo así, es un chiquero.

   c. ¿No te sientes mejor en la recámara tan limpiecita? Ahora vamos a ver cuánto te dura.

   d. Guau, mira nada más. Limpiaste el escritorio. Pusiste la ropa sucia en el cesto y organizaste todos los botes de la repisa.

6. Tu adolescente te enseña la animación por computadora que hizo.

   a. Guau, ¿cómo lograste que el movimiento fuera tan real?

   b. Muy bonito, cariño. ¿Ya hiciste la tarea?

   c. ¡Excelente! Te apuesto a que nadie en tu salón podría hacer algo ni medianamente parecido.

   d. ¡Siempre tan creativo!

7. Piensa en algo que haya hecho tu hijo o hija en estos días que te gustaría elogiar.

¿Qué hizo?

¿Qué podrías decirle para describir su esfuerzo, progreso, efecto en los demás, lo que ves; o qué le podrías preguntar para mostrar interés?

RESPUESTAS

1. C
2. B
3. D
4. C
5. D
6. A
7. ¡Muy bien! ¡Respondiste todas las preguntas (es broma)!

NOTAS

RECOMPENSAS

1D. Te has portado muy bien, te mereces un helado

Es tentador premiar a un niño por portarse como queremos. El problema es que pierden la motivación. Estudios han demostrado una y otra vez que, cuando quitamos la recompensa, no es probable que los niños repitan la conducta, a diferencia de los niños que no reciben recompensas. La próxima vez que tu hija te ayude a poner las compras en la banda del súper, esperará otro helado (o dos: cuidado con la inflación) y hasta se puede negar a ayudarte si no se lo ofreces.*

DESCRIBE EL ESFUERZO

2C. ¡No te rindas! Estoy seguro de que te va a salir si sigues practicando, sólo tienes que esforzarte.

La C tiene su truco. Exigir esfuerzo no es lo mismo que describirlo.

CRÍTICAS

2D. La introducción suena bien, pero necesitas dedicarle más a la segunda sección. Son semicorcheas con puntillo. Y estás perdiendo el compás. Deberías usar un metrónomo.

Pese a que la crítica es válida, para un niño al que se le está dificultando algo, puede ser desalentador que le presenten una lista con sus errores. Señalar un aspecto positivo puede inspirarlo a esforzarse más que señalar diez aspectos negativos. Si tenemos que resaltar algo que deba mejorar, será más receptivo si primero describimos con reconocimiento lo que ha logrado hasta ahora, y después nos limitamos a una crítica a la vez.

* Alfie Kohn, *Punished by Rewards*.

RECONOCER LOS SENTIMIENTOS

4C. Ay, es un dinosaurio morado con rayas verdes y dientes que dan mucho miedo. Pero no te gusta la cara. Quieres que salga diferente.

Cuando un niño está frustrado, es más importante reconocer sus sentimientos que elogiarlo con comentarios que contradicen su percepción.

PREGUNTAS DUDOSAS

3A. ¿Ya viste de lo que eres capaz cuando lo intentas? Me gusta verte ayudando, en vez de estar sentada en el teléfono.

5C. ¿No te sientes mejor en la recámara tan limpiecita? Ahora vamos a ver cuánto te dura.

La 3A y 5C son delicadas. Los padres están planteando preguntas, pero no son preguntas que expresen su interés. De hecho, son críticas implícitas.

COMPARACIONES

5B. Ya eres muy mayor, esta recámara se ve impecable. Me gustaría que tu hermano aprendiera a limpiar el suyo así, es un chiquero.

6C. ¡Excelente! Te apuesto a que nadie en tu salón podría hacer algo ni medianamente parecido.

Es tentador comparar cuando elogiamos, pero suele terminar mal. No queremos fomentar el resentimiento entre nuestros hijos, tampoco que se sientan amenazados por los logros de los otros. Un niño no debe sentir que nuestra aprobación se basa en los fracasos o deficiencias de los demás. Queremos que se sientan bien cuando ayuden a sus hermanos menores o cuando colaboren con un compañero de clase.

REPASO: ELOGIOS ÚTILES

1. Describe el esfuerzo

—Me he dado cuenta de que no te intimidan los problemas de matemáticas difíciles.

2. Describe el progreso

—Bloqueaste muchos más pases que cuando empezó la temporada.

3. Describe el efecto de sus acciones en los demás

—A tu hermano le encantó jugar contigo.

4. Describe lo que ves

—Ah, pintaste la sopa de verde... le pusiste brillos... y le pasaste un hilo por los hoyitos.

5. Pregunta

—¿Cómo se te ocurrió hacer un collar de pasta?"

SEGUNDA PARTE
Problemas en el paraíso

Aquí abordamos los temas difíciles que piden los lectores y los participantes de los talleres, y compartimos sus anécdotas

Desde que publicamos nuestro primer libro *Cómo hacer que tus hijos te escuchen* recibimos más de mil cartas de lectores de todo el mundo. Muchos de ustedes preguntaron cómo gestionar situaciones difíciles o compartieron cómo les fue con las herramientas de comunicación con sus hijos (alumnos, parejas, colegas del trabajo o familia política). En esta sección del libro encontrarán respuestas a preguntas que nos plantearon los lectores, los participantes en nuestros talleres, así como algunas de sus anécdotas. En esta ocasión también incluimos situaciones hipotéticas con niños mayores, para quienes están criando a preadolescentes y adolescentes jóvenes.

Esta sección del libro no está hecha para leerse en orden. Así que consulta el capítulo que quieras.

El día a día

1

¡Ya basta!

Cuando los niños se portan completamente irracionales

Muchos padres y maestros nos han compartido que las herramientas para aceptar los sentimientos han marcado una diferencia abismal en sus relaciones con los niños. Pero también tenemos un montón de anécdotas que entran en la categoría: *¡Ya basta!*

Algunos sentimientos no merecen nuestra compasión. Es muy difícil aceptar un sentimiento para el que no encontramos ni la más mínima justificación.

Estos son algunos ejemplos de la vida real que nos han compartido padres frustrados en nuestros talleres:

Corajes

El fin de semana pasado fuimos a una fiesta de cumpleaños. A todos los niños les dieron globos de helio y me aseguré de agarrar dos del mismo tamaño y color para las gemelas. Por supuesto, Jenna se empezó a quejar en cuanto entramos a la casa. No le gustó su globo, quería el de Ella. A lo que respondí: "Dios mío, basta, ¡no seas ridícula! Los globos son idénticos". Hizo berrinche y estuvo de malas a lo largo de la tarde. Me daban ganas de entrar a su recámara con un seguro y tronar los dos globos de una buena vez. Tienen que reconocer que, a veces, los niños se quejan porque sí, para llamar la atención. Y no quiero alentar esa conducta.

Pelea de ramas

Mis hijos pelean por ramas. Uno encuentra una y el otro la quiere, y no importa que les diga que el jardín está lleno de ramas. Ni siquiera se trata de que los recursos sean limitados. Le digo a mi hijo: "La rama que tiene tu hermana no tiene nada especial. Busca la tuya. Hay cientos en el jardín, cariño". Se imaginan si funciona.

Pequeña derrochadora

Es difícil aceptar los sentimientos de mi hija cuando no respeta los valores que le enseñamos. Mariana tiene doce años y encuentra cosas que le gustan en internet. Me enseñó unos tenis que cuestan $229 dólares. Insistió en que los necesitaba porque todas sus amigas los tienen. ¡No voy a reconocer esos sentimientos! No quiero alentar que una niña de doce años compita por gastar dinero en ropa. Voy a cortarlo de raíz.

Estos ejemplos nos ponen a prueba. De hecho, podemos encontrar la forma de reconocer los sentimientos de los niños, incluso cuando parecen ser injustificables, les facilitamos superar la situación. ¿Cómo?

—Este globo no te gusta, aunque yo los veo igual, algo tiene el globo de tu hermana que te gusta más.

Cuando responda puedes seguir reconociendo sus sentimientos: —Ah, no te gusta que tu globo flota chueco por el nudo. Y no es tan redondo.

No estamos sugiriendo que corras a la tienda a comprarle otro globo. Pero basta con que aceptes para calmarla. O no. Tal vez necesite llorar. No siempre se trata del globo. Para nosotros una fiesta de cumpleaños es una experiencia larga y alegre, pero para una niña de cuatro años que no pudo pegarle a la piñata porque se rompió antes de que le tocara, la pisaron en el juego de jalar la cuerda, no le tocó el premio que quería (o el que le tocó se rompió en el coche de vuelta a casa)... a lo mejor llega a casa y se pone a llorar por un globo. El día de un niño suele estar lleno de pequeñas frustraciones, preocupaciones y decepciones. Y el efecto es acumulativo. Podemos reconfortarnos aceptando sus sentimientos sin desafiar su lógica en ese momento ("ay, te gustaría que tu globo fuera diferente. No te gusta este globo para nada"). Cuando los niños se quejan por nada, para llamar la atención, podemos darles atención porque es lo que necesitan: que los reconfortemos emocionalmente.

¿Y las ramas? ¿Qué le puedes decir a un niño que está rodeado de ramas inferiores a la de su hermana? (¡Qué enredo!)

"*Esa rama* te parece especial. Aunque hay muchas ramas en el jardín, ese te gusta mucho. Tiene algo que te llama mucho la atención".

No esperaríamos que así se terminara la discusión. Sin duda tu hijo argumentará que esta rama en particular es microscópicamente más recta que la otra.

No tienes que contestar. Tal vez existe la tentación de explicarle que ninguno de los dos es más recto que el otro. Podemos probar esa estrategia. El problema es que incluso si ganas, pierdes, porque tienes que vivir con el "perdedor".

Mejor sigue reconociendo sus sentimientos: "Ay, te gustan las ramas que son muy rectas. Como una regla. ¿Quieres que te ayude a buscar ramas muy muy rectas o prefieres buscar solo?" (atención a cómo le ayudamos al niño a que supere la situación con una alternativa amigable).

¿Y qué hay de los zapatos? ¿Corremos el peligro de criar a niños consentidos y materialistas si nos compadecemos de ellos y cedemos a comprarles calzado sobrevaluado?

Si queremos enseñarle a ser mejor consumidora, tendremos mejores resultados aceptando sus sentimientos que regañándola por sus deseos. Es el momento perfecto para recurrir a la fantasía. "Te gustan esos tenis con el patrón en zigzag en la suela. Me encantaría que no fueran tan caros. Estaría increíble si de pronto los rebajaran con 90% de descuento". Déjala tener el placer de describir lo que le gusta de los tenis, como escucha empático.

Cuando haya terminado, le puedes decir: "El problema es que tenemos $_____ (tu presupuesto) para comprar tenis. ¿Quieres ir a la tienda a ver si encontramos unos que te gusten o prefieres seguir buscando en línea, ver qué encuentras por $_____ o menos?

Recurrimos a muchas herramientas: reconocimos sus sentimientos, recurrimos a la fantasía, planteamos alternativas y le encargamos investigar.

¿Qué pasa si, cuando se trata de ser miserable, el periodo de concentración de nuestra hija es mucho mayor y ya no la aguantamos? ¿Cuánto tiempo un padre humano, sin superpoderes de empatía, puede soportar escuchar a su hijo hacer berrinche por un globo, una rama o un par de zapatos costosos?

El tiempo que puedas, no más. Cuando le hayas demostrado a tu hijo que escuchaste su pesar, puedes abandonar el barco. Pero hazlo con compasión, sin ser grosero. Cuida lo que dices para despedirte. No digas: "¡Ay, por Dios, olvídalo! La vida es difícil. Si no puedes soportar un globo chueco, ¡estás perdido!".

Mejor comunícale que estás de su lado, aunque no sea el caso. Puedes describir tus sentimientos con franqueza: "Ahora no puedo seguir hablando de globos. Voy a la cocina a preparar la comida. Cuando estés listo, puedes ayudarme a lavar y secar la lechuga". O plantea una alternativa para seguir adelante: "¿Quieres dibujarle una carita al globo para que se vea mejor, o prefieres dejarlo así?".

En el siglo XVII el filósofo Blaise Pascal dijo que "el corazón tiene motivos que la razón desconoce". Incluso hace miles de años, es probable que los antiguos griegos quisieran unas sandalias que no podían costear. ¿Sabes cuáles? Las de cordones dorados.

No puedes convencer a los niños, para el caso, ni a los adultos, de que no quieran lo que quieren, ya sea un globo, una rama o unos tenis. Sin duda todo el que está leyendo esto ha deseado algo que no está en su presupuesto (un Lamborghini, una casa en la playa, una pantalla de 70 pulgadas con sonido envolvente, una niñera de tiempo completo). Reconocer los sentimientos no implica estar de acuerdo con ellos. No implica consentir a los niños cediendo a sus caprichos. Aceptar los sentimientos de los niños, incluso cuando parecen irracionales o inexcusables, les facilita aceptar la realidad.

Historias desde la vanguardia

La delgada línea verde

Raúl tiene casi cuatro años y una libretita en donde le encanta hacer garabatos con una pluma. Llenó una página completa con sus "escritos".

De pronto, está llorando porque la hoja tiene una línea verde.

Yo: ¿Qué pasó?

Raúl: La página está arruinada. Hay una línea verde en mis notas.

Normalmente diría *No es para tanto. Cambia de página y escribe en la siguiente. Además, ¡TÚ dibujaste la línea verde!*, o algo así. Pero *no* serviría de nada.

Esta vez, intenté reconocer sus sentimientos.

Yo: Ay, no, no te gusta.

Raúl: ¡No!

Yo: Querías una hoja limpia para escribir con pluma.

Raúl: ¡Sí!

Yo: Ahora todo está arruinado.

Raúl dejó de llorar, pero seguía molesto.

Yo: ¿Qué podemos hacer? No se borra.

Mi hijo de dos años estaba escuchando este intercambio. Recogió una pieza de un juego de mesa (tenemos estas piezas por toda la casa, es imposible), la puso encima de la línea y me dijo: "¡Pégalo!" A Raúl le encanta la cinta adhesiva, así que le encantó la idea. Mi hijo de dos años corrió a conseguir otra pieza de juego de mesa (como mencioné, están en todas partes) y la pegó sobre la línea verde. A Raúl le encantó esta solución. Tremendo rescate.

Me gusta el hielo

La semana pasada se nos hizo tarde para llegar a preescolar, como siempre. Por fin había subido a Isabel a su sillita en el coche y después tuve que quitar el hielo de las ventanillas. No tenía guantes y se me congelaban los dedos. ¡No estaba de buenas! Cuando empecé a quitar el hielo de la ventana de Isabel, se puso a llorar. Abrí la puerta y le pregunté qué tenía. Me gritó: "¡NO QUERÍA QUE QUITARAS EL HIELO!". Antes de este taller, le hubiera contestado: "Lo siento mucho pero tengo que ver por la ventana". Porque, ¿se puede ser más irracional? Pero esta vez, le dije: "Ay, no querías que quitara el hielo".

—Quería ver cómo se derretía —respondió llorando.

—Ay, no; querías ver cómo se derretía, qué decepción. El problema es que no puedo salir de la entrada si no veo por la ventana. Chocaría con otros coches. A lo mejor podríamos dejar el hielo en la otra ventana y lo podrías ver derretirse.

Contestó que quería hielo en SU ventana.

Seguí reconociendo sus sentimientos.

—Ay, lo querías en tu ventana. Bueno, ¿quieres que deje hielo en la otra ventana? —estuvo de acuerdo y de hecho, el trayecto estuvo muy agradable.

Tomás, el conductor

Llevé a Tomás y a su hermanita a la exposición de Navidad en el jardín botánico. A los niños les tocó pasar al escenario y hablar al micrófono, para fingir que eran ingenieros. A Tomás le encantó, subió tres veces. Estaba muy emocionado. ¡El tren también se llama Tomás! Su hermanita sólo subió una vez. De camino a casa, Tomás se empezó a quejar porque no le había tocado muchas veces. Yo estaba muy molesta. Lo que quería decirle es que se había subido muchas veces, que debería estar agradecido.

Pero no lo hice. Le dije: "Guau, te gustó muchísimo ser el ingeniero. Seguro te hubiera gustado pasar cien veces". Aunque no resistí añadir: "Aunque te tocó pasar tres veces y a tu hermana sólo una vez, no fue suficiente".

Se quedó satisfecho con esa respuesta. Respondió que sí, de grande quería ser ingeniero y llevaría a toda su familia a pasear en tren. Y ahí terminó la cosa. Me di cuenta de que cuando reconocí sus sentimientos, muy generoso, incluyó a su familia.

Waffles no

Emma pidió waffles para desayunar, pero cuando se los serví, resultó que tenía muchas ganas de hot-cakes. Si no hubiéramos tenido este taller, seguro le hubiera dicho que no estaba siendo razonable, aunque se hubiera puesto furiosa. En cambio, así transcurrió la conversación:

Emma: ¡No quiero waffles! ¡Quiero hot-cakes!

Yo: Ay, es frustrante que te sirvan waffles cuando lo que quieres son hot-cakes. Qué molesto.

Emma: ¡SÍ estoy enojada!...¡Mira, una ardilla!

Y se comió sus waffles. Estuve a punto de hacer un drama porque los había pedido y se los tenía que comer. Por suerte, no me desgasté con esa pelea.

Adolescente egoísta

Hubo una tormenta de nieve muy fuerte y hubo un apagón en toda la ciudad. Se predijo que el corte duraría más de una semana. Como mi madre de noventa años estaba viviendo con nosotros y no quería que pasara frío, reservé un hotel para la familia. Cuando le conté a mi hija de quince años que teníamos que empacar, hizo un berrinche.

—No es justo... No me quiero ir a un hotel... No me puedes obligar... La escuela está cerrada y ya tengo planes con mis amigos... ¡Lo estás arruinando!

Se fue indignada para acurrucarse en su cama.

Se me ocurrieron mil respuestas: *¿Cómo es posible que seas tan egoísta? ¿Quieres que tu abuela se enferme? ¿Por qué no aprovechas esta oportunidad para convivir con ella? No sé cuánto tiempo le queda. Tus amigos no van a hacer planes si no hay luz. Eso quiere decir que no habrá televisión, ni computadoras, ni regaderas, ni abrir el refri cada cinco minutos. ¿Te das cuenta de que la gente está sufriendo a raíz de esta tormenta? ¡No todo tiene que ver contigo!*

Me concedí la satisfacción de albergar estos pensamientos, después, entré a su recámara y le dije con toda sinceridad: "Veo que esto es muy decepcionante. Tenías muchas ganas de quedarte a hacer planes con tus amigos". Y me fui.

Cinco minutos después, entró a la cocina y muy alegre nos ayudó a empacar. Fue como usar una varita mágica.

La botella de agua equivocada
(conversación en un taller)

Mamá #1: estamos regresando en coche de Sacramento, después de un día muy largo pero muy divertido en un parque de diversiones. A cinco minutos de llegar a la casa mi hijo se empezó a quejar de que quería agua en otra botella. Intenté explicarle que casi llegábamos a la casa y que papá está manejando lo más rápido posible, pero mi hijo empezó a llorar. Ahí me tienen, intentando pasar el agua de una botella a otra, se la di y se quejó porque no le serví suficiente... y tiene MUCHÍSIMA sed... pero no se toma el agua que le serví. Ya estábamos a dos minutos de llegar, y no se me ocurría nada comprensivo. Sabía que debía "aceptar sus sentimientos", pero estaba tan EXHAUSTA que ni siquiera tenía ganas de descifrarlos. No se me ocurría decir nada útil. ¿Cómo le hacen?

Mamá #1: Te entiendo perfectamente. Es muy difícil pensar qué decir en pleno berrinche. Ahora es muy fácil sugerirte: "Me encantaría que el agua estuviera en la botella adecuada. Me encantaría que tuviera la cantidad adecuada de agua".

Mamá #2: Sí, ojalá haber pensado en eso. Tal vez a la próxima.

REPASO: Cuando los niños se portan completamente irracionales

1. **Reconoce sus sentimientos, incluso cuando parezcan irracionales**

   —*Esa* rama te parece especial. Aunque hay muchas ramas en el jardín, esa te gusta mucho. Tiene algo que te llama mucho la atención.

2. **En la fantasía, concede lo que no puedes conceder en la realidad**

   —Estaría increíble si de pronto los rebajaran con 90% de descuento.

Después, para ayudarlos a superarlo, puedes:

3. **Plantear una alternativa**

   —¿Quieres dibujarle una carita al globo para que se vea mejor, o prefieres dejarlo así?

4. **Ponerlos a cargo**

   —Tu misión es encontrar unos tenis que te gusten a menos de $_____.

Pegar las llamadas

Es un desafío monumental realizar una llamada en casa sin que uno de mis hijos haga un berrinche descomunal. Es como si no pudieran soportar que estoy ahí, pero no les estoy haciendo caso.

Lo normal es decir entre dientes: "¡Basta!", "silencio", "¿no están viendo que estoy hablando por teléfono?" (sí, claro que lo saben). Cuando no se están quietos (o sea, siempre), silencio el teléfono para advertirles: "Si no se están en paz los próximos cinco minutos mientras termino de hablar por teléfono, ¡van a ver!" (para este punto, ni siquiera sé cómo "van a ver", pero me estoy tratando de enfocar en mi llamada). Responden llorando: "Pero siempre estás hablando", a lo que contesto: "¡Qué absurdo! Casi nunca hablo por teléfono".

Decidí intentar decirles *qué pueden hacer en vez de que no pueden*. Necesitaba una actividad especial que sólo se permitiera cuando hablara por teléfono. Les anuncié que iba a hablar por teléfono y que iban a "jugar con la cinta". Les di un rollo de cinta para pintar paredes (no mancha) y les dije que podían hacer figuras en la pared.

Está funcionando mejor de lo que imaginé y ahora tenemos una nueva rutina. Parecen cavernícolas dibujando en su cueva. De hecho, a veces me piden hablar por teléfono para jugar con la cinta.

¿Qué me pongo?: la playera diminuta al rescate

He estado recurriendo al dibujo para que mi hija no se salga
con la suya. Tiene una playera favorita que se quiere poner
todos los días. Así que decidí crear una versión miniatura
con papel, recortarla y cubrirla con cinta. Le dije que cuando
no se pueda poner la original, puede llevar su mini playera.
¡Funcionó! Y ya no está tan obsesionada con ponerse la real.
¡Sí!

¿Cómo *escuchar* cuando los niños *no quieren hablar*?

"¿Cómo te fue?" "Bien." "¿Qué hiciste?" "Nada".

Es frustrante cuando los niños salen al mundo y nos quedamos pensando cómo les va. Y cuanto más intentemos averiguar, más se cierran. Es difícil aceptar que nuestros hijos no siempre quieren compartir los detalles de sus vidas. ¡Pero hay que hacerlo! Los niños necesitan salir y experimentar la vida sin que los padres los sometamos a interrogatorios constantes. En todo caso hay estrategias para mantener abiertas las líneas de comunicación. No podemos esperar ni exigir, pero sí invitarlos a compartir.

1. Pon el ejemplo de la conducta que te gustaría ver

Por la ventana (la historia de Julia)

Cuando Asher entró al kínder, me moría de ganas por saber cómo le había ido. ¿Le gustó la escuela? ¿Estaba haciendo amigos? Pero no me compartía nada útil. "¿Cómo te fue?" "Bien". "¿Qué hiciste?" "No sé".

Se me ocurrió que tal vez necesitaba enseñarle a compartir. Así que la próxima vez que fui por él a la escuela, le pregunté:

—¿Quieres que te cuente qué hice hoy?

Me miró sorprendido y un poco confundido, como si estuviera pensando: *¿Existes sin mí? ¿Haces cosas cuando no estoy?*

Me aseguré de contarle anécdotas que incluyeran sentimientos ("Me preocupé porque pensé que había perdido las llaves del coche, ¡pero me puse muy contenta cuando las encontré en el cesto de la ropa sucia!"). Después le pregunté: "¿Me quieres contar cómo te fue?".

Después de un par de tardes con esta rutina, Asher respondió entusiasmado:

—¡Sí! Liam se subió al librero y después se salió por la ventana. ¡Y se cayó!

—¡Qué miedo! ¿Se lastimó?

—El maestro dijo que tuvo suerte de caer en los arbustos, por eso no se lastimó.

En cuanto llegamos, llamé a la mamá de Liam:

—Me enteré de lo que pasó, ¿está bien Liam?

Respondió desesperada:

—¡¿Cómo sabes?! Me enteré por la escuela. ¡Este niño no me cuenta nada!

2. Reconoce sus sentimientos en vez de interrogarlo

¿Qué pasa cuando mi hija regresa de la escuela y está molesta? Y cuando le pregunto qué le pasa, no me contesta.

Cuando un niño está afligido, lo último que quiere es que lo interroguen: "¿Qué tienes?" "¿Qué pasó?" "¿Por qué estás tan enojado?". Es muy probable que estas preguntas susciten respuestas del tipo: "Nada", "no sé".

Las preguntas pueden ser amenazantes. Es posible que un niño no pueda explicar bien qué le molesta. Tal vez se siente incapaz de justificar su aflicción. Tal vez le preocupa que su padre responda: "Ay no, no es para tanto. ¡No tienes nada de qué preocuparte!".

Es muchísimo más útil y reconfortante cuando reconocemos sus sentimientos sin exigir respuestas.

En vez de preguntar "¿Qué tienes?", intenta: "Te ves triste".

En vez de preguntar "¿Por qué estás tan molesto?", intenta: "Parece que tuviste un día difícil".

En vez de preguntar "¿Qué pasó?", intenta: "Pasó algo hoy".

Con estas respuestas los niños no contestan a la defensiva. Si necesitan hablar, se sentirán con la libertad de hacerlo o simplemente los consolarán tus palabras de aliento y un abrazo.

La temida cita

Mi hijo de doce años suele ser muy alegre, pero un día cuando estaba desanimado le pregunté varias veces qué tenía. Y cada vez me respondía igual: "Nada". Por fin recordé sus consejos: no preguntes, describe sus sentimientos.

—Jayden, hoy pareces desanimado.

De inmediato suspiró profundo y reveló que una niña lo había invitado a salir. (*Qué horror*. Tuve que aguantarme las ganas de decirle: "¿Eso te tiene desanimado?"). Estaba preocupado. ¿De qué iba a platicar? Podía ser incómodo.

—Con razón te ves taciturno. Parece una situación incómoda.

Me siguió contando y decidió que lo más seguro era ir al cine porque así no tendrían que hablar mucho. Se fue sonriendo, sin esa pesadumbre.

No preguntes (la anécdota de Joanna)

Cuando entré a la oficina vi a un grupito de profesores y secretarias alrededor de una niña que estaba llorando. Todos le estaban preguntando: "¿Qué tienes? ¿Qué pasó? ¿Estás bien?", en tono preocupado. Cuanto más insistían, más lloraba. Iba en sexto de primaria, no era mi alumna, pero tenía veinte minutos antes de que empezara mi clase, así que me ofrecí a acompañarla.

La guié a unas sillas y me senté con ella mientras lloraba. Después de unos minutos, le dije: "Algo te hizo sentir muy mal".

Inhaló rápido y entre lágrimas, me dijo:

—Escuché un sonido fuerte frente a la escuela y pensé que eran disparos.

—Ay, qué miedo.

—Sí, ayer le dispararon a una persona en mi calle —se estabilizó su respiración y se acurrucó un poco en mi regazo.

Se disipó cualquier duda respecto al poder de aceptar los sentimientos sin interrogar. Al ver a la niña tranquila, dos adultos se acercaron y empezaron a hacer preguntas de nuevo: "¿Averiguaste qué pasó? ¿Está bien? ¿Qué tenía?".

De cara a este interrogatorio bien intencionado, la niña volvió a entrar en pánico y a ponerse a llorar. Les dije que se había asustado y que iba a estar bien, y desistieron.

Nos quedamos sentadas otros cinco minutos y le dije que tenía que ir a clase. Le ofrecí llevarla con el consejero de la escuela, pero me aseguró que estaba lista para ir a clase, y nos despedimos.

Para consolar a alguien, no siempre tenemos que averiguar "qué pasa". Pero creo que en este caso ella necesitaba contarlo, y me dio gusto facilitarlo. Si no hubiera sabido esta técnica que parece contraria al sentido común, hubiera actuado como los demás: intentado sacarle la información como fuera para ayudarle.

3. Ponlo a cargo

¿Qué pasa si mi hija no está consternada? Sólo quiero platicar, quiero que me cuente cómo le fue. ¿Puedo expresar interés? Intenté poner el ejemplo, pero no funcionó. Y me parece indiferente no preguntarle nada.

Imagina que poco después de llegar a casa de unas vacaciones recibes una llamada. Has estado viajando todo el día, fue un vuelo largo y encima, había muchísimo tráfico desde el aeropuerto. No has desempacado ni comido. Sólo conseguiste un paquetito de almendras y un café espantoso en el avión. Tus extremidades apenas se están estirando después de estar comprimidas en varios vehículos durante tantas horas.

¡Es tu mamá! quiere saber todo: "¿Cómo te fue? ¿Te divertiste? ¿A dónde fuiste? ¿Fuiste al museo que te recomendé? ¿Con quién estuviste? ¿Hiciste amigos?".

¡Pregunta porque le interesa saber cómo me fue! Pero a lo mejor, preferirías que te dijera: "Ay, acabas de regresar. Me encantaría que me contaras qué tal te fue cuando estés de humor para platicar".

Nuestros hijos no son tan distintos de nosotros. Cuando regresan después de un día muy pesado en la escuela, no les gusta que los interroguemos: "¿Cómo estuvo el paseo? ¿Al profesor le gustó tu presentación sobre huracanes que preparamos toda la semana? ¿Cómo te fue en el examen de matemáticas que tanto te preocupaba?". Preferirían escuchar: "Bienvenido, cariño. ¡Toma un refrigerio!".

¿Cómo puedes mostrarte interesada en sus vidas? Extiéndele una invitación, en vez de exigirle información.

"Me encantaría que me contarás cómo estuvo el paseo escolar cuando estés de humor para platicar".

Es muy probable que dentro de unos minutos (a veces, horas), te busque para contarte.

4. Diviértete, juega

Inventa juegos en la mesa (la anécdota de Julia)

En nuestra familia teníamos un juego para la hora de la comida. Se llamaba "Una verdad y una mentira". Cada quien platicaba cómo le había ido. Una anécdota era cierta o otra, no. La tarea de los que escuchaban era adivinar qué historias eran verdaderas.

Los niños se divertían mucho inventando historias excéntricas y yo me enteraba de lo que habían hecho ese día (también mi esposo compartía cosas interesantes sobre su día). Además, todos escuchaban con mucha atención a los demás para distinguir los hechos de la ficción.

He escuchado que otras familias utilizan distintas versiones de este juego, alguien cuenta algo bueno y algo malo de su día (o chistoso o triste, sorprendente o aburrido... me entienden).

Incluso lo he puesto en práctica cuando tengo cenas, le pido a todos que compartan "lo mejor de su semana". Me gusta mucho porque la gente comparte cosas interesantes que de otro modo no habríamos conocido. Y le da oportunidad a todos, adultos o niños, tímidos o extrovertidos.

REPASO: ¿CÓMO *ESCUCHAR* CUANDO LOS NIÑOS *NO QUIEREN HABLAR?*

1. **Pon el ejemplo de la conducta que te gustaría ver**

   —¿Quieres que te cuente qué hice hoy? Me preocupé porque pensé que había perdido las llaves del coche...

2. **Reconoce sus sentimientos en vez de interrogarlo**

   —Parece que tuviste un día difícil.

3. **Ponlo a cargo: extiende una invitación en vez de exigirle información**

   —Me encantaría que me contarás cómo estuvo el paseo escolar cuando estés de humor para platicar.

4. **Diviértete, juega**

   Juega "Una verdad y una mentira" a la hora de comer.

¿Ya llegamos? Crisis en el coche

Toda la familia iba en el coche de camino a casa, era un trayecto de diez minutos. Nuestro hijo de cinco años, Rashi, tenía sed, pero no teníamos agua.

Probamos nuestras tácticas habituales: "Vas a tener que aguantar diez minutos. ¡No estás deshidratado! Necesitas aprender a esperar". Su frustración estaba aumentando.

Mi esposo me pasó su teléfono con la app de *Cómo hablar...* y escogí la primera opción en el menú: *Necesito ayuda con los sentimientos difíciles*. Se cargó otro menú para seleccionar el sentimiento en cuestión. Así que le pregunté a Rashi, "¿Estás enojado, decepcionado o frustrado?". Respondió: "¡Estoy frustrado!". Seleccioné "frustración" y abrió otro menú con una lista de cosas para reconocer el sentimiento.

Leí en voz alta las tres sugerencias de la app, sustituyendo los ejemplos con nuestro caso, ¡y funcionó! Se empezó a tranquilizar y nos pidió que le contáramos si alguna vez nos habíamos frustrado. Mi esposo compartió una anécdota muy graciosa sobre una vez que quería comprar unas papitas, pero su mamá no lo dejó. Decidió que si no le iban a comprar papitas, entonces no iban a comprar nada, y empezó a regresar todas las compras de la banda al carrito. Pero por error, ¡quitó las compras de la persona que estaba pagando! Hizo reír mucho a los niños.

Yo compartí una anécdota de mi infancia, habíamos ido a caminar en la naturaleza, pero mi hermano se había terminado el agua casi desde el principio. Estaba enojada porque no me había dejado agua y todavía más frustrada pues mi papá me dijo "que lo superara".

Casi habíamos superado el drama hasta que mi hija de siete años dijo: "Bueno, pero no hay que recordarle a Rashi del AGUA porque parece que ya se le olvidó". Por desgracia, Rashi se acordó de que tenía sed y volvimos al punto de partida.

Revisé la app y seleccioné *Sí fue útil, pero no resolvió el problema por completo*, lo cual proponía más herramientas. Escogí recurrir a la fantasía y le ofrecí "agua de hadas" con mi varita mágica. Enrollé papel de baño y empecé a inventar hechizos. Para entonces ya habíamos llegado a la casa, así que le pregunté: "Rashi, ya llegamos, ¿quieres agua de verdad o agua de hadas?" Y respondió: "¡Agua de hadas!".

Sin que se diera cuenta, le pedí a su hermana que trajera un vaso con agua. Y volví a decir mis hechizos. Cuando regresó, pusimos el vaso en el centro del papel y dijimos: "¡Abracadabra!". Y apareció un vasito de agua. Sonrió y se tomó el agua.

Se "perdió" el coche

Estábamos en el parque y le avisé a los niños que nos íbamos dentro de cinco minutos, pero era obvio que se estaban divirtiendo mucho. Me esperaba una batalla. Les dije: "¡No sé en dónde dejé el coche!". Y respondieron "¡Nosotros te llevamos!" y me llevaron.

Las dificultades de la tarea

¿Acaso mi hija es la única que llora cuando la hace?

Es difícil pensar en un tema que cause más berrinches en los niños y ocasione que los padres se arranquen el cabello de la frustración: la tarea.

En los viejos tiempos, cuando las autoras iban al kínder (con la maestra Deaner), no existía la tarea. Íbamos a la escuela para pintar con los dedos, jugar con bloques y aprender a subir el cierre de nuestras chamarras cuando hacía frío. Las actividades académicas consistían en sentarnos en círculo para cantar los días de la semana y los meses. Era muy confuso: junio... octubre... marzo... el orden era misterioso... no importaba.

La tarea llegó en segundo de primaria, con la invitación ocasional de "traer algo para mostrarle al salón, si quieren".

Ya de adultas, cuando mandamos a nuestros hijos a la escuela, el mundo había cambiado. Nuestros niños llegaban del kínder con tareas como "Escribe la letra B diez veces y luego dibuja cuatro objetos que empiecen con B".

Joanna recuerda

Recuerdo ver a Dan, mi hijo de cinco años, romper la hoja de papel con la goma porque le estaba costando trabajo dibujar la bicicleta que se estaba imaginando. No había forma de que pudiera convencerlo de que dibujara un balón, en vez de la bicicleta que se le estaba complicando tanto. ¡Y era el segundo día del kínder! Empeoró en la primaria. Páginas enteras de divisiones, ensayos de cinco párrafos, webquests de ciencias, todo diseñado para sacar de quicio a los padres de cualquier niño.

Cualquiera imagina que su hijo es el único con estas dificultades. Que los otros niños son felices mientras dibujan burbujas, balones, bebés, mientras tu hijo está al borde de la locura. Tal vez algunos niños hagan la tarea con poco estrés, pero no hemos conocido a muchos. El dilema de la tarea no tiene una solución sencilla. Es preciso abordarlo desde varios ángulos.

Investigaciones sugieren que no hay evidencia de que la tarea durante los primeros años de vida sea necesaria para el éxito académico, ni siquiera que beneficie a los alumnos.* Sin embargo, la mayoría de los padres enfrentará el dolor de cabeza que provocan los niños cansados (a veces llorando) en las tardes, haciendo berrinche por la tarea.

Conversación con una mamá

—Mi hijo nunca quiere hacer tarea. Es una batalla todas las tardes.
   —¿Qué le dices?
   —¡Que tiene que hacerla!
   —¿Y cómo les va?
   —No muy bien.

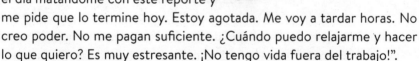

Vamos a hacer un pequeño experimento mental. Imagina que regresas a casa después de un día cansado en la oficina y le dices a tu pareja: "No puedo creer lo irracional que es mi jefe. Llevo todo el día matándome con este reporte y me pide que lo termine hoy. Estoy agotada. Me voy a tardar horas. No creo poder. No me pagan suficiente. ¿Cuándo puedo relajarme y hacer lo que quiero? Es muy estresante. ¡No tengo vida fuera del trabajo!".

Y tu pareja te responde: "Tienes que hacerlo. Mejor deja de quejarte y empieza".

(Esta relación está en peligro. Empieza a googlear *terapia de pareja*.)

---

* ". . . para los niños de primaria, la relación directa entre el tiempo que se le dedica a la tarea y los logros académicos no distaba significativamente de cero." Cooper, Harris, Jorgianne Civey Robinson, y Erika A. Patall, "Does Homework Improve Academic Achievement? A Synthesis of Research, 1987–2003", *Review of Educational Research* 76 (2006): 43. Disponible en: https://www.almendron.com/tribuna/wp-content/uploads/2016/02/Does-Homework-Improve-Academic-Achievement.pdf. Para un análisis detallado de los estudios que se han hecho en torno a la tarea, véase Alfie Kohn, The Homework Myth.

Sabes que tienes que terminar el reporte. No te puedes quedar sin trabajo, así como tu hijo no puede saltarse la tarea, aunque las investigaciones digan que está contraindicada. Tal vez la maestra no lo deje salir en el recreo o puede reprobar la clase por no entregar tareas.

Así que nos encontramos entre la espada y la pared. ¿Qué hacer?

Antes de presionar a los niños para que produzcan hay que empezar **satisfaciendo sus necesidades básicas**. Los niños necesitan descansar. Incluso los adultos se ponen irritables cuando no han tenido tiempo de relajarse, comer, mover el cuerpo, reconectar con sus seres queridos, distraerse en vez de tener que concentrarse para hacer una labor que alguien más les pidió. Una rutina constante sin descanso nos puede pasar factura a todos. Los adultos pueden seguir adelante (a veces), pero no podemos esperar lo mismo de los niños. Si crees que tu hijo puede ir a la escuela, después a un programa extracurricular, después a baile/karate/piano/fútbol, y luego regresar a casa a comer algo rápido y ponerse a hacer la tarea, tus expectativas son demasiado optimistas.

Incluso es improbable que un niño cuyas necesidades básicas estén satisfechas responda: "Caray, papá, me siento descansado y listo para hacer la tarea. ¡Vamos!". Si tienes ese hijo, te puedes saltar lo que queda de este capítulo. Los demás, necesitamos más herramientas para ayudar a nuestros hijos a enfrentar la odiosa labor de hacer tarea en casa. ¿Qué hacemos?

¡Reconocer los sentimientos! Ponte de su lado. Así como los adultos valoran a una pareja que se compadece por una carga de trabajo injustificable (aunque inevitable), los niños valoran el apoyo emocional de sus padres cuando se trata de la tarea.

En vez de decirles impetuosamente: "Cuanto más rápido empieces, más pronto vas a terminar", intenta alguna de estas respuestas más útiles (que los harán enojar menos):

"¡Ash, tarea!"

"¡Parece mucha!"

"Lo último que quieres hacer después de estar todo el día en la escuela es sentarte a hacer tarea."

"¡Si fueras el maestro, no torturarías a tus alumnos con tanta tarea!"

Por supuesto, los primeros dos son los más útiles, y se prestan a repetirlos una y otra vez siempre y cuando lo digas con honestidad. Pero no puedes utilizar los últimos dos comentarios todos los días. Tienes que ponerte creativo y cambiarlos un poco. Tal vez cuando se acerque el fin de semana, puedes desear que un clon haga la tarea o imaginar un pretexto complejo que involucre a extraterrestres y naves espaciales.

La montaña de tarea (la historia de Julie)

Rashi llegó a casa de la escuela, se tiró en el sillón y se empezó a quejar: "¡Tengo muchísima tarea! Tengo que escribir el borrador de mi ensayo de inglés, un ejercicio del laboratorio de ciencias, un problema de matemáticas, leer un capítulo del libro de historia..." Conforme seguía hablando me iba poniendo más ansiosa: *Dios, nunca va a terminar todo eso. Qué desastre. No va a terminar y mañana no querrá ir a la escuela.*

Quería decirle: "Mejor deja de quejarte y ponte a trabajar. Empieza con matemáticas porque es tu mejor materia y lo puedes terminar rápido, y sigue con los demás".

Pero me abstuve porque ya había probado esta táctica y nunca había funcionado. ¿Qué decirle? No tenía idea.

—Rashi, un segundo—. Fui a la cocina y fingí hacer algo con el horno, mientras intentaba que se me ocurriera algo. ¿Qué le diría a un padre en uno de mis talleres? Ah, sí, ¡reconoce sus sentimientos!

Regresé y le dije: "Guau, es una cantidad agobiante de tarea para una tarde. Es difícil saber por dónde empezar con una lista tan larga".

—Sí—, suspiró, después se levantó y se fue a su recámara diciendo: —Creo que voy a empezar con matemáticas.

Compadecerse con los niños por la tarea no va a resolver tu problema tan fácil, pero es un comienzo importante. Queremos que los niños sepan que no somos sus oponentes. Estamos en el mismo equipo.

La siguiente estrategia podría ser **darle opciones**:

"¿Cuál es la manera menos difícil de resolverlo?"

"¿Quieres empezar de una vez y tener la tarde libre o prefieres andar en bici (o jugar con tus Legos, jugar basquet...) primero y empezar a las 5:30?"

"¿Quieres hacer tu tarea con botanas o con música? (¿o con los dos?)"

"¿Quieres hacer tu tarea solo en tu recámara o en la cocina mientras preparo la comida? ¿Quieres trabajar en la mesa de la cocina o debajo de ella?"

"¿Quieres que te ayude a estudiar para el examen, te pregunto o tú me preguntas?" Tip: cuando tu hijo te pregunte, asegúrate de dar muchas respuestas incorrectas para que te pueda corregir. En el caso de un niño menor, finge no saber; en el caso de un niño mayor, habrá muchas cosas que no sepas, ¡incluso sin intentarlo! Seguro no tendrás que fingir que recuerdas la ecuación cuadrática o todas las causas de la Primera Guerra Mundial.

Cuando la tarea es particularmente agobiante, la mejor estrategia es **adaptar tus expectativas**. Una tarea que es razonable para algunos niños puede no serlo para tu hijo. Los niños se desarrollan a ritmos distintos (aunque tengan una discapacidad diagnosticada o no). Tal vez tengas que comunicarte con la escuela para abogar por tu hijo.

A los padres no se les ocurre hablar con los profesores sobre las aflicciones que la tarea les genera a sus hijos. Pero hemos descubierto que muchos profesores valoran la retroalimentación y las sugerencias respetuosas. Su objetivo no es sembrar el caos en tu casa. Quizás el profesor de tu hijo esté dispuesto a modificar las tareas para que se ajusten a tu hijo y tu familia.

Una madre, a cuyo hijo le agobiaba constantemente la carga de tarea, cada vez le estresaba más la escuela y se sentía miserable, le escribió esta carta a la maestra.

Querida profesora Strickler:

Gracias por avisarme del problema de tareas incumplidas. Platiqué con Jeremy y trazamos un plan, vamos a ponerle un plazo a la tarea para que no le parezca abrumadora. Acordamos seguir los lineamientos de la escuela, 30 minutos por tarde para los de tercer grado. La idea es que Jeremy ponga la alarma y trabaje sin interrupciones hasta que suene.

Le prometí a Jeremy que no hace falta que trabaje más allá de los 30 minutos, incluso si no termina la tarea. Está aliviado y motivado. Creo que es la mejor manera para que vuelva a tomar el rumbo, y que verá mejoras en su tarea. ¡Muchas gracias por su apoyo!

—Jane Goodberry

Otra madre decidió renunciar por completo a la tarea de lecturas cuando se dio cuenta del efecto negativo que tenía en su hija.

Mamá pone un alto

A mitad de tercero de primaria la maestra de Sonia agregó una lista de lecturas a las tareas diarias. Los alumnos debían registrar el título, el autor, el tiempo de lectura y el número de páginas que leían al día. Hasta entonces, a Sonia le había gustado leer, de hecho, era común insistirle mucho para que dejara su libro y bajara a comer, pero la tarea le generó desilusión. Ya no podía escoger un libro que le parecía interesante y simplemente leerlo. Tenía que encontrar su bitácora, registrar el título y el autor, ver el reloj y anotar la hora y ser consciente de las páginas y los minutos que leía. Le quitó el placer a la lectura. Yo tampoco disfrutaría leer si tuviera que checar el reloj y contar las páginas.

Temía que si no hacía algo pronto, Sonia perdería el gusto por la lectura, así que agendé una reunión con la maestra. Le dije que valoraba su intención de cultivar el gusto por la lectura. El problema era que desde la bitácora de lectura, Sonia ya no leía por placer. A lo mejor funciona para algunas familias, pero con nosotros tiene el efecto contrario. Le dije que yo me haría cargo de que Sonia leyera, desde ahora yo asumiría la responsabilidad.

Para mi sorpresa, estuvo de acuerdo. Sonia estaba muy contenta de no tener que llenar la bitácora, pero pasaron varias semanas para que volviera a leer por placer.

Si ya has intentado algunas de estas herramientas y sigues enfrentando una batalla por las tardes, tal vez sea necesario sentarte con tu hijo en un momento de paz y proceder a la **resolución de problemas** juntos.

El terror de la tarea

Este año, Logan entró a sexto de primaria. Les dejan tanta tarea y se tarda tanto en hacerla que ya se dio por vencido. Se le dificulta la caligrafía así que escribir es lento y tedioso. Todas las tardes tenemos peleas monumentales.

Ya no tiene citas para jugar porque no termina la tarea antes, y sé que no la va a terminar después. Le quité el Xbox y la televisión. Le he gritado hasta quedarme ronca. Una noche subí las escaleras detrás de él diciéndole: "Logan, tienes que hacer la tarea, es muy importante".

Logan me arrebató la hoja y respondió: "No... ¡claro que no!", la rompió en pedacitos y la tiró por las escaleras.

La escuela me citó a una junta con sus maestros y el asesor académico para decirme que Logan corría el riesgo de repetir sexto. Cada que no entrega una tarea, le ponen cero. Incluso aunque apruebe todos sus exámenes puede reprobar. Estaba muy desencajada como para decirles gran cosa. Les aseguré que hablaría con mi hijo y me reportaría.

Cuanto más lo pensaba más me daba cuenta de que para un niño activo, como Logan, sentarse a hacer tarea después de un día muy largo en la escuela es una tortura. Necesitaba dejar de convencerlo de que la tarea "era por su bien", o "que no era para tanto si se ponía a hacerla".

Decidí probar la resolución de problemas. Empecé por pedirle ayuda. "Los dos odiamos pelear por la tarea todas las tardes. Odias que te grite y yo odio enojarme y frustrarme. Ya no quiero hacerlo".

Después dediqué un buen rato a reconocer sus sentimientos. "Es un problema muy difícil. Regresas después de pasar seis horas y media en la escuela y se supone que tienes que llegar a hacer tarea. ¡Qué horror! Preferirías ver la tele y relajarte, o correr, jugar videojuegos, comer… lo que sea menos tarea".

Al principio me vio con sospecha, pero se fue entusiasmando y asintiendo a lo que decía. Por último, le dije: "El problema es que si no haces la tarea, la escuela se puede poner pesada y no queremos eso. Tenemos que encontrar la forma menos dolorosa de hacerlo. ¡Necesitamos ideas!". Agarré una hoja de papel y hasta arriba escribí: "Ideas para la espantosa tarea".

Pensé que sería útil empezar con ideas extravagantes para aligerar las tensiones. Escribí: "Decir que el perro se hizo pipí encima". Logan contestó: "¡Sí!". Después sugirió: "Decir que Emily (su hermanita) se hizo pipí encima de ella". Lo anoté. Se le ocurrió: "Usar un láser para borrar los recuerdos, como en *Men in Black*, para que se les olvide que dejaron tarea". Añadí: "Rezar que caiga una tormenta de nieve cuando dejen mucha tarea". Era su turno: "Si hace mucho calor, rezar que haya un apagón". Decidí que ya estábamos de humor como para proponer ideas realistas.

Yo: Comer un refrigerio para darte energía antes de hacer la tarea.

Logan: Comer refrigerios mientras hago la tarea.

Logan: Comer helado mientras hago la tarea (sabe que no puede comer helado antes de la hora de la comida, pero de todas formas lo escribí).

Yo: Hacer cinco saltos de tijeras después de cada problema de matemáticas (investigaciones científicas recientes recomiendan esta solución).* †

* "Cuanta más información tiene la neurociencia sobre [el aprendizaje] queda más claro que el ejercicio brinda un estímulo sin comparación, pues crea un entorno en el que el cerebro está listo y dispuesto a aprender. La actividad aeróbica tiene efectos drásticos en la adaptación, pues regula los sistemas que están desequilibrados y optimiza los que no lo están, es una herramienta indispensable".

† John J. Ratey, M.D., Spark: *The Revolutionary New Science of Exercise and the Brain* (New York: Little Brown, 2014), 6: 10.

Logan: Hacer la tarea viendo la tele.

Yo: Hacer la tarea escuchando música.

Logan: Poner la alarma y terminar cuando suene.

Yo: ¿Hacer las tareas más largas en la computadora? (Logan me dijo que no estaba permitido, pero le dije que anotaríamos todas las ideas, así que la dejamos con un signo de interrogación).

Revisamos nuestra lista. Logan se rio entusiasmado con las primeras ideas y concluyó que debíamos ser un poco más prácticos. Así que las eliminamos, también taché la idea de la tele porque sabía que no funcionaría.

A Logan le gustó la idea de la alarma. Creo que se resiste a empezar la tarea porque siente que es interminable (o por lo menos hasta la hora de acostarse)... y muchas veces es así, porque se distrae mucho en vez de ponerse a trabajar. Según la escuela los alumnos de sexto no deben pasar más de una hora haciendo tarea, así que decidimos poner la alarma 20 minutos para matemáticas, 20 para inglés y 20 para lectura. Si la alarma sonaba antes de que terminara, y había trabajado sin interrupciones, le escribiría una nota a la maestra. También le gustó la idea de los saltos de tijeras, trabajar escuchando música y con refrigerios.

Estos son los resultados:

Ya no le pregunto por la tarea en cuanto baja del transporte escolar. Cuando empiezo a preparar la comida, le pido que se ponga a hacer la tarea. Y contribuyo con comentarios del estilo: "¿Hay que buscar diez palabras de vocabulario? ¡Es mucho! ¿Veinte problemas de mate? ¡Ash!".

Él hace su lista de reproducción y prepara sus refrigerios. Y ponemos la alarma. Le ayuda mucho saber que el calvario tiene fin. A veces me sorprende y se pasa del tiempo para terminar la tarea. "Ma, dos enunciados y ya, ¡sí puedo!". Pocas veces se detiene cuando suena la alarma, pero termina en la mañana antes de que pase el transporte. Nunca hubiera considerado dejar la tarea a última hora, pero estoy impresionada con la eficiencia con la que trabaja después de dormir bien.

Le escribí una carta a sus maestros para explicarles que estábamos usando una alarma y que le permitiríamos a Logan usar la computadora si tiene más de una tarea escrita el mismo día. Así Logan puede practicar su caligrafía en tareas más cortas, como ortografía, y al mismo tiempo, tener el beneficio de la computadora para tareas más largas, en las que normalmente se derrumbaba porque le dolía la mano.

¡Los maestros estuvieron de acuerdo! Supongo que fue difícil resistir mi planteamiento. Y esto ha hecho nuestras vidas mucho más tolerables.

REPASO: LAS DIFICULTADES DE LA TAREA

1. Empieza satisfaciendo las necesidades básicas

Dale tiempo para descansar, comida, oportunidad de alguna actividad física y relajación.

2. Reconoce sus sentimientos, ponte de su lado

—¡Ash, la tarea!
—¡Es mucho!

3. Plantéales alternativas

—¿Quieres hacer la tarea con botanas o música? ¿O ambas cosas?
—¿Quieres trabajar solo en tu recámara o en la cocina mientras preparo la comida?

4. Modifica tus expectativas, aboga por tu hijo

Llama o escríbele a su maestra para informarle de la situación y sugiere soluciones con respeto, como recurrir a plazos y reducir la extensión de algunas tareas.

5. Recurre a la solución de problemas

—Tenemos que encontrar la forma menos dolorosa de hacer la tarea. ¡Necesitamos ideas!

Segundo año es muy difícil

Samantha acaba de entrar a segundo y la transición ha sido muy difícil. Regresó de la escuela diciendo "¡Odio la escuela! No soy buena para matemáticas. ¡Y dejan mucha tarea! Y a nadie le caigo bien". No estaba segura de cómo responder, así que asentí: "¡Las matemáticas son difíciles!" "En segundo dejan mucha más tarea". De todas formas, seguía molesta y se metió llorando a su recámara.

Me senté a su lado en la cama y le dije: "¡La escuela parece muy difícil!". Contestó que sí. Después me contó que su maestra le gritó porque perdió una de sus hojas de ejercicios y su amiga se enojó porque no se sentó con ella en el transporte escolar. Resulta que lo que le molestaba eran esas dos cosas en particular. No creo que me hubiera contado el problema con la maestra y su amiga si le hubiera contestado: "Eres buena para matemáticas, y por supuesto que le caes bien a la gente". Después de compartir esas dos penas, se relajó.

4

Alterado y no se calma

Queridas J & J

Tengo un niño de casi cinco años y una niña de dos. Necesito ayuda con la conducta de mi hijo, está desenfrenado y a veces es violento. Se adaptó muy bien a ser hermano mayor, y en gran medida es increíble lo paciente y generoso que es con su hermanita. Pero se altera muy fácil. A veces pasa corriendo junto a su hermana y la empuja o pasa corriendo junto a mí y me pega en la pierna (o en la cabeza si estoy sentada). Se altera todavía más cuando tenemos visitas, lo que resulta frustrante porque no ven su lado maravilloso y cariñoso. Sólo ven a un niño desquiciado y fuera de control: ruidoso, corriendo y lastimando a la gente. Grita, empuja, patea. Le gusta hacer que la gente se tropiece como si fuera un juego, y mi esposo y yo detestamos eso.

No sé cómo abordar este problema. He intentado explicarle qué siente la persona a quien lastima. He intentado reconocer sus sentimientos, le he asegurado que entiendo que se emociona mucho y su intención no es lastimar a nadie. He intentado planear qué hacer cuando viene un amigo y está sobreestimulado y necesita calmarse. He tratado de que haga mucho ejercicio antes de sus reuniones de juego, como un perro, para agotarlo. Nada ha servido. Quiero invitar a amigos y quiero que mi hijo pueda jugar con los demás de forma civilizada. Por favor, ayúdenme.

—Mamá enloquecida del Reino Unido

Querida Mamá enloquecida:

Me traes recuerdos (Joanna), ¡y no particularmente buenos! Tuve la misma experiencia cuando mi hijo Dan tenía la misma edad, y pensé y sentí lo mismo que tú. Recuerdo con claridad pensar que debía cansarlo como a un perro, para que estuviera tranquilo en la casa. Tenía un amigo a quien adoraba, y a mí me caía bien su mamá. Pero le tenía pavor a sus reuniones de juego. Dan se alteraba tanto que corría y jugaba luchitas con su amigo, chocaba con la gente y con los pocos objetos frágiles que quedaban en la casa, entre ellos las lámparas y las paredes. Se me dificultaba mucho lograr que se comportara como "ser humano", lo cual era capaz de hacer la mayoría de las veces, ¡sobre todo cuando nadie lo veía! Una vez tuvimos invitados, y le rogué que dejara de correr en círculos en la cocina, y me contestó gritando: ¡"NO CORRO EN CÍRCULOS! ¡ESTOY CORRIENDO EN ÓVALOS!". Por lo menos tenía buena noción de la geometría.

Puede ser un alivio saber que el tiempo es tu mejor aliado. Mi hijo y este otro "niño salvaje" siguen siendo muy buenos amigos y disfrutan su compañía sin destruir su entorno ni lastimarse. Pero necesitas una solución para el presente, no para dentro de diez años.

Planea con anticipación

Cuando tienes un compromiso social inminente y sabes que alterará a tu hijo, planea con antelación. Es un buen momento para la resolución de problemas. Siéntate con él y dile: "La última vez que vino Henry, para mi gusto las cosas se salieron de control. Necesitamos ideas para proyectos y actividades para hacer cuando venga". Hagan una lista juntos y reúnan los materiales que necesiten. Esta preparación puede ayudar a canalizar su emoción en una actividad aceptable, en vez de sacarla en un desorden generalizado.

Estas son algunas de nuestras actividades favoritas para sobrevivir el reto que representan los niños inquietos cuando están encerrados.

El juego de los brincos: en casa de Joanna este juego se llamaba lava, arenas movedizas o cocodrilos. Los niños saltaban desde una mesa baja, firme, y caían en cojines o pufs. Para sobrevivir, tenían que brincar de un cojín al otro. A veces "se caían" y sucumbían con dramatismo a los peligros. En casa de Julie el juego se llamaba colchoneta de aterrizaje. Julie cosió dos sábanas viejas y las llenó de hule espuma. Los niños saltaban desde un sillón viejo a la colchoneta con alegría.

Pista de obstáculos: junta unos aros, un túnel, unos palos para brincarlos y unos conos para correr. Puedes hacer un túnel casero colocando una manta sobre varias sillas. Los niños aprenden rápido a montar su propia pista. Pueden usar un cronómetro e intentar romper sus propios récords (para no fomentar la competencia y posibles peleas, es mejor que no los alientes a ver quién es el ganador).

Aquí viene el tren. Las dos jugábamos en casa de Julie. Su mamá tocaba el piano y los demás corríamos en "óvalos" por la cocina y la sala. Cuando tocaba más rápido, corríamos más rápido; cuando tocaba lento, avanzábamos en cámara lenta; después rápido, más rápido, MÁS RÁPIDO hasta que nos estrellábamos. Tocaba todas las teclas a la vez y nos dejábamos caer simulando el choque de un tren. Y lo repetíamos. Era nuestro juego favorito. Si no tienes un piano, tendrás que improvisar (tal vez unos tambores para marcar el ritmo y dos tapas de cacerolas para simular el choque).

Otra idea es ponerles actividades para ejercitar la motricidad fina y redirigir la energía de correr o estamparse en el esfuerzo que requiere concentrarse en una tarea que desafíe su destreza y fuerza de los músculos más pequeños. A continuación algunas ideas para empezar:

Haz tu propia plastilina: mezcla harina, sal y agua. Es sorprendente el satisfactorio esfuerzo físico que se requiere para apachurrar y golpear plastilina, también canaliza las ganas de correr y chocar con todo en una tarea que se hace sentados. Si quieres, añade colorante comestible para crear plastilina de distintos colores.

Lodo: mezclen maicena y agua en un molde para pay. Este menjunje tiene propiedades muy peculiares. Si lo tocas con suavidad se hunde en el líquido hacia el fondo del molde. Si lo golpeas, es duro y sólido. Si aprietas un trozo en la mano, se te queda pegado como plastilina.

Si relajas los dedos los atraviesa como agua. Es algo bastante sucio ¡te lo advertimos!

Proyecto para coser: una de nuestras actividades favoritas era que los niños hicieran pelotas de semillas. Cuando terminaban sus creaciones jugaban a lanzarlas a una cubeta. Permíteles elegir los materiales de tus retazos, recorta el rectángulo, dóblalo a la mitad, cose a mano tres y medio lados y métele legumbres o semillas, deben quedar como 2.5 centímetros para cerrarlo. Los pueden decorar con ojos o plumones permanentes.

Pintar: protege la mesa del comedor con plástico, saca acuarelas o pintura y deja que los niños se diviertan. La próxima vez que tengas visitas, admirarán el exquisito arte moderno que tienes colgado en el baño.

¡Que vuele!: enséñales a hacer aviones con hojas de papel. Experimenten con los dobleces y después comprueben qué tan lejos pueden llegar sus creaciones. Decoren las alas con crayolas.

Por último, como parte del plan, contempla reducir la duración de las reuniones de juego, así será más fácil que tu hijo o hija se porte mejor mientras dure la cita.

¿Qué hacer en ese momento?

¿Qué pasa si tu hijo se descarrila durante una reunión de juego o en casa con alguno de sus hermanos? Es hora de **actuar sin insultar**. No te sientas mal si tienes que sacar a tu hijo de la escena porque está lastimando a las personas o incomodándolas.

Puede funcionar simplemente decirle: "Necesito que te sientes conmigo un momento. Puedes regresar cuando estés listo para jugar más suave". Si dice que está listo, le puedes preguntar qué juego quiere jugar, para aclararle que va a "regresar" con un plan en mente.

Si está muy revolucionado, tal vez lo tengas que sacar físicamente del lugar. Las palabras que elijas siguen siendo importantes. Si se siente mal consigo mismo, será más difícil que coopere. No quieres que se quede en el papel del "niño salvaje y rudo". Resiste las ganas de darle un sermón: "Estás fuera de control. ¡Ya habíamos hablado de esto! Vas a lastimar a alguien. Imagínate cómo duele que te peguen así".

Mejor, describe el problema en términos más neutros: "Tienes mucha energía. Eres como un cohete que va a la Luna. No puedo dejar que te estampes con la gente".

Si necesita más tiempo para relajarse, **dile qué puede hacer, en vez de qué no puede hacer**. Puedes mandarlo a la bicicleta fija, pedirle que haga diez saltos de tijera, mecerlo en la hamaca... lo que funcione mejor en tu caso.

¿Qué hacer cuando un niño agotado está frenético?

A veces, los niños se alteran cuando no están durmiendo lo suficiente. No siempre relacionamos estas dos cosas, porque parece que tienen muchísima energía cuando la realidad es que están exhaustos. La respuesta puede ser **satisfacer sus necesidades básicas**, que en este caso puede ser acostarlo más temprano o agregar una siesta a su rutina.

Los encantos hipnóticos de la música (historia de Julie)

Cuando mi hijo Asher tenía tres años, si no dormía la siesta se ponía de muy mal humor, pero a veces estaba tan frenético, que no se podía dormir. ¡Y no quería intentarlo! Me quejé con Joanna y una semana después encontré un paquete en mi buzón con un casete casero titulado *Cinta para baile y descanso de Asher* (hoy en día enviarías una lista de reproducción por mail, pero estamos hablando de la edad de piedra). La primera canción era "Batonga", una canción de percusiones, muy rítmica, de Angélique Kidjo, que lo hacía brincar como en un concierto de punk. Lo acompañaba para empezar. Había varias canciones animadas, después una pieza titulada "Airplane" de Indigo Girls, una canción más suave con la que Asher recorría su recámara con los brazos extendidos como un avión. La cinta concluía con cantos gregorianos de monjes de la abadía benedictina. Para este punto, Asher se recostaba en el piso y dejaba que la música lo arrullara. Asher durmió la siesta con este casete hasta que dejó de dormir siestas. Era una parte esencial de su rutina diaria.

Respuesta de Mamá enloquecida.

Queridas J & J:

Les escribo con actualizaciones. La semana pasada tuvimos una reunión de juego en casa con el amigo "desenfrenado" de mi hijo, y no me la quería ni imaginar. Y tengo que compartirles que fue un éxito rotundo.

Decidí que mi táctica sería tener una combinación de juego libre y actividades planeadas para no dejar que se las arreglaran solos tanto tiempo.

Cuando llegamos de la escuela les di un refrigerio. Después los dejé a sus anchas como media hora. Después hicimos el barro, que ensució muchísimo. Pero les encantó y estuvieron muy entretenidos con esta actividad. Después salieron a correr y a jugar fútbol un ratito, mientras limpiaba el desorden y preparaba la cocina para hacer la comida.

Cuando regresaron, hicimos pizza casera (¡otra actividad para la motricidad fina!). Mientras la pizza se horneaba, tuvieron más tiempo libre. Creo que fue el momento más difícil porque ya llevábamos dos horas de juego, tenían hambre y jugaron rudo, pero nada exagerado, sin lesiones ni lágrimas. Por suerte la pizza estuvo lista y se sentaron a comer. Los convencí de que construyeran un castillo con bloques. Sin darme cuenta, el papá de su amigo ya había llegado por él. ¡Todo un éxito!

Gracias por sus consejos. Creo que para nosotros tener algunas actividades planeadas para las reuniones de juego es clave.

—Mamá (un poco) más tranquila del Reino Unido

REPASO: ALTERADO Y NO SE CALMA

Planea con anticipación

1. Resolución de problemas

—La última vez que vino Henry, para mi gusto las cosas se salieron de control. Necesitamos ideas para proyectos y actividades para cuando venga.

¿Qué hacer en ese momento?

2. Actúa, pero sin insultar

—Necesito que te sientes conmigo un momento. Puedes regresar cuando estés listo para jugar más suave.
Sácalo del lugar: "Tienes mucha energía. Eres como un cohete que va a la Luna. No puedo dejar que te estampes con la gente".

3. Dile qué puede hacer, en vez de qué no puede hacer

—Vamos a la bicicleta fija para que saques la energía. ¿Cuántos kilómetros puedes hacer?

¿Qué hacer cuando un niño agotado está frenético?

4. Atiende sus necesidades básicas

Experimenta con rutinas para acostarlo.*

---

*Consulta el capítulo 13 en *Cómo hablarle a los niños pequeños para que escuchen* para más ideas sobre cómo acostar a los niños cuando les cuesta trabajo quedarse dormidos en la noche.

Que brille el sol: ideas para un día lluvioso

Ayer el sol no salió, otra vez, y las emociones estuvieron a flor de piel en la casa. En vez de explicarle a mi hija Meera, de casi tres años, sobre el clima (como habría hecho antes), le pregunté: "¿Qué podemos hacer cuando el sol no sale?" Su respuesta: "¿Podemos hacer nuestro propio sol?".
¡Así que les presento nuestro sol!

Educando a papá: niña le enseña a resolver problemas

Meera se está volviendo experta en la resolución de problemas. La semana pasada tuvo una sesión con su papá. Él empezó a discutir sobre la "pertinencia" de una solución que ella había propuesto, así que le recordó: "Papi, anótala y dibuja. No juzgues. Revisamos todas cuando acabemos".

Severidad innecesaria

5

¡AYUDA! Mis hijos se están peleando

Cómo mantener la paz en casa

La primera pregunta que tenemos es esta: ¿qué tan grave es la situación?

¿En este momento están golpeándose y estrangulándose?

Deja el libro (despacio, no se lo lances a los combatientes) y sepáralos. Pero espera, antes de que sueltes el libro, te proponemos este diálogo breve en caso de que necesites palabras útiles para acompañar tus acciones:

> "¡OIGAN (quizá tengas que gritar para llamarles la atención)! ¡No puedo permitir que se lastimen!". Agarra a uno de ellos si es necesario. "Tú, al sillón. Y tú, a la silla".
>
> Cuando estén separados y a salvo, agrega: "¡Algo pasó! ¡Están muy enojados!".

Tómate un momento para evaluar si surtió efecto: protegiste a los niños de que se lastimaran, manifestaste tus valores sin atacar su carácter, aceptaste sus sentimientos en plena batalla.

¿Qué sigue? Tal vez estés tentada a darles un sermón esclarecedor sobre las desventajas de la violencia física para resolver diferencias. Estás lista para presentar tu caso irrefutable, argumentando: "Deberías ser más paciente con tu hermano porque es menor que tú", "están peleando por nada", o bien "los pellizcos no son agradables. ¡No te gustaría que te lo hicieran!". Te entendemos. Hemos pasado por eso y te podemos decir que es sumamente improbable que tus hijos respondan así: "Caray, gracias por tus palabras sabias. Ahora que me explicaste por qué mi problema no es importante y que mi reacción no tiene cabida en las políticas familiares, me arrepiento de mi conducta. De ahora en adelante me comprometo a tratar a mi hermano con paciencia, generosidad y amor".

Ya sabemos qué no decir. ¿Qué sería útil?

1. Reconoce los sentimientos de cada niño, sin tomar partido

"No te gustó cuando... tu hermana apagó la música que estabas escuchando."

"Tenías ganas de... escuchar la música fuerte con muchos solos de batería."

"Te enojaste cuando... te arrebató el control remoto de la mano."

"Te dolió mucho cuando... te dobló los dedos y te pellizcó el brazo."

"No te parece justo que... ella pueda escuchar su música y tú no puedas escuchar la tuya."

"Ah, ya, los dos querían... escuchar música, pero estilos distintos."

Etcétera...

A veces con eso es suficiente. Cuando los niños sienten que los escuchan, se tranquilizan. Pueden pensar con más claridad y tal vez idear una solución.

¿Y si no se calman y se empiezan a insultar?

Puedes **expresar tus sentimientos con firmeza**: "¡A ver, no me gustan los insultos! Provocan más enojo".

Después ayúdalos a expresar sus sentimientos sin insultos: "Le puedes explicar a tu hermano que no te gusta la música alta cuando estás leyendo, que te molesta mucho".

Si a estas alturas no se han ido en paz, puedes probar el segundo paso.

2. Describe el problema sin minimizarlo

"Uno está de humor para escuchar rock a todo volumen y el otro, no. Qué complicado."

Esto podría inspirar a tus jóvenes adversarios a resolver el conflicto por su cuenta.

En caso contrario, no te preocupes. ¿Ya te diste cuenta de que llevamos los primeros dos pasos de la **resolución de problemas**? En el capítulo tres, "El problema con el castigo" vimos cómo funciona este proceso entre los adultos y los niños. Esta es tu oportunidad para llevarlo al siguiente nivel y enseñarle a tus hijos cómo resolver los problemas entre ellos. Se trata de una oportunidad de oro para que los niños practiquen el proceso, para que con el tiempo lo internalicen, así tú te puedes tomar una taza de café mientras solucionan sus problemas. Vamos al siguiente paso.

3. Lluvia de ideas

"¿Qué podemos hacer para que funcione para los dos? Necesitamos ideas."

Cuando estén proponiendo ideas, no rechaces ninguna (no digas: "¿Quieres gastar $300,000 para diseñar un estudio insonorizado? ¡Ni lo sueñes!"). Anoten todas las ideas. Te vas a tener que morder la lengua varias veces para no empezar con tus ideas brillantes ("¿Por qué no...?") Ten en cuenta que cualquier solución que ellos propongan será mucho más efectiva, y cada minuto que esperas en silencio les transmite el mensaje de que confías en que ellos pueden concebir soluciones.

4. Revisa su lista de ideas y elijan las que le funcionen a todos. Las puedes encerrar en un círculo, tacharlas, palomearlas, ponerles caritas felices o tristes, lo que quieran.

	Nia	Marcus	Mom
—Construir un estudio insonorizado.	☺	☺	☹
—Escuchar música con audífonos.	☺	☺	
—Ponerse tapones para los oídos para estar en silencio.	☹	☺	
—Escuchar en recámaras distintas.	☺	☺	
—No pasar del volumen 5.	☹	☹	☺
—Turnarse para escoger una canción cada quien.	☺	☹	
—Hacer una lista de reproducción que les guste a los dos.	☹	☺	

Peguen la lista de las soluciones que idearon juntos en el refri y espera a que surja la oportunidad de usarla.

¿Y si la solución no funciona? ¿O si sólo funciona una vez? ¿¿Ahora qué??

Ahora ya saben qué no funciona. Están más cerca de una solución efectiva. Repitan la sesión de resolución de problemas. Puedes decirle a los niños: "Bueno, ya probamos esa idea, pero no funcionó tan bien como esperábamos. Vamos a ver qué más se nos ocurre". Que te sirva de consuelo saber que aunque implica mucho más esfuerzo que simplemente decirle a los niños qué hacer, vale la pena. Tener la capacidad de resolver los conflictos con respeto es el preludio para la paz mundial. Imagina la vida con niños que sepan solucionar sus problemas sin que intervengas. ¡Es una meta superior!

¿Es broma? No tengo ni el tiempo ni la energía para hacer esto. Mis hijos no se ponen de acuerdo en nada. ¡Me están cansando!

Si es uno de esos días en los que ni los niños ni tú tienen paciencia para la nobleza...

Resume con brevedad el punto de vista de cada uno y actúa. Si es necesario retira a los atacantes de su vista o retira el objeto en disputa. Regresa a resolver los problemas cuando tengan la paciencia de hacerlo.

"Marcus quiere escuchar su música favorita y Nia no quiere escucharla cuando está leyendo. Preferiría poner otro tipo de música, sin batería ni voces. Por ahora, voy a tomar una decisión, aunque no les guste a todos. Voy a dejar que Marcus termine de escuchar esta canción, después voy a apagar el estéreo y a guardar el control remoto. Más tarde pensaremos en soluciones que funcionen para todos."

¿Qué pasa si uno de los niños no deja de atacar al otro, ya sea físicamente o verbalmente, y hablar no soluciona nada? ¿No debería castigarlo?

Los adultos sí tenemos que responsabilizarnos de limitar conductas inaceptables y proteger a los niños a nuestro cuidado. La pregunta es, ¿el castigo cumple ese objetivo?

El problema con el castigo es que no le enseña al "agresor" a gestionar con un conflicto similar en el futuro, no restaura la relación y no pondrá a la víctima a salvo.

El castigo tampoco aborda el origen de la pelea. Puede haber muchos: celos por el nuevo hermanito, ansiedad por una nueva rutina en la escuela, conflicto por las pertenencias o frustración que no tiene nada que ver con la víctima. Podemos ayudar más cuando adaptamos nuestra respuesta según la necesidad o sentimiento de raíz.

Historias desde la vanguardia

¡Eres un bebé!

He leído que cuando un niño es cruel con otro hay que ponerle atención a la víctima, no al instigador. Pero en mi familia esta estrategia no estaba funcionando. El tormento era constante.

En esta ocasión, Lev (de once años) estaba molestando a Avi (de ocho), le decía que "se portaba como un bebé". Avi quería defenderse, pero Lev no dejaba de provocarlo: "¡Lo que acabas de decir demuestra que eres un bebé!".

Exigí que se separaran. Sabía que no debía castigarlo, pero mi instinto me gritaba: "¡Enciérralo y tira la llave!". Estaba tan enojada que me encerré en el clóset para desahogarme sin que los niños me escucharan.

¡¡¡Aaaaah!!! ¡Qué fastidio! Avi quiere un poco de atención y aprobación. ¿Cómo es posible que Lev sea tan cruel con su hermano? Engendré a una persona espantosa.

De hecho, modero talleres de *Cómo hablar*, así que me pregunté qué le diría a uno de los padres de los talleres... *Les diría que intentaran verlo desde la perspectiva de Lev y que reconocieran sus sentimientos... Pero no me importa cómo se siente! ¡Es un monstruo!*

Al fin me tranquilicé y salí del clóset para platicar en privado con Lev en su recámara. "Sé que puedes ser una persona amable y comprensiva. Algo tuvo que haberte molestado mucho para hablarle así a Avi".

Se abrieron las compuertas. Su lista de quejas era muy extensa. "Cada que vamos a un partido de béisbol, Avi se tira en el piso y dice que está cansado, y por su culpa llegamos tarde. Siempre me pierdo el principio de los partidos... y cuando nos ponemos a limpiar, se supone que todos tenemos que ayudar, pero él dice que está muy cansado y no ayuda, ¡no es justo!... todos los días llegamos tarde a la escuela por su culpa, porque tiene que pasar al baño, justo cuando tenemos que salir..."

Estoy cansado...

Las quejas no paraban. Desde el punto de vista de Lev, ¡Avi sí se estaba portando como un bebé! No podía controlar su energía. No podía controlar su vejiga. Para un hermano mayor debió haber sido muy frustrante.

No lo contradije ni intenté explicar nada, sólo escuché (no debería decir "sólo" porque fue difícil escucharlo). Cuando terminó, le dije: "Guau, con razón estás tan enojado con él. Hizo muchas cosas que te molestaron. Creo que Avi necesita escuchar de ti cuánto te molestan algunas de sus acciones. El problema es que es una lista muy larga, y creo que sería demasiado para él escuchar todo. ¿Por qué no escoges una cosa para hablar con él?".

Lev escogió compartirle lo mucho que le molestaba cuando Avi no ayudaba a limpiar. Avi respondió que sí quería ayudar, pero que a veces sí estaba muy cansado. Les pregunté: "¿Qué podemos hacer para que quienes limpiamos no nos enojemos y que Avi no se sienta obligado cuando está muy cansado?". Escogimos quehaceres que Avi podía hacer a su propio ritmo, cuando tuviera energía: sacar la basura, reciclar. Avi se aseguró de decirle a su hermano cuando cumplía sus tareas. ¡Quería redimirse!

Esa plática marcó una diferencia enorme en su relación. Sí, siguieron teniendo conflictos, pero sin crueldad. Lev sabía que si se molestaba, podía hablar con Avi o conmigo, y juntos podíamos pensar en una solución, en vez de guardarle resentimiento.

Cuando un año después diagnosticaron a Avi con apnea del sueño aguda, lo primero que dijo fue: "¡Vamos a contarle a Lev!". Quería que su hermano supiera que al fin había una explicación para su cansancio tan molesto.

A veces, la mejor estrategia para reducir las peleas es ponerle un poco de atención a cada niño, como hizo el padre de la próxima historia:

La solución del piso

Las peleas de mis hijos me estaban volviendo loco, y empecé a detectar un patrón. Empezaban cuando llegábamos de las actividades extracurriculares. Entrábamos a la casa y en el minuto que me tomaba entrar a la cocina y poner una olla de agua en la estufa, ya estaban peleando, por juguetes o por quién le respiraba a quién. Regresaba corriendo para detenerlos y que no se lastimaran, y todos terminábamos enojados y fastidiados, ¡sobre todo yo!

La semana pasada empecé una nueva rutina. En cuanto entrábamos, tiraba mi abrigo y bolsas en el sillón y me sentaba en el piso de la sala. Me convertí en un imán para los niños. Miriam (de cinco años) se sube a mi regazo, Joseph (de siete) me enseña qué trajo y Rachel (de nueve) me cuenta sobre el drama más reciente en su grupo social. Ignoro el teléfono y la comida que tengo que preparar por lo menos cinco minutos. Es todo, y después puedo anunciar que tengo que preparar la comida. Encuentran algo en qué entretenerse o me "ayudan" en la cocina. Nunca me hubiera imaginado que invertir cinco minutos me traería tanta paz.

¿Me puedes poner atención, por favor?

Trang tiene cuatro años y le ha estado aventando juguetes a su hermana Mai, de ocho. Y está muy molesta. Reconozco sus sentimientos ("¡Estás molesta con tu hermana!") y le confisco sus proyectiles ("Los juguetes no son para aventarlos a las hermanas"). Pero sólo detiene la conducta en el momento. Siempre se repite.

Se me ocurrió que no sabía por qué lo estaba haciendo. Sabía que no serviría de nada si se lo preguntaba directamente, así que le dije: "Algo te está molestando como para que le avientes un bloque a Mai, me pregunto qué es..."

Me contó que quería que su hermana y yo asistiéramos a su obra de marionetas, pero que nadie le puso atención. Era cierto. Había escuchado que nos llamaba y lo habíamos ignorado. Cuando se dio cuenta de que no iríamos, empezó a aventar cosas para que le pusiéramos atención. Sentí más empatía. Le aseguré: "No puedo permitir que avientes cosas, pero voy a poner más atención cuando me llames, y en vez de ignorarte, te voy a confirmar si puedo asistir". Con eso estuvo satisfecha. Hasta el momento no hemos tenido incidentes, ha pasado una semana sin objetos voladores.

A veces hay una solución sorprendentemente sencilla para resolver un conflicto.

Por favor enciérrame

Tengo dos niños. Dom tiene cuatro años y medio y Rocco, uno. Desde que Rocco se empezó a desplazar, agarra las cosas de Dom, quien se ha vuelto cada vez más violento con él. El otro día, Dom estaba construyendo un castillo con sus Legos y Rocco lo tiró y lo destruyó. Dom gritó y le pegó a Rocco en la cara.

Me acometió el impulso de pegarle a Dom. Lo que me detuvo fue pensar en decirle: "¡No se pega!" mientras le pegaba, así que grité: "¡NO SE PEGA!". Me llevé a Rocco a mi recámara para consolarlo y cerré la puerta para que no entrara Dom. Dom estaba desconsolado, llorando y gritando fuera de la puerta. Cuando por fin todos nos calmamos, no me animaba a hablar con ellos. Estaba agotada. Necesitaba un poco de paz para pensar con claridad.

Esa noche cuando acostaba a Dom, los dos ya estábamos tranquilos como para intentar resolver el problema. Le dije que sabía que era difícil que su hermanito agarrara sus cosas y las destruyera. Le pedí ideas para que Rocco no destruyera sus creaciones, pero tampoco saliera lastimado. Le sugerí que jugara en su recámara, pero no le gusta estar solo, así que descartó esta idea. Él sugirió encerrar a Rocco en el corral, pero descarté la idea porque desde que aprendió a caminar, Rocco detesta que lo encerremos. Se nos ocurrió hacer un corral de bloques, en vez de un corral para el bebé. Dom podía construir dentro del corral y Rocco no podría entrar para agarrarlos. Lo probamos y ha estado funcionando de maravilla. Dom puede acomodarse en plena sala con la familia y sus creaciones están seguras.

También me he dado cuenta de que no nada más resolvimos el problema con los Legos, sino que Dom ha controlado mejor su mal genio con su hermano, aunque todavía tiene sus momentos.

Algunos conflictos no tienen respuestas fáciles, pero de todas formas se les puede abordar respetando los sentimientos y con la mente abierta.

Disonancia musical

Tengo dos hijas gemelas de diez años, Samantha y Jennifer, y un niño de seis años, Tyler. A Samantha le encantan las canciones de los musicales, y siempre las está cantando. Una amiga le contó de una instructora de canto y le entusiasmó la idea de tomar clases. De inmediato su hermana dijo que ella también quería. Les respondí que las dos podían tomar clases, pero Samantha se molestó mucho, dijo que había sido idea suya y que si su hermana también lo hacía "¡ya no tenía caso!". Se fue llorando muy enojada.

Para mi suegra, Samantha debía ser la única en tomar clases de canto porque ella había preguntado primero, su hermana sólo quería imitarla. Pero no estaba segura. Por una parte, entendía a Samantha, no siempre es fácil ser gemela idéntica. Quería tener una actividad propia. Por otra, ¿cómo negarle a una lo que le daba a la otra? No estaba bien.

Platiqué con una amiga, que es cantante profesional, y su reacción fue muy firme. Me contó que en su familia a ella le dejaron tomar clases de canto y a sus hermanas no, porque ella era "la talentosa". Al día de hoy, sus hermanas le guardan rencor. No quieren saber nada de su carrera y no van a sus conciertos.

Me dio escalofrío, pero seguía con el mismo problema. Si insistía en que las dos tenían derecho a tomar clases, arruinaría la experiencia de Samantha. Está haciendo todo lo posible por encontrar una identidad propia y encontrar algo que sólo ella pueda hacer.

En última instancia, decidí compartirles cómo me sentía, hablar de sus sentimientos y esperar que el resultado fuera positivo. Esto fue lo que les dije:

"Es un problema muy, muy complicado. Samantha quiere tomar clases de canto. Hace muchas cosas con su hermana, pero quiere que esta sea una actividad especial que pueda hacer sola. Está tan convencida de esto que si no lo puede hacer sola, no quiere hacerlo.

"A Jennifer también le gustaría cantar, no quiere que le prohíban tomar clases sólo porque no se le ocurrió primero. ¡No sé qué hacer! La música no es exclusiva de una sola persona. Pero quiero que Samantha pueda tener una actividad propia y especial. Entiendo lo mucho que significa para ella.

Jennifer respondió: "La verdad yo no quiero tomar clases de canto. Sólo quiero que me preste las partituras para cantar las canciones".

Samantha dijo: "Te las puedo prestar, puedo sacar copias".

Ahora Tyler quiso contribuir: "¡Pero yo también quiero tomar clases de canto! (por supuesto que no podía ser tan fácil)".

Mi esposo sugirió que podía enseñarle a Tyler acordes en el ukulele y que podían hacer una banda. Nos costó convencerlo, pero por fin estuvo de acuerdo.

Se sintió muy bien. Fue un alivio ser honesta. Me dio mucho gusto no tener que tomar ninguna decisión en su nombre y que alguna de mis hijas se quedara resentida.

Esperamos que los niños aprendan a hablar en vez de pelear. Sin embargo, a veces olvidamos que puede ser un desafío muy difícil.

Batallas nocturnas (anécdota de Joanna)

Sam y Dan estaban peleando por las cobijas, ¡otra vez! El juego siempre empezaba con risas: Sam, de cinco años, le jalaba la cobija a Dan, de siete, que duerme en la litera de arriba. Dan se vengaba jalando la cobija de Sam para subirla a su territorio. En algún punto Sam se da cuenta de que su hermano lo supera porque es más grande y más fuerte, y corre el riesgo de perder el juego. Empieza a jalar su cobija con todas sus fuerzas. Se le pone la cara roja del esfuerzo. Grita: "¡YAAA!", pero Dan no cede, no se ha dado cuenta del cambio en el estado de ánimo de su hermano. Cuelga la cabeza para agarrar las sábanas y la almohada de Dan y aumentar el botín de la planta alta.

Sam está fuera de sí, empieza a golpear a Dan; quien responde indignado: "¡Me está pegando! ¡No nos podemos pegar!". Le regresa el golpe a Sam. Corro para detener la pelea que ya escaló a los golpes.

Mientras los separo, pongo a cada uno en su cama y redestribuyo las cobijas y sábanas, les doy mi sermón de siempre: "No puedo permitir que se golpeen. Di lo que quieras con palabras, no con los puños". Ya se lo saben de memoria. ¿Por qué no se lo han aprendido?

Caigo en cuenta de que es muy difícil no golpearse. ¿Qué debe hacer un hermano menor cuando su hermano mayor no lo escucha? ¿Y qué debe hacer un hermano mayor cuando su hermano menor le suelta puñetazos fuertes y furiosos?

Así que modifico el guion. "Es difícil no pegar cuando te enojas. Incluso a algunos adultos les cuesta".

Noto un cambio en la atmósfera. Los niños me están escuchando con atención. Dan pregunta:

—¿Cómo? Los adultos no se pegan.

—Sí, a veces sí cuando se enojan mucho. El enojo se te mete al cuerpo y te provoca pegar (cerré el puño y lo sacudí). Pero es ilegal que dos personas se golpeen, porque se pueden lastimar mucho. Así que tienen que aprender a controlar ese sentimiento y dejarlo salir con palabras, o los meterán a la cárcel.

Los tenía cautivados. Tenía que decir algo para calmarlos, tampoco quería asustarlos.

—No meten a los niños a la cárcel porque los niños están aprendiendo a no pegarse. ¡Pero no es fácil! Pueden aprender a escucharse. Si tu hermano dice, "¡Ya!" y te detienes, le estás enseñando que no tiene por qué pegar.

Dan estaba enojado:

—¡Pero él empezó! Y hace un minuto se estaba riendo.

—¡Claro que no!

—¡Claro que sí!

Intervine:

—Es muy confuso cuando alguien empieza a jugar y se está riendo y de repente se enoja y quiere parar.

—¡Sí! —gritó Dan.

—Por eso es delicado jugar pesado. Hay que ver la cara de la otra persona para asegurarnos de que se siga divirtiendo. Y si te estás enojando y te están dando ganas de pegar, ¿qué puedes hacer para detenerte?

Los dos me miraron perplejos.

—Si vuelve a pasar, me pueden gritar: "¡EMERGENCIA!", y subo corriendo para ayudarlos a resolver el problema sin golpes.

Recuerdo su asombro frente a la idea de que los propios adultos tienen que gestionar el enojo y controlar las ganas de pegar. Validó su propio desafío y los inspiró a superarlo. Después de esto, percibí un cambio en sus conflictos. Era menos probable que se pegaran y más probable que se escucharan. Y yo les recordaba que se vieran a la cara cuando la pelea se pusiera muy intensa, y resultó ser una instrucción muy práctica.

Para cualquier niño es difícil ver el conflicto desde la perspectiva del otro, y puede ser particularmente desafiante para los niños en el espectro autista, como Noah en la siguiente historia:

La guerra de la computadora

Noah (de nueve años) le puso pausa a su juego en la computadora para ir al baño. David (doce) cerró el juego y empezó otro. Cuando Noah regresó, le gritó a David que se quitara de la computadora, y empezaron a gritar e insultarse.

Les pedí que fueran a la sala, lejos de la computadora.

—¡Los dos parecen muy enojados! Quiero saber qué pasó, pero si hablan al mismo tiempo, no los entiendo —Noah parecía el más perturbado de los dos, así que le pedí que empezara—. Noah, ¿por qué no empiezas tú? David, cuando termine, te toca.

—David sabía que estaba jugando y cerró mi juego. Por su culpa perdí mis puntos. ¡No es justo! Me tocaba a mí.

David estaba ansioso por hablar, pero primero reconocí la perspectiva de Noah.

165

—Ah, no habías terminado, pero tenías que ir al baño. Creíste que David sabía que regresarías pronto. Estás enojado porque perdiste todos tus puntos.

—¡Sí! —contestó Noah.

—David, te toca.

—No sabía que estaba jugando. Nunca cierra sus juegos cuando termina.

—¡Sabías que estaba en el baño, me querías quitar la computadora! —interrumpió Noah.

—Noah, le toca a David, cuando termine puedes hablar de nuevo.

—¿Cómo iba a adivinar que estaba en el baño? —concluyó David.

—Entonces, David creyó que la computadora estaba disponible y Noah creyó que David sabía que iba a regresar. Necesitamos un sistema para usar la computadora porque esto puede volver a pasar —resumí. Saqué una libreta y les pedí ideas. Esto acordamos.

—David debería confirmar si ya terminé de usar la computadora antes de cerrar un juego —lo anoté.

—¡Para nada! No te voy a buscar por toda la casa, antes de usarla.

—Vamos a anotar todas las ideas y después vamos a decidir cuáles nos gustan —intervine.

—Deberíamos tener una regla: cuando te pares de la computadora, se termina tu turno —dijo David (a veces Noah está tan inmerso en el juego que no se da cuenta de que su vejiga está llena hasta que es demasiado tarde. Hasta hace poco empezó a llegar al baño a tiempo. ¡Esta idea podría ser un desastre! Pero le acababa de decir a David que se abstuviera de críticas, así que mejor respetaba mi propia regla. La anoté).

—¿Y si tengo que ir al baño? —preguntó Noah.

—Pones un post-it en la computadora que diga que sigues jugando —dijo David.

—No me da tiempo de escribir una nota.

—¿Qué tal si escribes un post-it con anticipación: "Noah está usando la computadora", y si tienes que ir al baño, la pegas en el teclado?

—Ok...

—Si no hay ninguna nota, entonces puedo cerrar tu juego y usar la computadora.

Ni siquiera tuve que leer las ideas. Estuvieron de acuerdo en que Noah escribiría una nota y la dejaría en el teclado si iba al baño mientras estaba jugando.

Es interesante, pero Noah nunca escribió la nota y nunca volvieron a pelear por la computadora. Cuando necesitaba ir al baño mientras estaba jugando, le gritaba a David: "!Estoy usando la computadora!". Y antes de cerrar un juego, David buscaba a Noah. Gracias al proceso de expresar sus puntos de vista y negociar se volvieron más sensibles a las perspectivas del otro. Para un niño en el espectro autista, puede ser desafiante adivinar qué piensan o sienten los demás. Creo que la resolución del problema le está ayudando a desarrollar esta habilidad.

REPASO: ¡MIS HIJOS ESTÁN PELEANDO!

1. **Actúa, pero sin insultar.** Separa a los combatientes

   —¡OIGAN! ¡No puedo permitir que se lastimen!

2. **Reconoce sus sentimientos, sin tomar partido**

   —No te gustó que apagara la música que estabas escuchando.
   —Te enojaste cuando te arrebató el control remoto de las manos.

3. **Describe el problema sin minimizarlo**

   —Es un problema complicado. Uno está de humor para escuchar música alta y el otro, no.

Si esto no es suficiente:

4. **Continúa con la resolución de problemas:**

   - **Pídeles ideas**
     —¿Qué podemos hacer para que funcione para ambos?
   - **Elige la que convenza a todos**
     —Vamos a subrayar estas y pegarlas en el refri.

Solución rápida (si no hay tiempo ni paciencia):

5. **Resume brevemente el punto de vista de cada uno y actúa**

   —Tú quieres escuchar tu música favorita y tú no quieres escucharla cuando estás leyendo. Por ahora, voy a tomar una decisión aunque no les guste a todos.

KFC contra McDonald's

Saliendo de trabajar, recogí a los niños de la escuela y les dije que íbamos a comprar la comida en el camino. Mi hijo quería McDonald's y su hermana KFC. "Me toca escoger y quiero el puré de papa". Él pateó el respaldo de su asiento: "¡Quiero McDonald's!".

—Suenas enojado —le dije.

—No estoy enojado, nada más quiero ir a McDonald's.

—Le toca escoger a tu hermana, así que esta vez vamos a KFC. Parece que tienes muchas ganas de ir a McDonald's. ¿Qué te gustaría pedir cuando te toque escoger y vayamos?

—Pollo.

—¡Oye, podemos pedir pollo en KFC!

—Ah, ok.

Supongo que no sabe que ahí venden pollo.

6

¡AYUDA! Mi hijo me está pegando

El arte de la autodefensa frente a los pequeños guerreros

Queridas J & J:

Mi esposo y yo hemos trabajado mucho con nuestro hijo Max, de cuatro años, para resolver problemas y reconocer sus sentimientos, al grado de que se está volviendo muy bueno para idear soluciones. Nuestro nuevo reto es que Max pierde los estribos muy rápido, y empieza a gritar, patear y pegar. Apenas me da tiempo de darme cuenta de que se está enojando cuando estalla.

Cualquier detalle lo puede sacar de quicio. Por ejemplo, lo estaba bañando y estábamos escribiendo letras en el mosaico con espuma, sin querer, tiré una letra al agua. Se salió de la tina y me empezó a atacar. Tuve que agarrarle los brazos y las piernas para protegerme.

Intenté expresar mis sentimientos enérgica-mente:

—¡Me duele!

—¡No me gusta!

—¡Golpes no!

Y por último:

—¡NO ME PEGUES!

Si me pega cuando lo estoy acostando, le digo:

—Hoy no me puedo acostar contigo. No me gusta que me peguen. A lo mejor podemos probar mañana.

Hasta ahora nada ha funcionado, y es horrible sentir que me esfuerzo en vano.

—No soy un saco de box

Querida Saco de Box:

Por ahora estás haciendo todo bien. Le estás expresando tus senti-mientos enérgicamente y estás actuando para protegerte, sin atacarlo.

Cuando se tranquilice (más tarde o al día siguiente) le puedes decir algo así: "Anoche que te estabas bañando te enojaste mucho porque se cayeron las letras. Y yo también me enojé mucho. No me gustó que me golpearan. Estábamos furiosos. ¡No la pasamos bien! No me dan ganas de jugar con letras en el baño si voy a acabar golpeada. Vamos a hacer un plan para la próxima, para que cuando te enojes me digas sin golpes. ¿Usamos una palabra especial, como ¡¡AAYY!!? ¿O una señal, como el pulgar hacia abajo?

Si el plan funciona y usa la palabra o la señal especial, puedes responder reconociendo sus sentimientos con euforia: "¡Ay, no! ¡No querías que se cayeran las letras! ¡Deberían quedarse pegadas en la pared! ¡Qué coraje!".

Queremos que aprenda que cuando pega y patea, la gente se enoja mucho y ya no quiere jugar. No porque no lo quieran, sino porque necesitan protegerse. Y queremos que aprenda qué puede hacer en vez de pegar: cómo expresar su enojo sin causar daño físico.

También es útil considerar por qué últimamente Max está tan irritable. Estos trastornos en el estado de ánimo son frecuentes después de un cambio drástico o una experiencia estresante: cambio de escuela, un hermano (recién nacido, recién llegado o que apenas empieza a desplazarse), un día difícil en la escuela, una nueva niñera, un cambio de casa, una muerte en la familia, las peleas entre los padres, un problema de salud (por ejemplo, una infección en el oído o un resfriado), o incluso alteraciones en su rutina de sueño. Cualquiera de estos factores puede ponerlos de malas y sacarlos de quicio por cualquier cosa.* La letra que se resbala de la pared no es sólo una letra que se resbala de la pared, ¡es la gota que derrama el vaso!

---

* Daniel Kahneman, *Pensar rápido, pensar despacio* (Traducción de Joaquín Chamorro Mielke, Penguin Random House, 2020.): "Una serie de sorprendentes experimentos del psicólogo Roy Baumeister y sus colegas han demostrado concluyentemente que todas las variantes del esfuerzo voluntario —cognitivo, emocional o físico— hacen uso, al menos en parte, de un fondo compartido de energía mental… [han observado] repetidamente que el esfuerzo de la voluntad o autocontrol es fatigoso; si hemos de forzarnos a hacer algo, estamos menos dispuestos, o somos menos capaces, de ejercer el autocontrol si el próximo reto está cerca. El fenómeno se ha denominado *agotamiento del ego*".

Queridas J & J:

No había caído en cuenta hasta que leí la lista de factores de estrés. Finn va a cumplir un año, y desde hace un par de meses empezó a gatear. Le interesa mucho lo que hace su hermano mayor, Max, y agarra sus cosas. Sacamos algunas cajas con los juguetes que Max ya no usaba y se las dimos a Finn. Max se molesta cuando lo ve jugar con sus antiguos juguetes. Una vez dijo con total sinceridad y temor: "¡Finn se va a quedar con todos mis juguetes!", con lágrimas en los ojos.

También me di cuenta de que Max se enoja porque lo hemos estado regañando por jugar con los juguetes de Finn, sobre todo porque juega muy brusco o se los arrebata. Ayer se metió al corral con Finn, y todo empezó muy bien hasta que empezó a jugar muy brusco y le pedimos que se saliera. Le pegó a su papá y le dijo: "¡Eres malo conmigo!"

Cuando todos nos calmamos, mi esposo llevó a Finn a caminar para que me pudiera sentar con Max. Saqué hojas de papel y crayones y empecé a escribir: "Cuando mamá y papá no dejan a Max jugar con los juguetes de Finn, Max se enoja tanto que les pega" (prefiere que escriba y lea en voz alta, en vez de sólo decírselo). Me preguntó cómo se escribía "enojado", le respondí y lo escribió en la hoja. Hablamos de que todavía le gustan sus juguetes antiguos, aunque sean para bebés. Me confesó que no le gusta cuando se está divirtiendo con Finn y no lo dejamos. Respondí: "¡Qué frustrante! No te gusta que no te dejemos jugar con tu hermano". Después escribí "IDEAS", lo cual ya reconoce gracias a muchas sesiones de resolución de problemas. Se le ocurrieron estas:

1. Max puede jugar en el corral de Finn, cuando Finn esté durmiendo la siesta.
2. Max puede jugar con los juguetes de Finn cuando Finn no esté.
3. Max puede jugar con los juguetes para bebé que Finn no esté usando.
4. Max no está listo para regalarle a Finn su robot Robbie, le gustaría que se lo regresemos (le sugerí que lo guardara en su recámara).

Encerramos en un círculo todas las propuestas porque todas nos gustaron. Y hasta ahora vamos bien.

Hace poco se enojó y me soltó un golpe porque no quería dejar de jugar para vestirse, respondí: "¡Guau! ¡Max está muy enojado, está pegando! ¡Debe estar furioso!" y así lo solucionamos. Inventamos un juego de escondidas, en vez de contar, a quien le toca buscar se va vistiendo mientras busca al que se esconde. ¡Cuánto más rápido te vistas, menos tiempo tiene el que se esconde! Otro juego que se nos ocurrió y que ha salido muy bien ha sido fingir ser espías, ponernos los calcetines y los zapatos a escondidas y luego sorprender a papá cuando estamos listos para irnos.

ACTUALIZACIÓN:

Max ha mejorado con los golpes, pero no ha dejado de hacerlo por completo. Tiene el impulso de pegar, pero se nota que se esfuerza para no hacerlo, lo cual me parece admirable para un niño de cuatro años. Lo está gestionando mejor y está sacando su coraje de otras formas (arrugando papel, haciendo puños, gruñendo) y yo sigo reconociendo sus sentimientos. En general, está mejorando su actitud con su hermano y yo me estoy esforzando para dedicar aunque sea cinco o diez minutos a hacer lo que Max quiera hacer: jugar Legos o leer su libro de pandas.

También estoy mejorando para reconocer cuando Max necesita descansar. Si está muy cansado o fue una semana difícil en la escuela, limito mis expectativas. Lo dejo saltarse un baño o ver un programa en la tele. A veces pongo una barrera en el recámara de juegos y le dejo una sección "para niños grandes" sólo para él, para que juegue con sus juguetes sin que Finn los agarre.

REPASO: ¡AYUDA! MI HIJO ME ESTÁ PEGANDO

1. Expresa tus sentimientos enérgicamente

—Me duele. No me gusta.

2. Reconoce los sentimientos de tu hijo

—¡No querías que pasara! Estás muy enojado.

3. Actúa, pero sin insultar

—Hoy no me puedo quedar contigo. No me gusta que me peguen.

—Te estoy agarrando los brazos. No voy a dejar que me peguen.

4. Resuelve los problemas

—No te gustó que se cayeran las letras. Y a mí no me gustó que me golpearan. Vamos a hacer un plan para la próxima vez que te enojes, para que me lo digas sin golpes.

 **TIP** Es común que después de un cambio drástico o experiencia estresante los niños se vuelvan irritables. Tendrás que abordar el entorno, no al niño.

Liberado*

Cuando era maestra en una primaria de Harlem mi labor
era ayudar a los niños con discapacidades de aprendizaje a
mejorar sus calificaciones en los exámenes de matemáticas
y lectura. Pero muchos alumnos tenían un carácter explosivo,
todo el que tenga experiencia en la enseñanza sabe que
los niños no pueden aprender cuando están enojados o
frustrados. Así que buena parte de mi trabajo consistía
en tratar con sus sentimientos. Les ayudé a expresar sus
emociones con palabras ("¡Eso te hizo enojar! No te gustó
cuando tu compañero agarró tu gorro. Vamos a decirle que
no lo haga".) Les expliqué que debían dejar de jugar con
brusquedad si alguien terminaba lastimado o molesto ("Vean
la cara de la persona. ¿Está llorando? ¿Parece enojado o se
está divirtiendo?").

Luis era un niño de quinto grado, pequeño y delgado,
irascible y de temperamento explosivo. Era creativo y curioso
en el salón de clases, pero tremendo en el recreo. Una tarde
me tocó supervisar el recreo y vi a un grupo de niños en
torno a una cerca. Uno de los niños de tercero había pateado
la parte inferior de la reja que estaba suelta. Se le había
atorado el pie. Los niños se burlaban mientras este pobre
niño intentaba zafarse. Algunos estaban sosteniendo la reja
en torno a su pie para prolongar el entretenimiento. Mientras
me acercaba para imponer mi autoridad, Luis corrió a toda

*Confesión: de hecho, esta anécdota es de Joanna, no de un
lector.

velocidad. Le gritó a la multitud que se hiciera para atrás, levantó la reja y liberó al niño que estaba atrapado.

Le pregunté por qué lo había hecho.

—Profesora, le vi la cara como nos dijo y le aseguro que NO se estaba divirtiendo.

Estaba muy orgullosa de mi alumno. Había enfrentado a una multitud y había actuado con valentía y empatía para ayudar a un niño menor. Pudo haber participado en las burlas, o pudo haberlo ignorado, pero no lo hizo. No puedo asumir el crédito de la integridad de este joven, pero sé que por lo menos le di el lenguaje para ayudarlo a pensar con empatía.

7

Etiqueta con los animales

Los niños y las criaturas

Queridas J & J:

La gata de mi vecino tuvo gatitos y los niños me suplicaron que nos quedáramos con uno. Nunca debí haber cedido. Ahora tengo un problema constante.

Julián tiene dos años y medio y le encanta perseguir a la gatita Ally. Le repito que la asusta, pero no parece notarlo. Le da mucha risa cuando la gatita se sube por las cortinas para escaparse de él. Sebastián, su hermano mayor, tiene seis años y es peor, porque usa tácticas más avanzadas. La sorprende mientras está comiendo porque quiere cargarla (contra su voluntad). Ya lo ha arañado, pero sigue haciéndolo.

Ya estoy cansada de repetir "¡Queremos que jueguen con cuidado con el gato!" y de enseñarles cómo. Se los repetimos varias veces al día y no está funcionando.

¡Por favor ayuda!

—Gatástrofe en California

Queridas J & J:

Agradecería que me aconsejaran sobre los niños y los perros. No tengo problemas con mis hijos porque nuestro Golden retriever vive con nosotros desde antes que ellos nacieran, y saben cómo portarse con los animales. El problema son los niños ajenos.

Mi perro es muy tolerante, pero está envejeciendo y no le gusta que le piquen el hocico, le jalen las orejas o se sienten encima de él. A los niños que vienen de visita les digo que no molesten a Rocky, pero algunos simplemente no hacen caso, o no mucho. Me preocupa. Incluso un perro que es bueno con los niños tiene su límite. A veces no dejo que mis hijos inviten a esos amigos a la casa y después me siento culpable.

¿Hay manera de tener reuniones de juegos sin tener que encerrar al pobre perro en la recámara todo ese tiempo?

—Guau

Queridas Gatástrofe y Guau:

Los niños y los animales se llevan bien en las películas. Y la literatura está llena de maravillosos vínculos entre los pequeños humanos y sus criaturas. Pero en la vida real no siempre es tan fácil. Incluso Lassie y Timmy debieron haber tenido malos momentos.

Se pueden olvidar de:

Órdenes y acusaciones: "Basta, no estás jugando con cuidado." "Deja en paz al gato, ¡lo asustas!". "Vas a lastimar al cachorro".

Amenazas y advertencias: "Si sigues haciendo eso, te va a arañar". "Te va a morder y será tu culpa".

Sermones, regaños y apelar a la empatía: "No le jales la oreja al perro. No es agradable. ¿Te gustaría que te lo hicieran?".

Es importante tener en mente que la capacidad de empatizar se desarrolla. Los niños pequeños no pueden ser cuidadosos. Incluso si han demostrado serlo en ciertas circunstancias, no puedes esperar que sean consistentes, sobre todo cuando están emocionados.

¿Qué hacer para proteger a los animales, los niños y nuestra cordura?

Vamos a empezar reconociendo los sentimientos, después les daremos información sencilla y les diremos qué pueden hacer, en vez de qué no pueden hacer. Es más fácil redirigir la emoción de un niño que extinguirla.

Aquí algunos ejemplos:

Reconoce sus sentimientos

—Es emocionante perseguir al gatito.

—Te gusta jalar las orejas suaves del perro.

Dale información

—A los gatos no les gusta que los persigan. Se asustan.

—A los perros no les gusta que les jalen las orejas. Les duele.

Dile qué puede hacer, en vez de qué no

—¿Sabes qué les gusta a los gatos? Perseguir un hilo o un estambre con algún objeto suave en la punta. Vamos a hacerle un juguete. Prueba arrastrándolo despacio en el piso frente al gato.

—A los gatos les gusta que les rasques muy suave atrás de las orejas. Hazlo mientras la tengo en el regazo.

—A veces a los gatos les gusta meterse en bolsas de papel. ¿Quieres buscar una bolsa?

—Vamos a sentarnos a ver cómo toma agua el perro. Mira cómo saca el agua con la lengua.

—¿Sabes qué le gusta al perro? Le gusta que le avienten su pelota de tenis y traerla. ¿Se la lanzas?

Un juguete para gato

—Lo puedes acariciar suave en el pecho.

—A Rocky le gustan mucho las galletas. Le puedes poner una en el piso o ponértela en la palma de la mano.

—Puedes esconder esta galleta debajo de esta hoja y podemos ver cómo la encuentra con la nariz.

Elogio descriptivo: describe el efecto que tienen las acciones del niño en tu mascota

—Mira cómo la gatita está persiguiendo el hilo. Se está divirtiendo con el juguete que le hiciste.

—¡Está ronroneando! Eso quiere decir que le gusta cómo lo estás acariciando.

—A Rocky le gusta cuando lo rascas así, está moviendo la cola.

—Te está trayendo la pelota, lo estás ejercitando.

—Rocky encontró la galleta, ¡lo estás ayudando a encontrar objetos perdidos!

¿Y si nada funciona?

¿Qué pasa si un niño está demasiado emocionado como para interactuar con cuidado con una mascota? ¿O bien, qué pasa si los niños quieren pasar más tiempo con la mascota que ella con ellos? Necesitas proteger a la mascota y al niño para que ninguno salga herido.

Reconoce sus sentimientos y plantéales una alternativa
—Estás de humor para jugar pesado. Puedes jugar con tu gato de peluche o te puedes subir al sillón como un gato y brincar a la alfombra como si estuvieras cazando a un ratón.
—Parece que estás de humor para patear. Pero no podemos patear al perro. ¿Quieres patear una pelota?

Diles qué pueden hacer, en vez de qué no pueden: redirige su energía en actividades que no impliquen tocar a la mascota.

Para los gatos: los niños pueden construir una cama con una caja de cartón y trapos suaves. Pueden dibujar con crayolas. Pueden sacar premios y verlos mientras se los comen. Pueden ver libros de ilustraciones de gatos. Pueden acostarse en el piso para observarlos, fingiendo que son científicos que estudian animales en su hábitat natural. Pueden fingir que son gatos, rascar, gatear, saltar y maullar. Si tienen la edad para hacerlo, pueden rellenar bolsitas con catnip y luego coserlas.

Para los perros: pon a los niños a llenar una botella de plástico con boca ancha con croquetas para hacer un juguete para el perro. Pueden ver mientras el perro le pega a la botella con la pata para sacar las croquetas. Pueden trenzar una cuerda para hacer un juguete o meter una botella de plástico en un calcetín viejo y atarlo para hacer un juguete que le puedan lanzar. Los niños pueden fingir que son perros: beber de un tazón sin usar las

Juguete de perro

manos, gatear por un campo lleno de obstáculos (túneles y aros). También ver libros y dibujar retratos de perros.

Actúa, pero sin insultar: separa al niño de la mascota o al revés.

Temporalmente: "Por ahora voy a meter al gato en la recámara y voy a cerrar la puerta. Necesita descansar".

Permanentemente: si de verdad crees que cometiste un error al llevar una mascota a casa y tus hijos son muy pequeños, contempla encontrarle otro hogar a la mascota. No te avergüences por respetar tus necesidades y las de tus animales. Es mejor que los niños estén a salvo y el animal feliz en dos casas distintas que vivir un estrés constante de que los niños y la mascota corran riesgos.

Te habrás dado cuenta de que es mucho trabajo supervisar a los niños pequeños en la presencia de animales. No estamos sugiriendo que las mascotas y los niños no convivan. Hay muchas alegrías en una casa en donde hay que limpiar todos los suéteres con un rodillo para pelusa antes de salir a la calle.

Sin embargo, si la experiencia te está causando más molestias que placer, no estás siendo justo contigo ni con tu mascota. Mientras decides si funciona, la regla elemental es que si no puedes supervisar a los niños pequeños y a los animales, deben estar separados. No confíes en la bondad de la mascota o en el sentido común del niño.

Historias desde la vanguardia

El caos del gatito

Le compartí a los niños la idea de hacer juguetes para el gatito. Sebastián quería coser algo. Pasó mucho tiempo revisando la canasta de los retazos para elegir los materiales perfectos. Compré catnip en la tienda de mascotas para rellenar sus pequeñas creaciones. Está muy orgulloso de ver a Ally jugar con sus juguetes. A Julián le gusta jugar con las plumas y los estambres.

Además responsabilicé a Sebastián de alimentar a la gatita. Es el único que le llena el plato con sus croquetas y la supervisa mientras come. Hizo un dibujo de un gato y lo pegó en la pared junto a su plato para que "recordara" que es su lugar especial. Desde que lo asigné como ayudante se ha transformado.

Julián todavía se emociona mucho con Ally y siempre la quiere cargar, sin importar lo que le diga. Procuro no ponerme nerviosa. La meto a mi recámara y cierro la puerta con seguro para que Julián no pueda abrir la puerta. La primera vez que lo hice se quedó llorando afuera y pegándole a la puerta. Le compramos un gato de peluche para que juegue cuando Ally no está de humor. Ya le puso nombre: "Ally, la gatita de Julián", muy original, ¿verdad?

Creo que fue un error adoptar a un gatito, pero la situación está mejorando. Anoche cuando Julián acariciaba al gato dijo "suave". La acarició muuuy despacio, como si le costara mucho trabajo controlarse para acariciarla suavecito. ¡Tengo esperanza!

Pulgas de papel

Emma me vio quitarle una pulga a nuestro perro con pinzas y quería intentarlo. Empezó a perseguir a Teddy. ¿Se pueden imaginar cómo reaccionaría un Pomerania sensible a una niña de cuatro años picándolo con unas pinzas de metal? Ni yo. Le dije: ¡NO! A Teddy no le gusta", pero Emma estaba decidida. Estaba muy entusiasmada de hacerlo.

Se me prendió el foco. Le dije que ya no tenía pulgas, pero que podíamos practicar. Dibujé varias en una hoja y las recorté, se las pegué a su collie de peluche y la puse a sacarlas con las pinzas. Emma estaba muy contenta con esta actividad y estoy segura de que Teddy estaba agradecido.

El buen perro

Mi Labrador negro es mayor, y es célebre por ser tolerante con los niños. La semana pasada nos visitó mi amiga con su hija de un año. Isabel, estaba jugando en el piso de la cocina mientras hacíamos botanas. Smudge estaba dormido debajo de la mesa. Isabel se metió debajo de la mesa y se le subió. Tal vez Smudge se asustó o Isabel le picó las costillas con la rodilla porque de pronto la escuchamos llorar. No tenía una herida abierta, pero sí una marca roja en la mejilla, cerca del ojo.

Nadie había considerado la posibilidad de que Smudge mordiera. Mi amiga y yo nos asustamos mucho. Decidimos que si los niños están en el piso, el perro estaría en su jaula o afuera en el jardín. No le podemos pedir a un perro que aguante las travesuras y ocurrencias de un niño pequeño.

Los peligros del parque

Antes de tener hijos tenía un perrito que se llamaba Sparky. Era muy peludo y le llamaba la atención a los niños, pero les tenía miedo. Un día lo estaba paseando en el parque cuando se acercó un grupo de niños pequeños y me preguntaron si lo podían acariciar. Mientras me preguntaban lo empezaron a perseguir, y él se estaba enredando con su correa entre mis piernas, intentando huir. Les expliqué que era tímido, pero no hicieron caso. Así que adopté la modalidad de maestra y les grité: "¡ALTO!". Los niños se detuvieron y les dije: "Ya me di cuenta de que les gustan mucho los perros. ¿Me ayudan a entrenarlo?". Accedieron muy contentos.

Les pregunté a quién le gustaría esconder una sandalia para que Sparky la encontrara. Todos se ofrecieron, así que les dejé turnarse para esconderla detrás de un árbol o un arbusto, y después le pedía a Sparky que la trajera. Los niños estaban muy emocionados. Les dejé turnarse para aventarle la pelota, galletas (que siempre llevo cuando salgo con él). Les di las gracias por ayudarme y me despedí moviendo la mano. Todos se despidieron de Sparky a gritos y moviendo las manos. Lo interesante fue que no lo tocaron para nada, pero aun así estaban satisfechos y muy emocionados de haber "jugado con él".

Cómo hablan los perros para que los niños hagan caso: cómo acercarse a un perro desconocido (anécdota de Joanna)

Soy la última persona que te pediría que no acerques a tus hijos a mis perros. Fui amante de los perros antes de que aprendiera a caminar. Según la sabiduría familiar, cuando tenía seis meses de edad, mis papás me dejaron durmiendo en una manta en la playa mientras ellos se acercaron al agua a refrescarse los pies. Cuando voltearon, vieron un enorme pastor alemán dirigirse a su bebé indefenso. Con el corazón desbocado, corrieron a salvar a su bebé, pero el perro fue más rápido. Para cuando llegaron, el pastor me estaba lamiendo la cara sin parar y yo, llorando de risa. Desde entonces, he acariciado a todos los perros que he podido, y ahora, como propietaria de perros, suelo invitar a los niños de desconocidos a acariciar y jugar con mis perros. Me enorgullece darle a los niños temerosos una experiencia positiva con mis perros que "dan miedo". Ver a mis perros interactuar con los niños me llena de una alegría inexplicable. Así que las siguientes recomendaciones no buscan desalentar sino mantener a los niños a salvo.

Casi todos conocen la regla: *No debes tocar a un perro desconocido, sin antes preguntar.* Imagina que tu hija, instruida por su padre responsable, haga la pregunta adecuada. Y reciba la encantadora respuesta.

"Claro, adelante, es muy amistoso. ¡Le encantan los niños!"

Incluso con la invitación entusiasta del propietario, es preciso supervisar la interacción de la niña con Banana. No sabes si puedes confiar en la "lectura" que hace el dueño de su perro. A veces los perros transmiten señales sutiles de angustia que pasan desapercibidas. El dueño quiere creer que Banana alberga sentimientos amistosos hacia los niños, pero tal vez no esté familiarizada con su imprevisibilidad. Tal vez el perro no esté cómodo si un niño se le acerca a la cara, de repente grita, se le acerca corriendo por atrás, le pica el ojo, le agarra la cola o las orejas. Cuando los perros tienen miedo, suelen morder para protegerse y puede ocurrir en un segundo.

¿Qué hacer?

Primero, no permitas que tu hija se acerque al perro. *Invita al perro para que se acerque al niño.* A unos metros de distancia, que tu hija se acaricie la pierna o llame al perro con voz amistosa: "Hola, perrito, ¿te puedo acariciar?"*

Si el perro no se acerca, ex-plícale: "Hoy no quiere saludar. Vámonos". Y retírate.

Si el perro está jalándose emocionado y el dueño no lo pue-de controlar, explícale a tu hija: "Este perro está muy emociona-do como para dejarse acariciar", y retírate.

Si el perro se acerca con calma, *muéstrale a tu hija cómo dejar que el perro le olfatee la mano, y cómo acariciarle la parte lateral del cuello o el pecho.* No le besen la cara, no le pasen el brazo por el cuello y no lo abracen.

Cuando un desconocido les toca la cabeza o los agarra por el cuello los perros se pueden sentir amenazados. Incluso si a este perro en particular no le molesta, piensa qué pasaría si tu hija intenta lo mismo con otro perro menos tolerante.

Por último, *si el perro se quita, no lo sigan.* Permite que el perro decida cuándo se acabó el juego.

Quizás estas reglas parecen demasiado estrictas. *Muchos perros son muy tolerantes y aguantan toda clase de travesuras de los niños pequeños.* Sin embargo, enseñarle a tu hija cómo comportarse en su presencia (y supervisarla mientras lo hace) le ayudará a estar segura con *todo* tipo de perros.

* https://drsophiayin.com/blog/entry/dog_bite_prevention_how_kids_and_adults_should_greet_dogs_safely/.

REPASO: ETIQUETA CON LOS ANIMALES

1. Reconoce sus sentimientos

—Es emocionante perseguir al gatito.

—Te encanta tocarle la cola esponjosa al perro.

2. Dales información

—El gato se asusta si lo persigues.

—Al perro no le gusta que le agarren la cola.

3. Diles qué pueden hacer en vez de qué no pueden

—Puedes arrastrar este estambre para que Allí lo persiga.

—Puedes aventarle la pelota a Rocky para que la traiga.

4. Utiliza elogios descriptivos: describe el efecto de las acciones del niño en la mascota

—La gatita se está divirtiendo con el juguete que le hiciste.

—Al perro le gusta cómo lo estás acariciando.

5. Plantéales alternativas

—Estás en humor de patear. ¿Quieres patear un balón o tu pelota?

6. Actúa, pero sin insultar

—Voy a meter al perro en su jaula. Necesita un lugar tranquilo para comer.

—La gatita se va a la recámara con la puerta cerrada. Necesita descansar.

SECCIÓN III

Ansiedad, miedos y berrinches

8

Miedos

Dinosaurios, arañas y hormigas, ¡ay, mamá!

Querido lector: ¿sospechas (o incluso temes) que vamos a iniciar un debate sobre reconocer los sentimientos... *otra vez*? Pues estás en lo cierto. ¡Ya lo sabes! Pero en el caso de los miedos de la infancia, puede resultarnos particularmente desafiante reconocer los sentimientos. Nos acomete las ganas de desestimar los miedos y consolarlos. Queremos proteger a los niños de lo desagradable que puede resultar el miedo, sobre todo cuando es innecesario.

Para ponernos en sus zapatos vamos a imaginarnos qué nos asusta en la adultez. Ya sea el miedo a las alturas, las arañas peludas, a hablar en público o las pandemias, seguro no te reconfortaría que alguien te dijera: "No tienes por qué temer. ¡Vamos, sé valiente! No pasa nada".

Cuando alguien nos habla así, el mensaje que escuchamos es: *No hay justificación para que te sientas así, ¡basura de ser humano!* Sigues teniendo miedo y además, terminas sintiéndote mal por tener miedo.

No podemos disuadir a los niños de tener miedo recurriendo a la lógica, aunque la mayoría lo hemos intentado.

Pavor a los dinosaurios (anécdota de Joanna)

Hace muchos años, mi hijo de seis años temía dormirse después de ver una película animada de dinosaurios. En ella, dinosaurios "malos" perseguían a dinosaurios amistosos, así que quizá no debí haberla elegido si quería evitar el drama nocturno. "Pero Zach, esos dinosaurios no exis-

ten. Es decir, sí, existieron, pero se extinguieron hace millones de años."

Zach se ofendió:

—¡Ya sé que no existen! Eso no quiere decir que no les tenga miedo.

—Entiendo a qué te refieres, Zach, las cosas que no son reales también pueden dar mucho miedo. ¡Sobre todo en la noche!—, Cuando acepté esta premisa básica, Zach se pudo tranquilizar como para consolarse con su libro de cabecera, *Things That Go* y después quedarse plácidamente dormido, sin pesadillas.

Unos ocho años después recordé esta conversación. Mis hijos me habían propuesto con entusiasmo que viera la película *Sweeney Todd* con ellos porque su preparatoria montaría la obra de teatro. Me pareció horripilante. Traté de defender mi punto de vista. "Están degollando a personas y les brota la sangre mientras dan el último aliento. ¡Voy a tener pesadillas!"

Zach subió una ceja de forma inquisitiva, un gesto que ha perfeccionado en el curso de los años.

—Mamá, ¿sí sabes que no es *real*, verdad? Son actores, son efectos especiales".

—¡Que no sea real no quiere decir que no sea perturbador! —Contesté.

Entonces, ¿cómo ayudamos a nuestros niños a superar sus miedos si no podemos consolarlos? Hay que empezar como nos gustaría que los demás hicieran con nosotros. Sin menospreciar ni desestimar nuestros sentimientos, sino reconociéndolos.

Pongamos como ejemplo que tu hijo está nervioso por quedarse a dormir en casa de la abuela porque no vas a estar tú.

En vez de: "Vas a estar bien en casa de la abuela, es una noche. ¿Cómo es posible que te dé miedo? ¡La abuela te adora!"

Reconoce sus sentimientos: "Es preocupante dormir en una casa ajena, en otra cama, sin tus papás. Aunque conoces muy bien a la abuela, no te sientes cómodo".

Es probable que cuando reconozcas sus sentimientos, tu hijo comparta más preocupaciones. No estamos sugiriendo que te desbordes más allá de lo que expresa. Procura no sumar miedos que no se le han ocurrido ("¿Te preocupa soñar con fantasmas?"), sólo tómate el tiempo para escucharlo. Incluso puedes anotar sus preocupaciones en una lista.

¿Si consentimos demasiado a los niños cómo van a aprender a hacerle cara a sus miedos? Tal vez, reconocer sus sentimientos lo haga sentir mejor en el momento, pero quiero que lo supere. Tiene que quedarse en casa de su abuela porque voy a salir de la ciudad.

A veces reconocer los sentimientos del niño será suficiente para infundirle valor para enfrentar sus miedos. En otras palabras, tendremos que apoyarlo más. Es más probable que un niño contemple nuestras sugerencias si reconocemos sus miedos. Si podemos encontrar la manera de **ponerlo a cargo** y ayudarle a idear soluciones, gestionará mejor sus miedos.

A quien la pijamada le genere ansiedad podríamos decirle:

—¿Qué podemos hacer para que la pijamada sea menos preocupante? Vamos a hacer otra lista—, y anota sus ideas.

Pedirle a la abuela que deje prendida la luz del pasillo.
Llevar el osito y el libro de los aviones.
Decirle a la abuela que no queremos cenar nada que tenga cebolla.
Hacer una pijamada de práctica en la sala.

Vamos a ver este enfoque en otros casos frecuentes.

En vez de: "No deberías ponerte nervioso por el recital. Practica tu pieza y haz tu mejor esfuerzo. Es todo lo que te pedimos".

Reconoce sus sentimientos: "Es estresante tocar frente al público. Te preocupa equivocarte".

...después, ya que le diste a tu hijo la oportunidad de expresar el pavor que le tiene a los recitales, le puedes **dar información** o **plantear alternativas.** "Incluso los músicos famosos se ponen muy nerviosos antes de tocar. Te puede ayudar practicar frente a un público. ¿Quieres llamar a tu abuela o a tu tío y tocar frente a ellos?"

En vez de: "Una hormiguita que se te sube por la pierna no te va a lastimar. Por favor, ¡no te puedes quedar encerrado todo el verano. Es ridículo. Vamos a ir al parque y se acabó".

Reconoce sus sentimientos: "No te gusta que los insectos te caminen por el cuerpo, ni siquiera los pequeñitos, aunque no muerdan, ¡te dan miedo!".

...después, ya que escuchaste con empatía el monólogo de tu hijo sobre lo espeluznantes que son las criaturas de seis patas, puedes **plantear una alternativa:** "Mmm, ¿qué hacemos para protegerte de las hormigas? ¿Quieres ponerte pants y llevar shorts por si hace mucho calor y te quieres cambiar? ¿Qué toalla quieres traer para sentarte? ¿La azul o la del pez?".

En vez de: "El tornado ya pasó. ¡Estás bien! Deja de pensar en eso".

Reconoce sus sentimientos: "Me dio mucho miedo. ¡El viento soplaba muy fuerte!".

...y después de considerar sus preocupaciones sobre el clima, puedes **darle información** o **ponerlo a cargo:** "Lo bueno que tenemos sótano. Aunque los sonidos de un tornado son intimidantes, estamos seguros aquí abajo. ¿Se te  ocurre qué otros juegos y refrigerios podemos traer? Vamos a bajar las cosas. Me quedo más tranquila si estamos preparados".

La función de los miedos es protegernos, avisarnos de los peligros. Incluso si funcionara decirle a los niños que los ignoraran, no necesariamente nos gustaría el resultado. Un día esos sentimientos les podrían salvar la vida, siempre y cuando no les hayamos enseñado a ignorarlos. Queremos que los niños estén en contacto con sus sentimientos, no que los ignoren. Les podemos ayudar si los ponemos a cargo de las situaciones temibles y después respetamos su progreso.

Historias desde la vanguardia

Alarma en Sudáfrica

Hace poco, un técnico vino a reparar la alarma de la casa. La activó y produjo un sonido espeluznante, y le dio el susto de su vida a mi hijo de dos años, Evan. Lo traumó a tal grado que ya no quería dormir en su recámara. Tampoco quería jugar solo y se negaba a andar por la casa sin acompañante. Nos estaba volviendo locos.

En repetidas ocasiones durante el día nos contaba la anécdota de la alarma. Le llamaba "el bip". Cada que nos contaba del "bip", le restábamos importancia: "No, 'el bip' se acabó" o "No quiero saber nada del 'bip'".

Después de una semana así, me fui a acostar y leí el primer capítulo de *Cómo hacer que tus hijos te escuchen*. Me impresionó que estábamos haciendo lo opuesto con Evan. Al día siguiente, me puse manos a la obra y cada que Evan contaba su anécdota del bip, respondía: "¿Te asustó, verdad?" o "Papi también se asustó mucho", para reconocer sus sentimientos de la mejor manera posible.

El cambio fue casi instantáneo. Se tranquilizó considerablemente y dentro de poco todo volvió a la normalidad.

Árboles siniestros

Mi hijo de tres años quería subir sus materiales de arte a su recámara por la noche, pero se negaba a bajar por ellos. Sabía que no la convencería de ir sola, así que probé la estrategia de anotar sus miedos. En cuanto me vio empezar la lista: *Cosas de abajo que me dan miedo*, dejó de llorar. Me las compartió y las anoté. Revisé la lista.

—Mmm, ahora entiendo, crees que cerca del sillón hay unos árboles enormes e inmóviles. Es un problema. ¿Cuál podría ser la solución?

—¡Vienes conmigo y los mueves! —respondió de inmediato:

—Bueno, lo haría, pero no veo ningún árbol en la sala, así que no los puedo mover.

—Ok, ahorita regreso, espérame —contestó.

Y *voilà!* Bajó corriendo las escaleras, fue como magia, y un minuto después ya había regresado con sus crayolas y tijeras.

Miedo a bañarse

Arjun, mi hijo de seis años, tenía miedo de bañarse en la tina o la regadera porque tuvo una mala experiencia en la alberca. Se había caído y tragado agua, y entró en pánico. Le tenía que recordar que la regadera era muy distinta de la alberca, y que era muy segura. De todas formas le costaba trabajo y lloraba cada que lo intentaba bañar.

Después de asistir a nuestro taller, le dije: "Da miedo bañarse después de haberse lastimado en la alberca. Fue una experiencia terrible", a lo que respondió: "Sí, mami, ya no me gusta bañarme en la regadera". Le expliqué: "El problema es que necesitamos bañarnos para no oler feo. ¿Qué hacemos?". Arjun respondió: "Está bien, mami, me voy a bañar". Luego de eso, no lloró ni se quejó durante el baño. Estaba asombrada.

Una tarde de perros (anécdota de Joanna)

Estaba comprando productos de jardinería y me llevé a mi perro. A nuestro lado pasó una familia y la hija pequeña se agachó para acariciar a mi perro al mismo tiempo que su hermano mayor se fue corriendo aterrado.

Lo moví de inmediato para no asustarlo más de lo que ya estaba. Mientras la niña acariciaba a mi perro muy contenta, le garanticé a la mamá que entendía que para un niño, un perro podía ser aterrador, porque su cara está a la altura de sus dientes.

La mamá vio la oportunidad de ayudar a su hijo a superar su miedo, lo agarró del brazo y lo empezó a llevar hacia mi perro, mientras le decía: "Mira qué perrito tan lindo, lo puedes acariciar". El pobre niño estaba fuera de sí. La mamá tenía buenas intenciones, pero le estaba generando pánico al niño. Yo no tenía espacio para retroceder, así que improvisé y le pregunté al niño si se quería parar en un carrito, a cierta distancia del perro. Dijo que sí y su mamá le ayudó a subirse, ahí se sentía seguro.

Después le pregunté si quería ver algunos trucos. Asintió. Kazi dio una vuelta, hizo un 8, empujó el carrito, dio la pata, brincó en una pata y se sentó. Le pregunté al niño si le quería lanzar un premio. Sí quiso. Después, su hermanita se acercó a acariciarlo otra vez. Le pregunté si quería acariciarle el lomo, mientras yo le sostenía la cabeza (la parte de los dientes). ¡Y se animó!

La moraleja de la historia es: ¡no presionen a los niños! Permitan que se sientan seguros y se tomen su tiempo. No pueden obligar a un niño a no temer, los pueden invitar a enfrentar el objeto temido desde una distancia cómoda, y si están listos, que se acerquen a su tiempo. Cuanto más puedan controlar la experiencia, más valientes se sentirán.

REPASO: MIEDOS

1. **Reconoce sus sentimientos**

   —La tormenta dio mucho miedo, el viento sopló muy fuerte.
   —Los perros te ponen nervioso. No sabes cómo van a reaccionar.

2. **Dales información**

   —Qué bueno que tenemos sótano, aquí estamos seguros.

3. **Plantéales una alternativa**

   —¿Quieres darme la mano o te quieres subir al carrito para ver al perro de lejos?

4. **Ponlos a cargo**

   —¿Quieres escoger refrigerios y juegos para tenerlos en el sótano para la próxima vez?

9

Línea de atención para los berrinches

(Julia asesora a una madre por teléfono)

"¿Me pueden ayudar con los berrinches de Ben? Los hace todos los días y estoy exhausta".

Adina había pedido una consulta telefónica. Describió un berrinche reciente.

Ben pidió otra taza de jugo de uva en el desayuno, a lo que respondí:

—Ya no, tiene mucha azúcar. ¿Quieres un poco de leche?

—¡No! Quiero jugo de uva —gritó.

—No te voy a servir jugo de uva. Y si me gritas, tampoco te voy a dar leche —respondí con mucha calma. Eso lo desquició.

—¡Sí me vas a servir! Me *vas* a servir jugo de uva. ¡Quiero jugo de uva!

—Aquí mando yo, y no te voy a dar jugo. Si no dejas de gritar, te vas a tu recámara.

—No eres mi jefa. No mandas. *Yo* mando. Me *vas* a servir jugo.

—No, Ben, no te voy a servir. Mañana te doy más. ¡Deja de gritar!

Pero no dejó de gritar, así que lo llevé a su recámara. Cerré la puerta y sujeté la perilla mientras él pegaba y gritaba. Fue horrible. ¿Por qué hasta lo más insignificante tiene que ser una crisis?

Para un niño de tres años, la vida puede ser frustrante. Los adultos hacen las reglas y a veces, ni siquiera tienen sentido. *Si mami puede decidir que una taza de jugo está bien, ¿por qué no puedo decidir tomarme otra?*

Le recordé a Adina sobre la primera herramienta que había aprendido en el taller: reconocer los sentimientos. "Te *encanta* el jugo de uva. ¿Por qué no le ponen menos azúcar? ¿Crees que te podrías tomar una botella completa?"

Adina estuvo de acuerdo en reconocer los sentimientos durante el próximo berrinche de Ben.

Dos días después, se reportó con el último berrinche.

En la casa cenamos a las seis, pero anoche Ben y yo llegamos hasta las siete. Mientras estaba cocinando, Ben agarró mi teléfono para ver fotos, y después lo tiró. Le dije que podía ver fotos siempre y cuando lo dejara en la mesa. Lo volvió a agarrar para tomar fotos de sus guantes nuevos y lo volvió a tirar. Le dije: "Ya sé que quieres tomar fotos, pero no quiero cien fotos de tus guantes en mi teléfono. Si lo agarras otra vez te lo voy a quitar".

Seguí cocinando y escuché *clic, clic, clic*. Le quité el teléfono y empezó a gritar: "¡*Voy* a ver las fotos! ¡Lo *voy* a agarrar!".

Puse el teléfono en una repisa alta y empezó a subirse por mi silla para alcanzarlo. Le dije:

—Lo agarraste cuando te había dicho que no, y te lo quité. Ya te dije que no te lo voy a dar.

—Pero dejé de hacerlo, dejé de hacerlo mami. ¡Voy a usar tu teléfono!

Se tiró en el piso de la sala, llorando y pataleando.

Me senté en el piso, desesperada. Por fin recordé reconocer sus sentimientos, le dije:

—Estás muy enojado porque te quité el teléfono. Querías usarlo. No querías que lo alzara. Estás tan enojado que estás pataleando —estaba pateando unos bloques y uno de ellos me pegó. Le dije—: estás tan enojado que estás pateando los bloques. No me gusta, me lastima —dejó de patearlos, lo cual me pareció asombroso, pero seguía llorando y pataleando. Agarré la libreta y el lápiz del teléfono, dije—: ¿Quieres enseñarme cómo te sientes? —Ben tomó el lápiz y dibujó líneas en zigzag en toda la hoja.

—No sólo estás molesto. ¿Sabes qué me dice este papel? Que estás enojado, ¡muy, muy enojado!

Ben asintió contundentemente.

—Rápido, enséñame otra vez.

Ben dibujó unas líneas más intensas y salvajes, y le hizo hoyos a la hoja.

Tomé la hoja y la vi a contraluz.

—Mira esto... y esto... ¡y esto! No nada más estás enojado, ¡estás furioso! Rápido, enséñame otra vez.

Ben se quedó quieto. Agarró la libreta y dibujó dos ojos y una boca sonriente. Después me abrazó y me enseñó el dibujo.

El berrinche se había terminado. Regresamos a la cocina y disfrutamos la cena, salvo por sus modales en la mesa, pero podemos dejar ese tema para otra llamada. Lo normal hubiera sido estar enojados hasta acostarnos.

Me alegra haberlo ayudado a sortearlo, pero me hubiera gustado evitar el berrinche del todo.

Una de las cosas que provoca a un niño es nuestro impulso bien intencionado de advertirle las consecuencias si no se comporta. "Deja ese teléfono en la mesa o...". El problema es que las amenazas provocan desafíos.

Lo que Ben necesita escuchar es: "Te gusta mucho tomar fotos con el teléfono. Te encanta ver fotos en el teléfono. ¡Qué divertido!". Omite: "...pero no quiero guardar tantas fotos en mi teléfono". Es exasperante. Él lo interpreta así: "...pero, tus sentimientos no importan".

Le puedes dar información: "El problema es que los teléfonos se rompen, tiene que quedarse en la mesa".

—¿Y si lo vuelve a agarrar?—, preguntó Adina.

Puedes actuar, pero sin insultar. "Voy a guardar el teléfono, es muy tentador agarrarlo".

Ayúdalo a pasar página planteándole una alternativa: "Puedes jugar con los bloques o los plumones".

O, ponlo a cargo: "¿Con qué podrías jugar que sea resistente y no se rompa?".

O recurre al juego: "Puedes jugar al restaurante. Finge que eres la chef, él es el mesero, y pone las servilletas y los tenedores para los clientes".

—¡Estaba muy cansada para pensar con claridad! Pero a la próxima...—, concluyó Adina.

Terminamos nuestra sesión y unos días después, Adina me mandó un mail con el título: "¡Éxito!"

Hace dos días, Ben entró a la casa después de jugar afuera en la nieve. Tenía los pantalones empapados y quería sentarse en el sillón. Le ofrecí unos pantalones secos, pero respondió: "¡No!"

—Tenemos un problema. No quiero que se moje el sillón y no te quieres cambiar los pantalones. ¿Qué hacemos? Necesitamos una solución.

Ni tardo ni perezoso, contestó:

—¿Por qué no me quito los pantalones y me quedo en calzones?

Lo normal hubiera sido decirle: "Estás mojado y no te vas a sentar en el sillón", y de todas formas lo hubiera hecho, con lo cual le hubiera gritado: "¡Párate del sillón!". Fue un acto de magia.

Creo que Ben se está dando cuenta de que puede resolver problemas, y le gusta. Ayer quería ponerse una capa roja para ser Superman. Le puse una manta roja en los hombros y le dije: "Te la puedes poner en todos lados, menos en la cocina, porque se arrastra y el piso de la cocina está muy sucio."

Se acercó a la cocina y parecía que iba a pasar. Me preocupaba que si le recordaba que no pasara, iba a hacer otro berrinche. Le dije: "Tenemos un problema, creo que es muy tentador caminar por la cocina con la capa puesta. No quiero que se ensucie la capa".

Se detuvo, recogió la toalla y se la puso en la cabeza para no arrastrarla, y entró a la cocina. Cuando salió la volvió a soltar.

Le dije: "¡Se te ocurrió una solución para el problema! Resolviste cómo pasar por la cocina sin ensuciar la capa".

Un par de días después, Adina me mandó otro correo:

Encontré la oportunidad de jugar. Le dije a Ben que apagara el video que estaba viendo para venir a comer. No quería dejar de verlo y me di cuenta de que se estaba preparando para hacer un berrinche.

Lo normal en una situación así es que Ben empiece a gritar: "¡¡Quiero otro video!!", a lo que yo respondería: "No, Ben, dije que era el último". Después lloraría y gritaría; y yo le diría: "Te dije que lo apagues. Supéralo. Ya no vas a ver otro".

Esta vez, dije con mucho énfasis: "¡Oye! ¡Tengo una idea increíble! ¿Quieres que te cuente? Ven". Estaba haciendo tiempo porque no se me había ocurrido nada.

Se acercó, se sentó a mi lado. "Vamos a hacer de cuenta que estamos en un video". Sacudí el cuerpo como si me estuviera transformando en robot y empecé a hablar: "SOY UN RO-BOT. SOY UN RO-BOT. ASÍ HA-BLO".

Ben se empezó a reír y yo seguí hablando como robot: "ES HORA DE CO-MER. VA-MOS A LA CO-CI-NA, VA-MOS. VA-MOS. VA-MOS". Caminamos como robots a la cocina y nos encontramos con un obstáculo en el piso (la capa roja), y fingí que no podía seguir avanzando.

"HAY UNA CA-PA EN MI CA-MI-NO. ES-TOY A-TO-RA-DO. A-TO-RA-DO... A-TO-RA-DO..."

Con amabilidad, Ben recogió la capa para seguir caminando.

Toda la tarde nos portamos muy bobos y no hizo un sólo berrinche. Tenías razón, aunque creí que jugar requeriría mucha energía, estuve de mejor humor y no agotada como cuando tengo que lidiar con sus gritos.

En nuestra última llamada Adina concluyó: "Antes de tener a Ben fui niñera y consejera en campamentos. Respeto a los niños, pero cuando se trata del mío, en parte todavía creo que a los niños se les debe ver, no escuchar. Que deben hacer lo que dicen los adultos, obedecer sin cuestionar o sufrir las consecuencias.

"Siempre había creído que no tenía tiempo para tener en cuenta los sentimientos de Ben. Parecía más rápido darle órdenes, aunque para ser honesta, dar órdenes es más cansado porque no funciona. Este enfoque sigue siendo contradictorio para mí, pero ahora ya entendí a qué te referías con: 'El camino más largo es el más corto'"

En todo caso, le advertí a Adina que moderara sus expectativas. Los niños se frustran. A esta edad su vida emocional es tempestuosa. ¡Habrá más berrinches! Habrá veces en las que estén cansados, hambrientos y sin una pizca de paciencia sin importar lo habilidosos que seamos. Con estas herramientas podemos reducir el drama y reconectar más rápido una vez pasada la tormenta.

REPASO: BERRINCHES

1. Reconoce sus sentimientos

Expresa el sentimiento con palabras: Estás muy enojado. Querías jugar con el teléfono.

Recurre al arte: Aquí tienes una hoja y un lápiz. Enséñame cómo te sientes.

2. Preséntale alternativas

—Puedes jugar con los bloques o ayudarme a poner la mesa.

3. Recurre al juego

—SOY UN RO-BOT. ES HO-RA DE CO-MER. CO-MER. CO-MER.

4. Recurre a la resolución de problemas

—No quiero que se moje el sillón y tú no te quieres cambiar. ¿Qué hacemos?

5. Actúa, pero sin insultar

—Voy a guardar el teléfono. Me preocupa que se caiga.

6. Satisface las necesidades básicas: comida, sueño, descanso

7. Modera tus expectativas y gestiona el entorno, no al niño. Pregúntate si tus expectativas corresponden con el desarrollo del niño.

Los sentimientos de un bebé

Mi hijo tiene nueve meses, pero ya estoy intentando que aprenda estrategias de comunicación.

Cuando llora porque le quitamos algo inseguro (por mucho que intente proteger la casa, ¡siempre encuentra algo!), hago esto:

Intento un tono calmante: "Shhh...", "Nooo, no llores...".
Ignorar cuando llora por algo tan "trivial".
Darle otros juguetes rápido.
Cuando estoy cansada, le digo: "SHH...SHH... ¡Basta!
¡No pasa nada! Basta".

Esto nunca funciona.

Por ridículo que parezca intentar reconocer los sentimientos de un bebé tan pequeño, he empezado a practicar tomar en serio sus quejas. Ajusto mi voz para que corresponda con su emoción: "¡¡AHHH!! MAMI SIEMPRE ME QUITA LAS COSAS. QUIERO EXPLORAR, PERO ELLA SIEMPRE ME QUITA LAS COSAS. ¡ESTOY MUY ENOJADOOO!".

La primera vez que lo hice inhaló, con la respiración entrecortada, congestionada, dejó de llorar y me miró. Repetí algunos de sus sentimientos con voz gruñona (más suave).

Estoy probando otras estrategias. Le explico: "El problema es que esto no te hace bien". Me porto juguetona, le doy besitos y le soplo la panza. Después le doy una nueva zona para explorar o lo cargo para enseñarle qué estoy haciendo.

Suena ridículo, pero siento que ha sido útil. Deja de llorar más rápido y me siento mejor porque parece que no se siente solo en su frustración. De algún modo, siente que lo escucho.

¡Quiero a mami!

Mi esposa quería que acostara a nuestra hija Dahlia, de tres años, pero se quejó porque quería que MAMI lo hiciera.

Intenté mantenerme de buen humor y seguir adelante, pero se estaba poniendo de malas y estaba a punto de hacer un berrinche.

Ya sé que debo reconocer sus sentimientos, pero en un caso como este, no puedo empatizar con ella. Parece tan irracional, ni siquiera sé qué sentimiento debo reconocer. sólo se me ocurrió:

—Quieres a mami.

—¡Sí!

—Te gusta cuando ella te acuesta.

—¡Porque lo hace mejor!

—¿Qué hace mami primero? Enséñame.

Dahlia me enseñó cómo mami le pone el pijama. Fue la primera vez que me dejó hacerlo sin llorar.

Mi esposa estaba MARAVILLADA de no tener que cambiarla, ¡fue un éxito rotundo!

10

Tristeza por separación

Queridas J & J:

Mi hijo tiene tres años y medio, y cuando salgo a trabajar se pone muy nervioso y triste. Se queda con su abuela una vez a la semana y le gusta (no siempre, pero casi siempre). Sin embargo, cuando se queda con la niñera, empieza a llorar, gritar y me suplica que me quede en casa. La niñera me cuenta que pregunta mucho por mí cuando no estoy y se pone muy triste.

Intenté explicarle que voy a trabajar porque necesitamos una casa, comida, queremos irnos de vacaciones y ver el mundo, y además, me gusta trabajar así como a él le gusta ir a la escuela (no quiero que crezca con la idea de que trabajar es difícil y aburrido. Quiero que sienta que el trabajo es divertido y satisfactorio). Nada ha servido.

La misma historia comienza cada semana. Me gustaría escuchar su consejo.

—Mamá trabajadora

Querida mamá trabajadora:

Entendemos el impulso de explicarle a tu hijo los motivos por los que trabajas. ¡Son muy razonables! Pero sin duda habrás notado que las emociones no se pueden mitigar con explicaciones. Es improbable que un niño de tres años triste responda: "Caray, madre, ahora que explicaste los beneficios del empleo con tanta lógica, me doy cuenta de que debo hacer a un lado mis sentimientos y tener una mente más abierta".

Lo más útil para tu hijo es que **reconozcas sus sentimientos.** Desde luego, no justo antes de salir a trabajar, pero cuando encuentres un momento tranquilo en el que se puedan sentar a platicar. Olvídate de tus explicaciones y concéntrate en sus sentimientos.

Por ejemplo:

—He estado pensando que no te gusta *nada* cuando te dejo con la niñera.
—Te gustaría que no tuviera que ir al trabajo.
—Preferirías que me quedara contigo todos los días.

Dale tiempo de contestar y aliéntalo a expresar sus objeciones. Repite lo que te cuente con tus propias palabras para que sepa que entiendes y aceptas sus sentimientos.

—Ah, ya, a veces la niñera te hace enojar. No te gusta que te diga que te tienes que comer todo lo que te sirve. Preferirías decidir tú solo cuándo tienes hambre y cuando estás satisfecho.

—Ah, ya no te gusta dormir la siesta. Es aburrido y no te da sueño. Preferirías ver la tele.

A lo mejor le ayuda reconocer sus sentimientos por escrito, en una lista de reclamos:

—Espera, déjame ir por un lápiz y una hoja. Quiero anotar todo lo que te molesta.

A tu hijo le gustará escucharte leer su lista en voz alta, ¡con mucha intensidad! Cuando sienta que ya lo escuchaste, puedes pasar a la **resolución de problemas.**

—Me pregunto si podemos hacer algo para que la pases mejor con la niñera, o por lo menos no tan mal. Vamos a hacer otra lista.

En esta nueva lista puedes incluir ideas para mejorar las cosas. Asegúrate de anotar todo, incluidas las ideas que te parecen totalmente inaceptables. (¡Renuncia! ¡Encierra a la niñera en el clóset!) Puedes invitar a tu hijo a pensar en actividades que le gustaría hacer con la niñera —hacer su propia plastilina, pintar con los dedos, hornear galletas, armar una pista de obstáculos—, así como sus sugerencias de qué no hacer. Tal vez le gustaría guardar una foto tuya en su bolsillo. U otro recuerdo especial que lo acompañe en tu ausencia. Después pueden revisar la lista y palomear aquello que les guste a los dos. Y listo, a ponerlo en práctica.

Si prescindes de explicaciones de cuán importante es tu trabajo, y mejor reconoces sus sentimientos puedes descubrir que se trata de un problema sencillo que puedes resolver con una solución simple. O quizá reveles un problema más grave. Es posible que esté ocurriendo algo preocupante durante su estancia con la niñera. Un beneficio maravilloso de este enfoque es que conocerás mejor a tu hijo. Aceptar los sentimientos no sólo tranquiliza a tu hijo, puede desvelar información importante.

REPASO: TRISTEZA POR SEPARACIÓN

1. Reconoce sus sentimientos

—No te gusta *para nada* que te deje con la niñera.

2. Reconoce sus sentimientos por escrito

—Espera, déjame ir por un lápiz y una hoja. Quiero anotar todo lo que te molesta.

3. Recurre a la resolución de problemas

—Me pregunto si podemos hacer algo para que la pases mejor con la niñera.

Actitudes groseras: quejas, lloriqueo, provocación y otras conductas antisociales

11

Lloriqueo

El sonido que te vuelve loco

"Ma-maaá, tengo hambreeee... Hace calooor... Estoy aburridaaaa... ¿Cuándo nos vamos a la casaaa...?"

Ay, ese tonito, dan ganas de taparte las orejas e irte corriendo. ¿Qué espantoso error evolutivo dio a los niños ese sonsonete exasperante? Cuando los niños lloriquean, los adultos responden: "No te entiendo cuando hablas así", en su propio sonsonete agudo. Los niños responden subiendo el volumen y la intensidad.

¿Por qué lo hacen y cómo podemos detenerlos?

Querido lector, vamos a ponerte en ese estado de ánimo quejumbroso, con fines científicos. Imagínate que estás en una tienda departamental con tu pareja. Ves una camisa verde que te llama la atención. La sacas del exhibidor y tu pareja te dice: "Ay, no eh, la semana pasada compraste ropa, ¡no necesitas nada más! Tenemos un presupuesto, ¿te acuerdas? Vinimos a cambiar el tostador y ya".

"Pero es mi color favorito y combina perfecto con mis pantalones nuevos. Completa el atuendo para el trabajo. Además está en oferta. ¡Y la necesito! No estás siendo *razonable*". ¿Te imaginas el tono de tu voz? Te sientes frustrado. No estás a cargo de tus propias decisiones. Tienes que convencer a tu pareja de tu necesidad.

Tu pareja responde: "No, no, no, sin lloriquear. No te entiendo cuando hablas así" (ejem, mejor nos detenemos antes de que esta fantasía provoque pensamientos homicidas).

Con suerte, no te has encontrado en esta situación recientemente. Pero los niños siempre están en esta situación. Los niños son muy demandantes y no están al mando. Tienen que convencernos de que en serio, *en serio* quieren helado, irse a la casa... que los carguen... que les toque primero... desvelarse, *¡por favooor!* No es fácil ser tan dependiente.

Una estrategia a la que recurrimos cuando los niños lloriquean es **reconocer sus sentimientos**, y después **plantear una alternativa** para ayudarlos a pasar página. Plantear alternativas les da la oportunidad de descifrar cómo resolver la situación en su beneficio, sin sentirse quejumbrosos ni dependientes.

Cuando un niño dice gimiendo: "Estoy aburridíiiisimoo" durante esa espera eterna en el pediatra, queremos contestarle: "Relájate, han pasado cinco minutos". (¡Y seguro faltan 45!)

Si eso funcionaría, no estarías leyendo este capítulo.

Mejor intenta con: "Es muy difícil esperar mucho...muchísimo. ¿Qué hacemos? ¿Quieres dibujar mientras estamos aquí o quieres jugar 'Yo busco-busco'? ¿Vamos al pasillo para ver con cuántos saltos lo podemos recorrer de ida y vuelta?".

Cuando un niño se queja porque "¡no hay nada que hacer!", es mejor contestar con una frase más abierta. "A veces ayuda descifrar qué se te antoja hacer. ¿Estás con ánimos de salir o quedarte?" o Bien: "¿Quieres sentarte o hacer algo más activo?".

Otra estrategia que podemos usar es **reconocer los sentimientos por escrito**. Para muchos niños, es muy satisfactorio ver sus quejas transcritas en blanco y negro. Puedes anotarlas y leerlas en voz alta con intensidad dramática: "A Joey no le gusta esta sala de espera. Huele mal, es aburrida. esperar es tonto. ¡No tiene buenos juguetes!". Cuando el sufrimiento queda plasmado en el papel es más fácil adoptar sentimientos más positivos.

Lista de deseos de Jordan

Patines

Coche de carreras

¡Caballo!

Piano de cola

Cuando vamos de compras con niños quejumbrosos puede ser útil tener una "lista de deseos" a la mano y alentar a los niños a anotar lo que quieren. O tomarle foto al objeto deseado con el teléfono. Lo que hagas con esa información dependerá de las circunstancias. A lo mejor un niño quiere ahorrar su mesada o usar la lista como referencia para ideas de regalos de cumpleaños o servir como registro de sus pasiones pasajeras.

Otra forma de reducir el lloriqueo es encontrar formas de **ponerlo a cargo**. ¿Cómo?

Digamos que los niños tienen bolsas de dulces de Halloween que escondiste para que no se excedan con el azúcar. Pero ahora estás en la posición nada envidiable de resguardar el Tesoro y los niños lloriquean muchas veces al día, no les importan tus sermones de una nutrición equilibrada. Sueles tomar esas decisiones sobre la marcha, a partir de cuánta comida sana ya hayan comido y cuánta energía tienes para resistirte a sus pataletas. Esta impredecibilidad los hace más persistentes. Ya te estás arrepintiendo de haberlos dejado salir a pedir dulces en Halloween.

¿Cómo es posible que pongamos a los niños a cargo de los dulces de Halloween? ¿No es como si un zorro cuidara el gallinero?

Así es como una madre puso a los niños a cargo de regular su ingesta de dulces:

Palabras dulces

Me di cuenta de que había estado enseñando a mis hijos cómo fastidiarme. Quería revertirlo. Así que me senté con ellos y les expliqué: "Tengo un problema y necesito su ayuda. Hemos estado discutiendo sobre los dulces de Halloween todos los días y no me gusta nada. Quiero que ustedes se hagan cargo de los dulces, ¡no yo! Sabemos que los dulces son deliciosos y también sabemos que no es sano comer muchos a la vez. Creo que necesitamos un plan que tenga sentido para todos. ¿Cuántas piezas de dulces debería comer una persona al día?"

Empecé negociando con modestia.

—¿Una, dos?

Los niños parecían preocupados.

—Algunos dulces están muy pequeños. Si son pequeños, creo que tres.

Lo permití, pues me pareció razonable.

—¿En dónde guardamos las bolsas para que estén fuera de la vista y el alcance? No queremos la tentación de ver los dulces todo el día.

Aprobamos la alacena sobre el refrigerador. Todas las mañanas bajaba las bolsas y los niños escogían con mucho cuidado. No más molestias, no más quejas. ¡Era libre!

Las transiciones también pueden fomentar el llori-  queo. Si vamos al parque o a una reunión de juegos y ya sabemos que a los niños les cuesta trabajo irse, podemos **ponerlos a cargo de la hora**. Siempre es bueno tener un aparato: un reloj de cuerda, reloj de arena o si te quieres poner más sofisticado, busca cronóme- tros visuales para niños. Son aparatos que ayudan a los niños pequeños a entender el concepto abstracto del paso del tiempo. Les podemos decir que necesitamos que nos ayuden a salir a tiempo, y pedirles que *ellos* pongan el cronómetro y *nos* avisen cuando sea hora de irnos.

Para los niños que lloriquean cuando tienen hambre, los podemos **poner a cargo de la comida.** Para los niños pequeños podemos guardar ciertos alimentos a su alcance, para que no nos pidan que les sirvamos. Los plátanos o las galletas pueden ir en una repisa baja. La zanahoria en palitos y la crema de cacahuate puede ir en el estante inferior del refrigerador. Podemos transferir algunas cosas a recipientes más pequeños para los niños. Por ejemplo, los niños pueden prepararse su desayuno sin hacer mucho desastre si servimos leche en una jarra pequeña y la colocamos en el estante inferior del refrigerador, y para escoger el tamaño del recipiente del cereal, piensa qué tanto quieres barrer o dejar que "limpie" el perro.

En el súper, **los niños pueden encargarse de reunir los artículos** de la lista. Es menos probable que los niños nos atormenten lloriqueando si están participando. Los niños mayores que se quejan del menú de la comida **pueden encargarse de la planeación,** por ejemplo buscando recetas que quieran probar, agregar los ingredientes a la lista y turnándose para cocinar para todos de vez en cuando.

Si vamos a una tienda en donde sabemos que los niños pueden ser presa del frenesí por comprar **pueden encargarse del dinero.** Recuérdales con anticipación —por ejemplo, si van a comprar un regalo de cumpleaños para la fiesta de un amigo—, y sugiéreles llevar su mesada por si ven algo que les guste (tendrás que darles mesada antes de esta misión). Es una forma maravillosa para que practiquen tomar decisiones, y nos libera de las peleas interminables sobre si necesitan o no otra chuchería de plástico.

Si tus hijos lloriquean porque quieren jeans de diseñador y playeras cuyo precio supera tu zona de confort fiscal, encuentra cómo responsabilizarlos de aprender a vestirse acorde a tu presupuesto. Compárteles cuánto dinero has reservado para comprar playeras y jeans este año, y pueden rastrear ofertas. No estamos sugiriendo que les prestes tu tarjeta de crédito. Pueden entregarte su plan de compras para que lo apruebes. Si quieren expandir sus opciones, tal vez tendrán que ganar dinero promocionando sus servicios de jardinería o paseando perros en el vecindario.

¿Qué pasa con los niños cuya forma de comunicación automática son los lloriqueos? ¿Podemos expresar que queremos que usen un tono más agradable?

En el caso de los niños que parecen tener el hábito de lloriquear por todo, podemos **describir nuestros sentimientos, darles información** y **decirles qué pueden hacer en vez de qué no pueden.** "Nico, cuando escucho ese tono, no me dan ganas de ayudar. Me gustaría que me preguntaran con voz normal y clara". Y demuestras usando tu voz lo más equilibrada posible. "Mamá, ¿le pones crema de cacahuate a mi pan, por favor?"

Si se sigue quejando, **plantea alternativas** para que no se sienta tan dependiente: "Nico, me puedes preguntar con voz normal, o si no estás de humor para hacerlo, se la puedes untar tú solo. Ten un cuchillo de plástico".

Y por último, cuando ya te negaste a una petición, es importante no ceder pese al lloriqueo, porque los niños aprenden rápido a insistir. Si quieren desayunar dulces y ya les dijiste que "no es sano", tendrás que mantenerte firme, sin importar lo doloroso que se vuelva para tus oídos. Puedes **reconocer sus sentimientos, dar en la fantasía lo que no puedes** (¡o quieres!) **dar en la realidad** y **plantear alternativas:** "Tienes muchísimas ganas de desayunar dulces. Sería muy bonito tener una madre que te diera chocolate para cada comida, en vez de esta mamá que sólo te da comida saludable y aburrida. ¡Guácala! Bueno... puedes comer arándanos con yogurt o un huevo duro. Avísame lo que decidas".

Si tu hijo se sigue quejando, te damos permiso para decirle: "No puedo seguir escuchando", ¡y salir de la habitación! Abstente de ataques verbales, no cedas y tarde o temprano, el niño concluirá que lloriquear no es una estrategia efectiva.

Cuando pones a los niños al mando, les das alternativas y los empoderas a que se ayuden ellos mismos, es menos probable que hagan berrinches y lloriqueen porque se sienten miserables. No podemos prometer que tu hijo no volverá a lloriquear, pero sin duda estas herramientas mejoran el espacio sonoro.

Desde luego, habrá esos momentos en los que ningún truco funciona igual de bien que un sándwich y una siesta. Tenemos que **satisfacer las necesidades básicas** antes de exigir afabilidad. No tiene sentido intentar convencer a un niño cansado y hambriento de que deje de comportarse como tal. Tienes que elegir tus batallas y ceder con gracia.

Historias desde la vanguardia

El kiwi de la felicidad

Por mi hijo Jacob le tengo pavor a hacer las compras. Se queja de todo lo que ve. Esta vez le dije: "Puedes escoger algo de la sección de frutas y verduras, lo que quieras". Se tomó su misión muy en serio. Estaba ocupadísimo estudiando cada fruta como para preocuparse por lloriquear. Al final se decantó por una bolsa de kiwis. Me hizo darme cuenta de que es difícil quedarse parado esperando mientras alguien más toma todas las decisiones.

Ya alcanzas

Intenté que Aiden usara su voz normal. Me pidió más leche en su tono agudo, como siempre. Le dije: "No me dan ganas de ayudar cuando me piden las cosas así. Me gusta cuando usas tu voz normal", y le enseñé.

Respondió: "Pero tengo seeeeed", con su gemido más indefenso.

No cedí. Le dije: "Tal vez ahorita no estés de humor para hablar normalmente. Si quieres, te puedes servir algo de tomar. Ya alcanzas la leche".

Le brillaron los ojos. No, *no* estaba de humor para hablar con su voz grave. Se serviría él *solo*. ¡Un nuevo mundo! Me arrepentí de no servir leche en un refractario más pequeño, para que no tirara tanta, pero se sirvió muy despacio y con cuidado. Estaba muy orgulloso.

Estrategia de salida

Estábamos visitando a un amigo y Maeve se empezó a quejar y a protestar cuando le dije que era hora de irnos. La aparté y le dije: "Parece que no estás lista para irnos. No has terminado de hacer todo lo que querías".

—¡Sí!

—El problema es que dentro de media hora tengo que recoger a tu hermano de la escuela. Nos podemos ir ahora, con tiempo, o podemos quedarnos cinco minutos e ir apuradas. Tendremos que *apresurarnos* para ponernos los zapatos y los abrigos y salir *corriendo* por la puerta.

—¡Hay que apurarnos!

—Ok, voy a poner la alarma en cinco minutos. Toma, estás encargada de decirme cuándo tengo que apurarme.

A Maeve le encantó *decirme* que era hora de irnos.

Showtimes

Uno de los grandes conflictos cotidianos que tengo con mi hija de cuatro años, Tiana, es decidir si tiene o no permiso de ver un video. Cuando digo que no, lloriquea e implora. Me di cuenta de que mi decisión le parecía arbitraria. A veces le decía que sí (sobre todo si estaba preparando la comida o terminando un correo) y a veces le decía que no (sobre todo si me sentía culpable porque el día estaba bonito o había leído un artículo sobre los horrores de pasar demasiado tiempo frente a las pantallas). Al parecer, Tiana concluyó que la mejor estrategia era lloriquear con toda la frecuencia y el dramatismo posibles esperando que cediera.

Decidí hacer un calendario con ella. Le dije que podía ver dos videos al día. Uno en la mañana si estaba lista a tiempo, y uno mientras yo preparaba la comida. Dibujé unos pantalones una camisa (hora de vestirse), un tazón de cereal (hora de desayunar), su tablet (hora de ver un video), un coche (hora de irnos a la guardería), y así.

Junto a cada dibujo puse un recuadro y dejé que los coloreara. Le interesó mucho colorear y sacarle copias a su calendario, ¡y se olvidó de los videos un rato!

Ahora le encanta palomear los recuadros y cuando pide ver un video le digo que vea su calendario y me diga si es hora de ver uno.

REPASO: LLORIQUEOS

1. **Reconoce sus sentimientos, después, plantéale una alternativa**

   —Es muy difícil esperar tanto. ¿Qué hacemos? ¿Quieres dibujar o saltar en el pasillo hasta que nos llame el doctor?

2. **Reconoce sus sentimientos por escrito**

   Anota sus quejas o escribe una lista de deseos.

3. **Ponlo a cargo...**

   ...del tiempo:
   —Necesito que alguien se encargue del cronómetro y nos diga a qué hora hay que irnos.

   ...de la comida:
   —Busca algunas recetas y dime qué te gustaría preparar.

   ...de alguna actividad:
   —Aquí está la lista. Necesito ayuda para encontrar estos cuatro artículos.

   ...del dinero:
   —Hoy no voy a comprar juguetes, pero puedes usar tu mesada si ves algo que te gusta.
   —Esto es lo que puedo gastar para comprar camisas y pantalones este año. ¿Quieres encargarte de encontrar tres prendas que entren en el presupuesto?

4. Describe tus sentimientos, dales información y diles qué pueden hacer en vez de qué no pueden

—Me gustaría que me pregunten con voz natural. Así me dan ganas de ayudar—. Demuéstralo con tu voz más equilibrada posible: —Mamá, ¿puedes untarle crema de cacahuate a mi pan, por favor?

5. Plantéale una alternativa

—Me puedes preguntar hablando normalmente o si no estás de humor, la puedes untar tú solo.

6. En vez de ceder a sus quejas, reconoce sus sentimientos y concede en la fantasía lo que no puedes dar en la realidad, después plantéale una alternativa

—Tienes muchísimas ganas de desayunar dulces. Sería muy bonito tener una madre que te diera chocolate en cada comida. Bueno... puedes comer arándanos con yogurt o un huevo duro. Avísame lo que decidas.

7. Satisface las necesidades básicas

Si los niños están agotados, hambrientos, desesperados, van a necesitar una siesta, comer o consuelo sin críticas.

Se cayó la leche: un relato de antes y después

Antes, estos episodios con mi hijo de tres años eran el pan de cada día:

Miles: [tira leche en el piso a propósito]

Yo (enojada): ¿Qué haces? Te dijimos que tomes leche en la mesa. Mira lo que pasó. ¡Hiciste un desorden! ¡Ve por una toalla para limpiarlo!

[Miles despreocupado sale de la cocina. Lo sigo y diez minutos después de persuadirlo y amenazarlo, la escena acaba con lágrimas.]

Después de leer *Cómo hacer que tus hijos te escuchen*, tenemos momentos como este.

Miles: [tira leche en el piso a propósito]

Yo (voz preocupada): Ah, hay leche en el piso.

[En silencio, Miles entra a la cocina, agarra una toalla y empieza a limpiar.]

Yo (para mis adentros): ¿Qué magia negra es ésta?

Alienación del afecto

Mi hija Maja tiene doce años. Antes era muy cariñosa y afectuosa conmigo, pero desde hace un año más o menos, se comporta como si yo fuera tóxica. Siempre está enojada, pone los ojos en blanco o se va indignada a su recámara.

La semana pasada tuvimos un encuentro que normalmente produciría una pelea. Maja tenía que comprar plantas para un proyecto que ideó: recrear el hábitat de un gecko. Investigó mucho para saber cuáles eran las mejores plantas para el terrario.

La llevé al vivero, pero no tuvieron una sola planta en su lista. Se enojó muchísimo. Quería decirle que no era para tanto y animarla a comprar plantas que sí tuvieran. Pero por suerte, acababa de asistir al taller.

Le dije: "¡Qué coraje! Te esforzaste tanto en escoger las plantas perfectas para el hábitat y no tienen una sola. ¡No puede ser!".

Lo primero que percibí es que no se enojó *conmigo*, que es lo que suele pasar. Me sentí conectada con ella, no en guerra. Se calmó un poco, así que le pregunté: "¿Qué hacemos?"

Respondió: "Vámonos a casa, a ver si las podemos comprar en línea".

Tampoco encontramos lo que buscaba en línea, pero se lo tomó bien y no se enojó. Al día siguiente me abrazó de la nada. No lo había hecho en mucho tiempo, ni siquiera recuerdo cuándo fue la última vez.

12

Malos perdedores

El enigma de la competencia

Queridas J & J:

Nuestro hijo de seis años no soporta perder, incluso en los juegos que inventamos para hacer las tareas de la casa y que un tiempo funcionaron. (¿Quién se viste primero? ¿Quién se abrocha el cinturón primero?) Cuando no gana, grita y exige repetirlo.

Nos gusta jugar juegos de mesa en familia, pero los gritos, las cosas que salen volando y a veces los golpes y las patadas le quitan la diversión y cada vez lo eludimos más. Incluso cuando pierde una partida de cartas se pone como loco. ¿Alguna sugerencia?

—Perdedora

Querida Perdedora:

Reconocemos que es tentador poner a los niños a competir para vestirse, cepillarse los dientes, abrocharse los cinturones, etc. ¡Pero resiste la tentación! Esa vía está plagada de peligros.

En el frenesí de ganar se van a apurar, pero no vale la pena. Lo que ganas en tiempo lo pierdes en armonía familiar. La molestia y el resentimiento, sin mencionar los berrinches, que resultan de esos concursos envenenan la atmósfera. No quieres fomentar que los niños se sientan amenazados por los logros de los demás, se consideren perdedores si sus hermanos les ganan o ganadores si superan a sus hermanos. Puede ser particularmente difícil para un niño más pequeño, débil o menos coordinado perder frente a un hermano más capaz. La competencia no debe empezar en casa, una familia funciona mejor como una unidad cooperativa.

Si quieres un enfoque lúdico para apresurar las cosas, sin los efectos secundarios negativos, lo puedes lograr sin enfrentar a los niños. Que sean parte del mismo equipo y compitan contra ti. ¿Quién puede subir al coche y abrocharse el cinturón primero, los niños o los papás (sugerimos ampliamente dejar que gane el equipo de los niños)? Así pueden ayudarse y terminar, antes siquiera de que los papás se suban al coche.

Otra forma de apurar a los niños sin fomentar fricciones es alentarlos a romper un récord personal. "¿Cuántos minutos te tardarás en vestirte?... Guau, ¿crees poder hacerlo en menos de cinco minutos? No sé, no parece posible. Ok... En sus marcas... listos... ¡fuera!... ¡No lo puedo creer! Acabaste en cuatro minutos, treinta segundos".

No recomendamos este enfoque si los sentimientos siguen a flor de piel después de una competencia reciente entre hermanos. Es importante que entiendan que el objetivo es ganarle al reloj, no vencer a sus hermanos.

¿Qué hay de los juegos de mesa y las cartas? ¿Acaso no aprenden aptitudes positivas, como matemáticas elementales o espíritu deportivo? ¿No debería ser una actividad familiar placentera?

¡Desde luego! Pero hay que empezar teniendo en cuenta si el desarrollo del niño le permite disfrutar una actividad que implique "perder". Se supone que los juegos son divertidos. Pero un niño que no está listo para jugar aquellos que impliquen perder o ganar siente que le estamos pidiendo que acepte un fracaso. Los niños pequeños no pueden distinguir la idea de perder un juego y ser "los perdedores".

Opositor de cerezas (anécdota de Joanna)

Cuando mi primer hijo tenía casi cuatro años, le compré un juego de mesa. Estaba emocionada. Estábamos a punto de empezar un nuevo nivel de interacción, así que abrimos el *Hi Ho! Cherry-O* con mucha anticipación. Dan estaba contento de armar las canastas y la ruleta, y meter las cerezas de plástico diminutas en los hoyos de los árboles de cartón. Y empezamos a jugar.

Caray, ¿en dónde estaba el espíritu deportivo? ¿Qué le pasaba a mi hijo? Insistía en tener turnos interminables, darle la vuelta a la ruleta una y otra vez hasta que saliera el número que quería. Se negaba a regresar las cerezas cuando la ruleta caía en "se volcó la canasta". Perseveré, intentando explicarle el concepto de los turnos, perder y ganar, el espíritu deportivo. Dan me ignoró y se enojó cuando intentaba evitar que jugara a *su* modo. Por fortuna, se me prendió el foco antes de que hiciera un berrinche. Me di por vencida y *Hi Ho! Cherry-O* se convirtió en una actividad de arte performance que implicaba darle la vuelta a la ruleta, acomodar las cerezas de plástico en los árboles de cartón, después meterlas a las canastas y contar el tesoro con mucho entusiasmo.

Los niños pequeños no disfrutan los juegos competitivos, ya sean deportes, juegos de mesa o cartas. De seguro nuestros buenos recuerdos jugando juegos de mesa provienen de una infancia más tardía. Los niños pequeños no entienden por qué tienen que perder, esperar a que les toque su turno, respetar lo que dicte un dado o una ruleta. Los padres se preocupan de que sus hijos se comportan como niños mimados, que no van a desarrollar las aptitudes sociales necesarias para entablar amistades si no aprenden a perder con gracia. ¡Dales tiempo! Lo más probable es que no estén en la etapa de desarrollo que les permita entender y disfrutar estas actividades.

Para un niño en edad escolar, los juegos competitivos son parte constante de sus interacciones sociales con los niños de su edad. Pero aún les puede resultar difícil aceptar la idea de perder sin enojarse o desanimarse. Caray, ¡es difícil para muchos adultos! Una forma de enseñarle a los niños a divertirse con los juegos de mesa es alterarlos un poco para disminuir el factor de competencia. Estas son algunas variantes que han concebido algunos padres y maestros.

Terminar y punto

En mi casa nos encanta el juego de mesa *Candyland* por sus representaciones de dulces de fantasía. Pero a mi hijo más pequeño se le dificulta ser "buen perdedor". Durante uno de sus berrinches, le dije: "No deberías enojarte con nosotros. ¡*Tú* quisiste jugar!", con lo cual se metió los dedos a los oídos y empezó a gritar.

Recordé que debía reconocer sus sentimientos, así que lo intenté. "Los juegos pueden ser molestos. Quieres jugar porque parece divertido, pero te toca una tarjeta mala y al final no puedes recuperar tu ficha. ¡Eso no es divertido!". Se sacó los dedos de los oídos para responder: "¡Sí!". Sus hermanos coincidieron con entusiasmo. Los juegos de mesa eran divertidos y molestos al mismo tiempo.

Pregunté: "Me pregunto qué podemos hacer para que todos nos divirtamos". Se les ocurrió una modificación menor. Quien le dé la vuelta al tablero primero es el "ganador oficial del primer lugar". Pero los demás van a seguir jugando hasta que terminen, seguido de los gritos triunfales de: "¡Segundo lugar!" "¡Gané el tercer lugar!" cuando por fin terminé, les demostré, reaccionando con mucha alegría: "¡Yei! ¡La última, pero no menos importante! ¡Lo logré!".

Palabra triple

Me encanta jugar Scrabble, pero cuando intenté presentárselo a mis hijos no nos divertimos nada. Estaba aniquilando a mis competidores de ocho y once años. ¡Síii! ¡Ganándole a niños pequeños! No iba a formar palabras de tres letras para que no se sintieran mal. Pero después de algunas palizas, ya no quisieron seguir jugando conmigo. Así que se me ocurrió algo. Intentaríamos "ganarle al juego". En conjunto debíamos juntar 200 puntos en diez jugadas, o ganaría el juego. Todos sumamos nuestros puntos. Los niños se pusieron muy contentos cuando formaba palabras muy extensas equivalentes a puntos dobles o triples, todo sea por el equipo. Empezaron a disfrutar pensar en palabras más complejas, y al final, fue todo un éxito.

Las reglas de papá (anécdota de Julie)

Mi esposo, Don, decidió enseñarle a Asher, nuestro hijo de siete años, a jugar ajedrez. Cuando empezaron, Don respetó las reglas y jugaba para ganar, para demostrarle cómo se jugaba adecuadamente. Sobra decir que después del entusiasmo inicial de aprender a jugar este juego especial con papá, Asher perdió el interés porque siempre perdía.

Le sugerí a Don que empezara a inventar "reglas especiales de papá" para nivelar la batalla. Entre ellas, varias desventajas para que Asher pudiera ganar, como jugar con menos fichas o darle pistas cuando Asher estuviera en apuros. Con esto, Asher se entusiasmó otra vez. Con el tiempo Don le preguntaba a Asher si quería jugar con intensidad máxima o media, y Asher decidía el reto. Dejar que Asher decidiera, le permitía disfrutar la partida y aprender a gestionar su frustración. Al día de hoy sigue disfrutando el ajedrez (y no requiere darle ventaja a sus oponentes).

Gánale al reloj

A mis niños les encantan los juegos de carreras. Sin embargo, cuando alguien gana siempre hay lágrimas y acusaciones de trampa. Los más pequeños practican la frustración cuando compiten con su hermano mayor. Como es más grande y más fuerte que ellos, siempre pierden. La mejor compra que hemos hecho fue un cronómetro grande. Los niños hacen pistas de obstáculos con túneles para atravesarlos, aros para brincarlos y varias cosas para escalar o saltar. Uno de ellos corre y el otro lo cronometra. En la siguiente ronda, cada uno intenta superar su propio tiempo. Les encanta cuando les toca cronometrar, pues implica gritar: "¡En sus marcas, listos, fuera!" y registrar el récord personal de cada quien en un pizarrón. Les expliqué que no importa qué hagan los demás, porque pueden ser más grandes o pequeños, tener piernas más cortas o largas, o haber practicado más o menos que tú. Estoy sorprendida de lo bien que funciona. Hubiera imaginado que insistirían en compararse, pero no. Incluso un vecino, super competitivo y tristemente célebre por alardear o llorar, según sea el caso, juega muy contento con mis hijos.

El drama de las cartas

Cuando jugamos *El ladrón* siempre hago drama cuando alguien "se roba" mis cartas. "Ay no, no me queda nada. Esos crueles ladrones se llevaron todo. ¿Qué voy a comer? Moriré de hambre. ¿Quién me invitará a comer?". Ahora a los niños les gusta perder cartas porque pueden inventar una historia triste.

Necesito cambio

Todos los viernes reservo tiempo para juegos de mesa con mis alumnos de educación especial en la primaria. Uno de los más populares es *Págale a la cajera*. Los jugadores eligen cartas que les piden hacer varias compras. El "cliente" cuenta dinero de papel y monedas de plástico, y el "cajero" lo recibe. El jugador que acaba con más dinero, gana. A los niños les encantaba contar el dinero y dar cambio, pero no les gustaba perder. ¡Se molestaban!

Estos niños de educación especial ya tienen mucha experiencia con el fracaso. Por eso entraron a esta clase. Me pareció que era más importante desarrollar las aptitudes para manejar dinero que aprender a perder, así que decidí prescindir de este elemento. Seguimos jugando, haciendo nuestras compras y compartiendo qué haríamos con ellas, y al final no contábamos el dinero ni había ganadores. Pensé que los niños refutarían esta modificación. Me imaginé que preguntarían: "¿Qué caso tiene jugar si nadie gana?". Nadie lo mencionó, el punto era jugar y divertirnos.

Noche de juegos en familia

Una vez al mes organizamos una sesión nocturna de juegos con otra familia que también tiene tres hijos. Los seis niños y los adultos nos divertimos mucho. Jugamos Mímica, Fictionary, Pictionary y Scattergories, pero no competimos para ganar o perder. Intentamos adivinar qué está dibujando el otro equipo, qué película están actuando o nos imaginamos la definición más ridícula para una palabra. Nos divertimos mucho y nos carcajeamos. Nadie parece extrañar llevar la cuenta del puntaje.

Algunos lectores creerán que estamos sobreprotegiendo a nuestros niños, que no les estamos dando la oportunidad de enfrentar los desafíos competitivos que fortalecerán su carácter. Les aseguramos que nuestros hijos han crecido y ahora disfrutan una serie de actividades competitivas. Han practicado deportes individuales y en equipo (tenis, lacrosse, básquetbol, fútbol, béisbol, atletismo y lucha), juegos competitivos de computadora, hackatones y toda clase de juegos de mesa y cartas (por lo menos durante los apagones y en noches de juegos en familia). Hay ganadores benévolos y buenos perdedores. Modifican su intensidad si están jugando con niños pequeños. Se ríen mucho jugando. Creemos que todo el trabajo que hicimos en su infancia (enseñarles a centrarse en la alegría y la satisfacción de jugar, no en la aflicción de perder) les ayudó a forjar su carácter.

REPASO: COMPETENCIA

1. Modifica tus expectativas

—Vamos a jugar con otras reglas. En vez de competir entre nosotros, vamos a intentar ganarle al juego.

2. Ponlo a cargo

—¿Quieres que juegue con intensidad máxima o media?

3. Reconoce sus sentimientos

—Es muy frustrante cuando te toca una tarjeta mala y no puedes mover tu ficha hasta el final.

4. Diviértete

—¡Ay, no! Perdí todas mis cartas. No tengo nada... ¡NADA! ¿Qué voy a hacer?

5. Resuelve el problema

—¿Qué podemos hacer para que todos nos divirtamos con este juego?

La solución del locker

Llevé a mi hija Rachel, de tres años, a la alberca. Habíamos planeado visitar a sus primos después, pero estaba cansada y de malas. Así estuvo la conversación en el locker:

Rachel: No quiero ir a casa de mis primos.
Yo: Te quieres ir a la casa.
Rachel: Quiero irme a la casa y dormir en mi cama.
Yo: Estás muy cansada.

Le sugerí dormir una siesta en el coche. No le gustó la idea y azotó la puerta del locker.

Yo: ¡Qué azotón tan enojado! ¡Hazlo otra vez!

No se lo esperaba, nunca había hecho nada así, y estaba muy sorprendida. Le abrí la puerta del locker y la volvió a azotar fuerte.

Yo: Guau. ¡Estuvo super fuerte! ¡Estás muy enojada!
Parecía más tranquila.
Yo: Te llevo al coche.
Rachel: Sí quiero ver a mis primos.

¡Y fuimos!

13

Insultos y groserías

—¡Estúpido, idiota!
—¡Eres un tonto!
—¡Cerebro de mosquito!
—¡Cara de perro!
(Otras groserías que no vamos a mencionar ¡recurre a tu imaginación!)

Los niños usan palabras prohibidas por distintas razones. A veces disfrutan descubrir que pueden provocar a los adultos o gritar de emoción a sus amigos. De forma por completo deliberada experimentan con palabras para ver si pueden provocar reacciones. Qué divertido es... para ellos.

El problema es que cuanta mayor sea la estridencia con la que prohibamos esas palabras, se vuelven más poderosas y atractivas.

Una forma menos combativa de responder a los niños pequeños que están experimentando con palabras prohibidas es **describir tus sentimientos** y darles información. Puedes decir: "¡Oye, no me gusta escuchar esas palabras! Puedes hablar así con tus amigos, pero no con tus padres ni maestros". A veces con eso es suficiente.
¿Y si insisten?

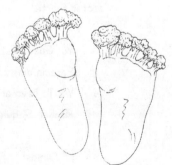

Otra táctica es responder a los niños pequeños como quieren, pero de forma **lúdica.** "Sin importar lo que hagas, ¡no te atrevas a decirme 'dedos de brócoli'!". Después puedes protestar con mucho dramatismo cuando lo hagan: "¡Nooo! ¡'Dedos de brócoli' noooo! No lo soporto. ¡Aaaaah!".*

* Este juego proviene de Lawrence J. Cohen, *Playful Parenting* (Nueva York: Ballantine, 2002) 83.

Pero a lo mejor tu hija no está diciendo groserías de forma lúdica y experimental. Tal vez lo esté haciendo de forma apropiada, es decir, inapropiada. Por ejemplo, regresa de la escuela y te dice que su maestra de matemáticas es una maldi...

¿Le podemos decir que esa no es una forma respetuosa de hablar de su maestra y que en esta familia no nos expresamos así?

Vamos a probar esta estrategia en nosotros:

Imagina que tienes un jefe espantoso. Hoy quiso eludir la responsabilidad de un error que cometió, culpándote, frente a tus colegas. Llegas a casa furioso. Y cuando tu pareja te pregunta qué tienes, explotas: "Ese idiota (quizás uses una palabra más fuerte) me hizo quedar mal frente a todo el equipo, ¡dijo que no entregué los formularios correctos!". Imagina que tu pareja responda: "Oye, no te expreses así de tu jefe, no es respetuoso. En esta casa no nos expresamos así".

¿Cómo reaccionarías? Tal vez así:

Pues soy parte de esta familia y me acabo de expresar así... ¡idiota!

O probablemente concluyes que es *la última vez* que le cuentas a tu pareja tus problemas del trabajo. Y cuando tu pareja quiere "acurrucarse contigo", de repente te duele la cabeza.

Si cuando criticas a una persona por cómo expresa su enojo termina enojándose contigo o ensimismándose, ¿qué podemos esperar cuando los niños usan palabras ofensivas?

Recurramos a lo básico: empieza **reconociendo sus sentimientos** y después **describe tus sentimientos**.

"Parece que estás muy molesta con tu maestra. ¡Hizo algo que te molestó muchísimo! El problema es que tus palabras me preocupan mucho. Si vamos a expresarnos mal de alguien, necesitamos encontrar otra palabra."

¿Y si insiste? **Actúa,** si es necesario, y retírate de la conversación.

"No puedo hablar ahora. Esa palabra me molesta mucho, no me puedo enfocar en lo que me estás contando."

¿Qué pasa cuando los niños dicen groserías para *atacarnos*?

Ayer mis gemelas querían jugar con las pinturas faciales antes de acostarse. Ya se habían bañado y no les iba a permitir pintarse. Empezaron a discutir, así que respondí: "¡No! ¡Punto final!". Me contestaron: "¡Eres una estúpida!" "¡Te odio!".

Cuando los niños se enojan mucho usan las palabras más poderosas que se les ocurran para expresar su frustración. El reto es enseñarles cómo expresarla, pero en palabras no ofensivas (ten en mente que las palabras ofensivas suponen un progreso en su conducta, los niños ya no están pegando, pateando ni mordiendo; están usando "sus palabras").

Puedes **reconocer sus sentimientos** y **compartir los tuyos**: "Parece que tenían la ilusión de usar sus pinturas, pero ¡no me gusta que me insulten!". Después les puedes decir **qué pueden decir, en lugar de decirles qué no.** Propón palabras que les ayuden a expresar sus sentimientos de forma más aceptable. "Me pueden decir: 'Mamá, ¡estamos *muy muy enojadas*. ¡¡Teníamos muchas ganas de jugar con las pinturas!!'"

Esto podría fomentar una discusión civilizada. "Necesitamos encontrar un horario que a todos nos convenga para jugar con las pinturas faciales. ¿Qué opciones tenemos? ¿El martes en la tarde dentro de un año?" (¡es broma! Estamos concediendo en la fantasía lo que no puedes tener en la realidad.) "Vamos a anotarlo para que no se nos olvide."

Es probable que estés muy enojada y ofendida como para ser solidaria. En cuyo caso, les puedes decir: "No me gusta que me insulten. Estoy muy enojada como para hablar de esto ahora". Y salir indignada. Más adelante puedes regresar al problema e intentar resolverlo, cuando se te haya pasado el coraje.

"Anoche estaba muy enojada. No me gusta que me insulten. Y ustedes estaban molestas porque no las dejé pintarse. ¡No queremos que se repita! Vamos a ver si podemos acordar un horario para usar las pinturas que nos convenga a todos."

En breve, los niños dicen groserías por distintos motivos; sin importar cuál sea, al prohibírselas les pueden parecer más atractivas. Adoptar un enfoque más lúdico con los niños pequeños puede satisfacer su necesidad de experimentar y proteger nuestra cordura. Cuando los niños expresan sentimientos fuertes con palabras inaceptables, podemos reconocerlos y al mismo tiempo, demostrarles cómo expresarse con palabras más afables.

Historias desde la vanguardia

¡La grosera eres *tú*!

Mi hija de ocho años tiene la costumbre de hablar de forma irrespetuosa. El otro día caminábamos hacia la parada del transporte escolar. Tuve un momento sobreprotector y le agarré la mano cuando parecía que iba a cruzar la calle. Quitó la mano con brusquedad y me dijo: "¡No seas estúpida!".

No soporto cuando habla así. Suelo culpar a la televisión americana (su padre y yo somos británicos). Siempre le contesto: "¡Qué grosera!" porque francamente lo es. Y necesita saber que es inaceptable hablarle así a los adultos.

El problema es que es muy terca y me contesta rapidísimo: "¡La grosera eres *tú*!".

Después del taller, me di cuenta de que básicamente la estaba insultando. "Eres grosera" no es tan distinto de "Eres estúpida". Así que no estaba demostrando muy buena conducta que digamos.

La próxima vez que me insultó, le dije: "Cuando me hablas así me ofendes".

De inmediato respondió: "¡Lo siento, mami!".

Estaba estupefacta. ¡Lo único que tenía que hacer para que dejara de ser grosera, era dejar de decirle "grosera"!

Si le cambias el nombre a la rosa, huele igual (anécdota de Joanna)

(Advertencia: esta historia tiene una grosería explícita)

Tenía doce años. Llegué de la escuela muy enojada con mi maestra. Recuerdo sentarme en la cocina lista para que mi mamá me consolara. Le conté que la maestra era una pendeja. Mi mamá se estremeció.

—Joanna, qué palabra tan espantosa.

—¡Pero *es* una pendeja! —insistí.

—¡Joanna, basta! No puedo escuchar esa palabra. Estoy segura de que puedes encontrar una mejor manera de describir a una persona con quien estás enojada.

Fue hacia su librero, sacó el diccionario de sinónimos y lo dejó caer con fuerza en la mesa frente a mí. Estaba intrigada. Busqué la palabra y para mi placer, no estaba.

—Mira, no es tan espantosa como para estar en el diccionario —respondí eufórica.

Pasamos los siguientes diez minutos buscando sinónimos para esa mala palabra, riéndonos con los insultos pintorescos y obsoletos. Al final, incluso mi mamá tuvo que aceptar que no había sustituto perfecto. *Tonta, estúpida, subnormal, zoqueta* tenían el mismo efecto. De todas formas, aprendí que mi mamá se sentía demasiado incómoda con las palabras vulgares para referirme a mi profesora. Al mismo tiempo, sentí que me entendió… y aprendí vocabulario maravilloso en el proceso.

La palabra "E-o" (anécdota de Julie)

Estábamos terminando de comer cuando Shiriel, de tres años, anunció: ¡Rashi es estúpido!". Le dije que podía lastimarlo, pero esto la inspiró para cantar: "¡Ra-shi es es-tú-pi-do! ¡Ra-shi es es-tú-pi-do!"

Me provocó por completo. Le grité: "¡Basta ya!".

No hizo caso.

Le sugerí a Rashi, de seis años, que nos fuéramos a la sala y la dejáramos sola. No estaba enojada, y en cuanto la dejamos sola, se me ocurrió que estaba jugando con el poder de las palabras. Le sugerí a Rashi jugar lo de siempre, "me puedes decir (lo que sea) pero no me digas (lo que sea)".

Regresamos y de inmediato Shiriel empezó a gritar: "¡Ra-shi es es-tú-pi-do!", sólo que esta vez él respondió: "Me puedes decir 'estúpido' todo lo que quieras, pero por favor no me digas 'pay de piña'".

Y por supuesto, gritó: "¡Rashi es un pay de piña!". Él exageró su papel, llorando y agitando los brazos, y ella se rio histérica. Muchas repeticiones después, los dos estaban carcajeándose.

Cuando recuerdo esa comida, me doy cuenta de que seguramente Shiriel se había sentido excluida porque había estado hablando con Rashi sobre su día. Las groserías fueron su intento de participar.

REPASO: INSULTOS Y GROSERÍAS

Cuando los niños hablan con palabras prohibidas para experimentar su poder, puedes:

1. **Describir cómo te sientes y darles información**

   —No me gusta escuchar esas palabras. Si quieres, puedes hablar así con tus amigos.

2. **Recurre al juego** y dale a los niños la reacción dramática que esperan

   —Sin importar lo que hagas, ¡no me digas 'dedos de brócoli'!
   —¡Oye, dedos de brócoli!
   —¡Nooo!

Cuando los niños hablan con palabras prohibidas para expresar sentimientos fuertes, puedes:

3. **Describir cómo te sientes**

   —No me gusta que me digan 'estúpida'. No estoy de humor para hablar sobre pinturas faciales.
   —El problema es que esa palabra me molesta mucho.

4. **Reconocer lo sentimientos fuertes con lenguaje más aceptable**

   —Parece que estás muy enojada con tu maestra. ¡Hizo algo que te molestó mucho!

5. **Diles qué pueden hacer, en vez de qué no pueden hacer**

   —Estaban muy ilusionadas por jugar con las pinturas faciales. Me pueden decir: '¡Mamá, estamos muy enojadas! Teníamos muchas ganas de jugar con las pinturas'.

6. **Actúa pero sin insultar** y retírate de la conversación

—Ahorita no quiero hablar. Esa palabra me molesta mucho y no me puedo concentrar en lo que me estás contando.

7. Si el problema persiste, **recurre a la resolución de problemas**

—Anoche estaban muy enojadas, pero no me gusta que me insulten. Y estaban muy molestas porque no las dejé pintarse. ¡No queremos que vuelva a pasar! Vamos a acordar un horario para usar las pinturas que nos convenga a todos.

Las peleas del zapato

Quería que Maya se pusiera los zapatos. Mis niños siempre discuten, así que me inspiré en ello. Levanté sus zapatos y empecé a hablar por ellos:

"Quiero ir a la escuela con Maya".

"No, yo quiero ir, me toca".

"¡Claro que no! Me toca a mí".

"¡No, no, no! Siempre te toca a ti".

Maya se rió y respondió: "¡Chicos, chicos! Tengo DOS PIES. Los dos pueden ir conmigo a la escuela". Y se puso los zapatos.

SECCIÓN V

Resolución de conflictos

14.

Compartir

¡Es mío!

Si queremos luchar por la paz mundial,
aquí hay que empezar.

Queremos que nuestros hijos aprendan a compartir. Es un valor importante, sin mencionar que a falta de espacio y un presupuesto infinito, no podemos tener múltiples copias de *todo*. Naturalmente, esto lleva a los padres a reflexionar sobre la pregunta filosófica milenaria:

¿Por qué los niños siempre quieren jugar con el juguete con el que está jugando el otro niño, incluso cuando hace un momento, no habían mostrado interés alguno en él? En otras palabras, ¿por qué el mejor juguete en la casa es el que tiene alguien más?

La respuesta es... porque así funciona el cerebro humano. Nuestra especie aprende así. Cuando los niños ven que alguien más está manipulando un objeto, tienen el deseo de imitarlo. Quieren poner la llave en la cerradura y abrir la puerta del departamento, presionar los botones del lavaplatos para que funcione, agarrar el teléfono móvil y teclear la pantalla, cortar las zanahorias con el cuchillo grande y filoso...
Y después, llorar y gritar si no los dejamos porque estamos frustrando el elemental impulso humano codificado en su ADN.*

* *Hidden Brain* (podcast), "The Monkey Marketplace", 21 de octubre, 2019.

Cuando los niños ven a otro niño jugando con un juguete, sale a relucir el mismo impulso. Es el objeto que "necesitan", ¡y lo necesitan ahora mismo! Lo cual crea un dilema. No queremos regañarlos ni avergonzarlos por su curiosidad natural y ganas de aprender. Pero debemos encontrar una forma de sortear todos los conflictos que provocan. Queremos que aprendan sobre la gratificación aplazada, resolver disputas respetando las necesidades de cada quien y ¡*dejar de pelear*! ¿Así qué, en dónde están los neurocientíficos cuando todos los niños se están arrebatando las cosas de las manos a gritos? Necesitamos llenar la laguna entre la ciencia y la supervivencia.

Como sospechas, no existe una solución generalizada que resuelva el problema. Todo depende de las edades y las etapas de desarrollo de los niños, el contexto, y la naturaleza particular del objeto de deseo. Es complicado.

En este capítulo encontrarás soluciones comprobadas que han demostrado abordar el desafío eterno de enseñarle a los niños a compartir.

Niño (1-3 años) vs bebé

Queridas J & J:

Tenemos una niña de tres años y un niño de nueve meses. El bebé está gateando y la niña se ha vuelto extremadamente posesiva. Le arrebata todo a su hermanito de las manos. Si la obligo a devolverlo, hace un berrinche. Antes era amigable con su hermano, pero ahora cada que él se acerca gateando ella toma sus juguetes y se va corriendo.

Con la Navidad a la vuelta de la esquina, me preocupa que los regalos que le demos empeoren la posesividad. ¿Deberíamos contemplar no poner nombre a los regalos y dejar que se turnen para tomarlos? Tal vez se acostumbre si olvidamos quién es el dueño de los juguetes y practicamos sólo compartir.

—Mamá envidiosa

Querida Mamá envidiosa:

Planteas una pregunta interesante. Parecería que cuanto más insistimos a un niño pequeño para que comparta, irá mejorando. La clave es tener en cuenta en qué está pensando y sintiendo cuando "practica compartir". Si su estado de ánimo constante es de frustración porque ya le toca jugar y, en realidad, ya nada es suyo, puede preocuparle mucho que el bebé se quede con sus cosas. Imaginamos que esta "práctica" la puede volver incluso más posesiva y provocar que se sienta más amenazada por el bebé.

Piensa cómo te sentirías si alguna autoridad declarara que ya no tienes derecho a la propiedad privada de tus pertenencias más valiosas. Antes tenías un coche, pero ahora la asociación de propietarios ha decidido que tu próximo coche será un recurso compartido. Será de todos los vecinos en la misma medida (este sistema será más ecológico, liberará las calles del exceso de tráfico y facilitará la escasez de estacionamiento). Tu vecino puede llegar a cualquier hora, tomar tus llaves e ir a hacer mandados.

A lo mejor ahora mismo no vas a salir a ningún lado, pero siempre estás un poco intranquila. No puedes contar con que tu coche esté disponible. ¿Esta vez cuánto tardará el vecino? ¿Podrás recuperarlo cuando lo necesites o hará una escena y tendrás que desistir? ¿Te lo regresará con la defensa rayada o migajas en el asiento trasero?

Antes eras muy relajada con respecto a tu coche. De hecho, varias veces se lo prestaste a algún amigo cuyo coche estaba en el taller, pero por decisión propia. Te sentías generosa y a gusto. Ahora la decisión no te corresponde. No estás "compartiendo", te están obligando a ceder lo que antes era tuyo por derecho.

Suficiente de tu coche. Volvamos a tu hija de tres años.

Es un acto equilibrista. Uno de los objetivos es ayudar a que la niña mayor no se sienta tan amenazada por el bebé cuando agarra sus cosas. El otro es proteger los derechos del bebé de explorar el mundo y todos sus objetos maravillosos, sin que su tirana hermana mayor se lo impida.

Para el primero, es probable que darle más control a la hermana mayor le ayude a relajarse y practicar la benevolencia.

Darle a tu hija sus propios regalos no la despoja de la oportunidad de practicar el acto de compartir. Puedes abordar el dilema de compartir como un problema que ambas deben gestionar juntas. Necesitas empezar **reconociendo sus sentimientos.**

"¡Caray, al bebé le encanta agarrar todas tus cosas! Si ve que su hermana mayor está jugando con algo, lo quiere. Y cuando tratas de recuperarlo, grita y llora. ¡Qué frustrante!"

En vez de solucionarlo con una regla en torno a compartir, busca la manera de **ponerla a cargo.**

"¿Qué hacemos? Querías jugar con el osito de peluche y ahora tu hermanito le está mordiendo la oreja. Mmm, si se lo quitamos de las manos va a llorar. Me pregunto si puedes encontrar otra cosa que le guste. ¿Tienes más peluches que le puedas prestar para que deje el osito?"

Puedes **proponerle una alternativa**, ¿qué juguetes te gustaría compartir?:

"Necesitamos una caja de juguetes con la que el bebé sí pueda jugar. ¿Qué juguetes le gustarían? Tú decides qué poner en la caja".

Estás abordando el problema con empatía por ambos niños. Entiendes que tu hija necesita proteger sus cosas y al mismo tiempo, estás protegiendo al bebé para que su hermana no le arrebate juguetes de las manos.

Puedes recurrir a los **elogios descriptivos** para compartirle lo mucho que al bebé le gusta cuando ella le enseña algo fascinante. En vez de: "¡Qué bien que estás compartiendo!", intenta:

"Guau, Buzz está feliz. Creo que está muy contento con ese tigre de peluche que le prestaste".

Cuando no quiera compartir, no la califiques de egoísta. Mejor **reconoce sus sentimientos** y mantén la puerta abierta para cuando en el futuro tenga ganas de compartir.

"*Todavía* no estás lista para compartir tu nuevo peluche."

Esto deja abierta la posibilidad de que en algún momento esté lista. Podría ser útil contemplar que tú misma tienes pertenencias que "compartes" con tus hijos sin reservas y otras que no.

"Sí, puedes pegarle a esas ollas con una cuchara de madera. Te estás divirtiendo mucho. Me voy a poner audífonos que cancelen el ruido."

"No, no puedes usar los aretes de mami en tu colección de criaturas de plastilina. Voy a guardar mi alhajero en el estante superior de mi clóset. Vamos por unas calcomanías."

El criterio de una niña de tres años puede parecer menos racional, pero es igual de apasionada con sus cosas como nosotros de las nuestras. Para un niño de uno a tres años es un reto lidiar con un hermano menor que está aprendiendo a desplazarse.

No olvidemos el segundo objetivo. ¡El bebé también tiene derechos! Seguro ya sabes qué objetos en disputa están en la categoría de "pertenencias especiales" de tu hija, y cuáles entran en la de propiedad comunitaria.

Sin duda, esta segunda categoría incluye los juguetes de bebé, juguetes viejos que tienen años acumulando baba y mordidas, así como objetos más grandes que se comparten porque sólo cabe uno en tu casa, como un cubo para escalar o una tienda de campaña y un túnel.

Vas a tener que **actuar** para proteger los derechos del bebé de las actitudes de su hermana mayor, todavía no del todo civilizada. Si puedes hacerlo con empatía (reconociendo sus sentimientos y proponiéndole alternativas) en vez de regañar, así acelerarás el proceso de aprendizaje de tu hija.

"No dejaré que le quites la sonaja a Buzz. Él lo tomó primero y le toca usarlo, está en su derecho. No quieres esperar a que termine de usarlo, entonces busquemos otra cosa que hacer mientras esperas. ¿Quieres ayudarme a guardar las cucharas o quieres dibujar con las crayolas?"

Incluso si tu hija llora, puedes compadecerte. Recuerda, se aceptan todos los sentimientos, aunque debemos limitar algunas acciones.

"Es difícil. ¡A nadie le gusta esperar! Ash."

"Aunque no has jugado con la sonaja desde hace tiempo, sigue siendo especial. Jugar con ella te trae recuerdos."

Sí, te vas a tener que morder la lengua para no decirle: "Es un juguete para bebés, ¡ya no eres un bebé! Nada más quieres quitarle las cosas a tu hermanito y no está bien". Pero valdrá la pena abstenerse. Hacerla sentir mal no le enseñará a ser generosa.

Compartir entre niños más grandes

¿Qué hacemos si los niños más grandes pelean por cosas? ¿No deberíamos establecer reglas?

¡Seguro! Con fines de aplacar a la multitud (y por el bien de tu cordura), ya sea en la escuela, durante las reuniones de juego o en la familia, es bueno establecer reglas elementales para compartir. Y después explicarles a los niños de qué se trata (**dar información**). Por supuesto lo primero es crear las reglas, y eso puede ser complicado.

¿Se trata de un artículo grande que sólo puede usar una persona a la vez, y todos quieren jugar con él? Un trampolín, un columpio o un cochecito. Puede ser práctico medir los turnos (o que los niños inventen otra forma de compartir, además de turnarse. A lo mejor un niño puede manejar, mientras el otro empuja o pone los conos para que el conductor los esquive).

¿Es un juguete nuevo que uno de ellos recibió de cumpleaños? El propietario debería tener el derecho de crear sus propias reglas para compartirlo, o guardarlo para no tentar a los demás.

¿Se trata de un juguete viejo que ya es propiedad común y uno lo quiere porque el otro lo está usando? No nos podemos turnar todos los objetos en casa o el salón de clases. Los niños necesitan interactuar con todos los objetos interesantes sin que les digamos: "¡Devuélvelo en cinco minutos!". La regla podría ser que el interesado pregunte y espere hasta que el otro termine de usarlo. Y con esperar, no nos referimos sólo a *esperar*. Para un niño pequeño no existe el concepto de "esperar con paciencia". Necesitará ayuda. "¡Lo sé! Tu hermano está jugando con el mejor juguete de la casa. Es el más emocionante. Vamos a buscar qué hacer mientras esperas. Sígueme…"

El **MEJOR** juguete

Se pueden evitar algunas batallas durante las reuniones de juego planeando con anticipación actividades que se presten a cooperar o jugar en paralelo. Guarda los objetos atractivos y molestos como el coche de control remoto, el dinosaurio que ruge, la muñeca especial que hace pipí y dice "mamá". Saca la harina, la sal y el agua para que los niños hagan su plastilina o saca una canasta de globos, o vacía una bolsa de bloques (o el juguete para armar que esté de moda), siempre y cuando tenga muchas partes intercambiables. O manda a los niños afuera a jugar en el muro para escalar o rodar por la pendiente. Sí, se suscitarán microconflictos, pero tendrás la energía para sortearlos porque serán menos y más espaciados.

Para esas batallas cotidianas (y a veces de cada minuto) pon en práctica una serie de protocolos que siempre cambiarán. No existe una regla sencilla y pertinente para todas las situaciones. La mejor regla es: "Define las necesidades de todos y después encuentra la mejor manera de satisfacerlas". Sí, ¡es uno de los temas más complicados *del mundo*! Por eso se hacen guerras: por el control de los recursos. Si ayudamos a nuestros hijos a compartir (y a veces, a no compartir) en paz, podremos estar muy orgullosos de nuestra crianza.

Pero antes de trazar una versión actualizada del código de Hammurabi, ten en cuenta que, en el caso de los niños con edad de razonar, la competencia por los juguetes puede ser una excelente oportunidad para que practiquen la **resolución de problemas.** Es tentador instituir una regla que nos parezca justa, pero como las siguientes anécdotas ilustran, a veces los niños conciben sus propias soluciones y les funcionan mejor, precisamente porque *ellos* las idearon.

La batalla de las aletas

Llevé a Emma, de siete años, y a Owen, de cinco, a la alberca, pensando que tendría una tarde sin peleas. Duró cinco minutos. Tenemos un par de aletas (ya sé, no es ideal) y Emma las estaba usando desde que llegamos. Owen estaba cansado de esperar su turno e intentó quitárselas de los pies.

Se me ocurrieron dos pensamientos contradictorios al mismo tiempo: *"Tu hermana mayor las trae puestas, no se las puedes quitar"* y *"Ay, por favor, le toca a tu hermanito. No te las has pedido desde que llegamos".*

Se las estaban jaloneando. No sabía a quién escuchar. Caí en cuenta de que podía recurrir a la **resolución de problemas** y permitir que *ellos* lo resolvieran. ¿Por qué tenía que ser yo juez y parte? Así que dije:

—Ay, no, ¡tenemos un problema! Tenemos un par de aletas y dos niños que se las quieren poner. Emma las ha traído puestas, pero no está lista para cederlas. Y Owen lleva esperando un buen rato y quiere usarlas. ¿Qué hacemos? ¡Necesitamos ideas!

—Me tocan a mí porque Emma las ha usado *muchísimo*.

—Las necesito más tiempo porque estoy intentando cruzar la alberca debajo del agua.

—Cada quien debería ponerse una —dijo Owen.

Estuve a punto de opinar: "Eso no va a funcionar, le están dando muchas vueltas".

—¡Sí! ¡Te puedes poner una! —respondió Emma.

Los dos se fueron nadando contentos con una aleta cada uno. A mí no se me hubiera ocurrido esa solución, para nada. Creo que es un método muy optimista. Mis hijos están aprendiendo que pueden resolver los conflictos sin usar la fuerza ni amenazar con ser violentos.

Problemas con las barras (anécdota de Julie)

Cuando Shiriel, Rashi y Asher tenían seis, nueve y doce, respectivamente, compramos una barra que colgaba del techo. Era un juguete sumamente popular, y los niños siempre estaban compitiendo para colgarse y girar. No estaba dispuesta a colgar tres barras en la sala y necesitaba que se turnaran, en paz, así que instauré la regla de turnos de cinco minutos.

Pero esta regla no previno los conflictos. En el coche, de regreso de la escuela empezaban a pelear, anticipando quién llegaría primero a la barra.

—¡Yo primero!

—¡No es justo! ¡No puedes, ayer fuiste el primero!

—¡Que al más chico le toque primero!

Al principio, me había preocupado que se cayeran de la barra y se lastimaran, pero ahora me daba cuenta de que el mayor peligro de todos estaba en una posible estampida. Me los imaginé bajándose del coche antes de que lo detuviera por completo, tropezándose y dándose de codazos para entrar primero a la casa. Grité: "¡OIGAN!", y me pusieron atención.

"¡Tenemos un problema! Tres niños quieren ser los primeros en subirse a la barra y sólo hay una barra. Necesitamos idear una regla que funcione mejor. No todos están contentos con la que tenemos. Necesitamos un sistema que a *todos* les guste, antes de que puedan subirse a la barra".

Entablaron una ronda de negociaciones serias. Dos motivos de discordia fueron a quién le toca primero y cuántos minutos le toca a cada quien. Resultó que a Shiriel (la más pequeña) le preocupaba mucho ser la primera y a Asher (el mayor) no le importaba esperar, le preocupaba más la duración del turno. Concluyeron que a Shiriel le tocaría primero y dos minutos. Después Rashi, cuatro, y por último, Asher, seis minutos. Todos estaban muy satisfechos. Fue un alivio no tener que controlar a una multitud enardecida.

A veces no necesitas una sesión de resolución de problemas completa. Puedes poner a cargo a tu hijo y disfrutar un momento de paz.

Compartir moras

Los arándanos son una de las botanas favoritas de mis hijos. Saqué un tazón grande en la mesa y me di cuenta de que mi hijo de nueve años se estaba sirviendo todos los que podía, lo más rápido que podía, en su plato. "¡Alex! Los arándanos son para los tres. ¡Te serviste más de un tercio!". Retiré los arándanos de la mesa, los dividí en tres tazones más pequeños y los regresé a la mesa. Estoy segura de que adivinan qué pasó después.

—¡Él tiene más!

—Claro que no. ¡El tuyo casi se desborda!

—¡No es justo! Quiero el tazón de Alex.

Suspiré:

—Todos quieren más arándanos. No sé qué hacer. No voy a contarlos. No tengo la paciencia para hacerlo.

—¡Yo los puedo contar! Que Trevor y Katie me supervisen —Alex se ofreció.

Regresamos los arándanos al tazón grande y los niños supervisaron como halcones mientras Alex los servía, uno por uno, en los platos más pequeños. Al final sobraron dos y en su absoluta benevolencia, Alex los repartió a sus hermanos. Se sintió generoso porque estuvo a cargo y todos quedaron contentos.

¿Qué pasa con los refrigerios que no se pueden contar, como un pastel? Al cortar un pastel siempre resulta que una rebanada es más grande o más rica porque tiene el pedacito de glaseado de la flor.

Conocemos a algunas familias que emplean "la técnica de los pedacitos" con éxito. Si tres niños quieren la misma rebanada de pastel, le quitan un pedacito a esa rebanada y se lo ceden a las "más pequeñas". ¿Y si las rebanadas más chicas terminan siendo más grandes? Regresa medio pedacito. Este ejercicio se debe realizar sin adoptar una ac-

¿CUÁL ES MÁS GRANDE?

titud sarcástica, el objetivo es llegar a la precisión matemática. En un minuto o dos nadie podrá determinar cuál es la rebanada superior, se la comerán, porque los pedacitos dejarán de importar. Tarde o temprano los niños podrán hacerlo solos. ¡Y eres libre!

Como adultos, hemos aprendido que no pasa nada si sobra un arándano o falta un pedacito. También los niños lo aprenderán. No siempre podemos satisfacer su deseo de imparcialidad absoluta. Pero si reconocemos sus sentimientos y los dejamos a cargo, los ayudamos a que entiendan y acepten que la vida tiene desigualdades pequeñas e inevitables.

A veces, el mejor enfoque frente al dilema de compartir es encontrar la manera de evitarlo por completo.

La muñeca de la discordia

Habíamos invitado a las amigas del preescolar de Hannah a la casa a jugar saliendo de la escuela, pero se estaba volviendo una situación desagradable porque nunca quería compartir sus juguetes. Si alguna de sus amigas tocaba algo, gritaba o se lo arrebataba. Era particularmente vergonzoso cuando se quedaba alguno de los padres. Hannah estaba quedando como una niña egoísta y consentida. Y yo me sentía como una mala madre.

Después de nuestro taller empecé a preparar a Hannah para sus reuniones de juego preguntando qué actividades quería hacer con sus amigas y qué juguetes quería compartir. También le pregunté si había juguetes especiales que no quisiera compartir, y los alcé en la repisa más alta del clóset. Ya no tengo que insistir que comparta todos sus juguetes con sus amigas.

El otro día se le olvidó guardar su muñeca favorita, Mindy, antes de que llegara su amiga Sarah. Por supuesto Sarah encontró a Mindy y Hannah empezó a gritar: "¡Dámela!". Antes la hubiera regañado y la hubiera mandado a su recámara. Pero esta vez, le dije: "Sarah no sabe que es tu muñeca super especial. Le puedes pedir que te la regrese y prestarle otra de las muñecas".

Tengo que reconocer que me sorprendí cuando dejó de gritar de inmediato y le dijo a Sarah: "Por favor, devuélveme a Mindy. Sólo le gusta que yo la cargue. Puedes cargar a Pippi".

Siento que este enfoque está ayudando a Hannah a compartir desde un punto de vista positivo.

La ambivalencia del control remoto (la anécdota de Joanna)

Cuando Dan tenía tres años, mi amigo le regaló un camión de control remoto de cumpleaños. Estaba muy contento. Fue lo más increíble que había tenido. Era un vehículo acrobático impresionante con unas llantas grandes que le permitían girar por completo y seguir avanzando (también consumía una cantidad impresionante de pilas, pero no vamos a entrar en esos detalles).

El día de nuestra siguiente reunión de juegos, Dan estaba muy emocionado de mostrarlo a sus amigos.

Anticipé el problema.

Primero, reconocí sus sentimientos.

—Dan, le quieres enseñar el camión a todos. Es genial.

—¡Sí, les va a encantar!

Describí el problema.

—Creo que todos van a querer jugar con él. Como es nuevo, no sé si quieres compartirlo tan pronto.

—No quiero que lo rompan. Les voy a enseñar cómo funciona y pueden verme.

Le volví a describir el problema en otras palabras.

—Para los demás será muy difícil verte jugar con algo tan genial si ellos no van a poder jugar con él. Será muy frustrante.

—Ah...

Lo puse a cargo de tomar la decisión final.

—Piensa si quieres mostrarlo y dejar que todos se turnen para jugar con él o si lo quieres dejar en casa porque es nuevo y especial.

—Lo voy a dejar.

Problema resuelto.

Epílogo: semanas después pasamos al banco antes de ir a la biblioteca a la sesión de un cuenta cuentos. La cajera le regaló a Dan una paleta de caramelo (me preguntó si se la podía dar justo cuando se la estaba dando, pero tampoco vamos a tocar ese tema). Nos estacionamos en la biblioteca y Dan seguía comiendo su paleta. Odié a la cajera porque anticipaba la pelea que se suscitaría si le quitaba la paleta de la boca antes de entrar. Dudé en decirle:

—Me preocupa entrar con la paleta a la biblioteca porque los otros niños no tienen paletas, te van a ver comiendo una y van a querer.

Dan se la sacó de la boca y dijo:

—Y los papás se van a poner tristes porque no tienen paletas para sus hijos. La voy a dejar en el coche.

Encontramos la envoltura, la sacudimos y volvimos a envolver la paleta.

Estaba asombrada de que no sólo contempló los sentimientos de los niños mientras experimentaba el subidón de azúcar de su paleta de cereza, ¡además empatizó con los *padres*! Creo que la plática del control remoto aceleró su capacidad de ponerse en los zapatos de los demás.

REPASO: COMPARTIR

1. Reconoce sus sentimientos con palabras

—Al bebé le encanta agarrar tus cosas. Y cuando tratas de recuperarlas, grita y llora. ¡Qué frustrante!

2. Pon al niño a cargo

—Querías jugar con el osito de peluche y ahora tu hermanito le está mordiendo la oreja. ¿Qué hacemos? ¿Puedes encontrar otro peluche que le puedas prestar para que deje el osito?

3. Proponle una alternativa

—Tu amiga va a venir saliendo de la escuela. ¿Qué juguetes quieres compartir y cuáles prefieres guardar?

4. Elógialo describiendo el efecto de sus acciones

—¡Guau! Buzz está feliz. Creo que está muy contento con ese tigre de peluche que le prestaste.

5. Actúa, pero sin insultar

—No dejaré que le quites la sonaja a Buzz. Él lo tomó primero y le toca usarlo, está en su derecho.

6. Dale información

—La regla es... no arrebatar de las manos... a todos les toca cinco minutos en el trampolín... tienes que esperar hasta que la otra persona termine.

7. Recurre a la resolución de problemas

—Tenemos un par de aletas y dos niños que se las quieren poner. ¿Qué hacemos? ¿Necesitamos ideas!

15

NO es un juguete

Cuando los niños quieren "compartir" tus cosas

Es curioso que los niños quieran jugar con lo que estamos usando, sea lo que sea. Así que mientras vaciamos nuestras cuentas bancarias comprando costosos juguetes, ellos quieren nuestras cosas.

Tal vez deberíamos estar halagados, no molestos, porque nuestros hijos nos quieren emular.

Pero entonces mis cosas no están cuando las necesito. No es sólo el precio, es la inconveniencia. ¡No quiero compartir!

A veces tiene sentido **modificar nuestras expectativas** y reimaginar nuestra definición de "juguete". No gastamos más si le damos a nuestra hija un dispensador de cinta adhesiva con sus repuestos para jugar que cuando le compramos un costoso kit de papelería especialmente diseñado para niños (¡y a ese precio!).

¿Acaso esto quiere decir que debemos darle a nuestros hijos un producto propio de cada cosa que usemos? ¿Lavaplatos, microondas, podadora? Porque está obsesionado con esos objetos.

No tiene que ser todo o nada. Vamos a ver qué hacer para darle a los niños "la versión real" de lo que quieren, y después **gestionar el entorno** y **proponerles alternativas**, cuando sea necesario.

Tenemos que escoger nuestras batallas. El microondas y el lavaplatos no pueden ser juguetes, pero sí les podemos **encargar** presionar los botones para activarlos e iniciar un ciclo, o programar el microondas para recalentar sobras. Puedes escribir una nota y pegarla al aparato deseado.

Queremos crear un entorno en el que podamos decirle a los niños **qué pueden hacer, en vez de qué no pueden.** El cajón de cuchillos necesita un cerrojo a prueba de niños, pero un cajón con palas, refractarios de plástico y tapas puede estar accesible. Tu hija no puede usar la podadora de pasto, pero puede empujar su propia podadora de burbujas para satisfacer su deseo de hacer lo mismo que tú. Quizá quieres proteger tus artículos de oficina, pero post-its de colores y una caja de clips de papel podrían ser una buena inversión. De hecho, se pueden comprar muchos artículos del hogar para hacerlos juguetes seguros y duraderos para niños, sin derrochar.

Recuerda, no tuviste hijos para que tu vida fuera fácil y ordenada. No esperabas que a tus hijos no les interesara para nada a qué se dedican sus papás. Querías esa vida loca y desorganizada que acompaña a los niños y sus ganas intensas de interactuar con su entorno y seguir los pasos de sus padres; por ello debes crear pequeñas prácticas espontáneas cuando surja la oportunidad.

Historias desde la vanguardia

Dale más sabor a las cosas (anécdota de Joanna)

Mi esposo llegó a casa y me encontró tomándome una taza de café y leyendo el periódico, mientras Danny, de dos años, estaba muy contento, sentado en el piso rodeado de especias.

—¿Qué pasó? —preguntó alarmado.

—Ah, Danny está jugando con las especias —respondí serena.

—¿Por qué juega con las especias? ¡Son caras! Tiene sus juguetes —objetó.

Suspire, estaba disfrutando de un momento de paz. Mi hijo de dos años estaba muy entretenido con las especias. Había modificado *mis* expectativas.

Un par de días después llegué a casa y me encontré con una escena memorable. Danny rodeado de los frascos de especias, destapándolos con cuidado y oliéndolos, y mi esposo mirándome con culpa.

—¿Qué puedo decir? Tenías razón, no valía la pena discutir.

Esas palabras fueron una melodía para mis oídos. Por cierto, para cuando escribo este libro, Danny ya es un adulto, todavía adora las especias y es chef.

Las tenazas

Jivan abrió el cajón de los utensilios y descubrió las pinzas. Las sacó y pasó una hora deambulando por la casa explorando qué podía recoger con sus "tenazas". Por fin las guardó en su caja de juguetes. Las saqué y las regresé a su cajón. Lloró y objeté:

—Las pinzas no son juguetes.

—¡Son un juguete! —protestó con vehemencia.

Me di cuenta de que, por poco dinero, podía comprar otras pinzas y que las "tenazas" eran mucho más baratas que cualquier otro de sus juguetes. Así que se las di. Deliraba de alegría, y en las próximas semanas refinó mucho su coordinación motora.

Mi esposo cree que soy demasiado indulgente y que los niños deben entender que no pueden tener todo lo que tienen sus padres. Pero me he dado cuenta de que para Jivan es más fácil aceptar límites si evito decirle "no" a *todo*. Anoche, Jivan se paró en un banco y se acomodó frente al cajón de los cuchillos, ni siquiera lo pensé, grité: "¡Los cuchillos no!".

Retrocedió. Más tarde cuando su papá llegó a casa, señaló el cajón y muy serio, sacudiendo la cabeza, le dijo: "Papi, los cuchillos no". Antes, cuando era más estricta, no lo podía disuadir tan fácil. De todas formas instalé un pasador a prueba de niños en el cajón de los cuchillos.

Pegada

Soraya depende de la cinta y el cartón como la gente del aire y el agua. Antes intentaba restringir la cinta, con el argumento de que la desperdiciaba. Después de tener una epifanía en el taller para padres, fui a la papelería y compré un paquete jumbo de cintas. Saqué varios rollos para mí y le di lo demás a Soraya. Llené una caja con los cartones del papel higiénico, cajas de huevo, bandejas de unicel y otros refractarios. Le encanta su nuevo "taller" y ya no me quejo de que desperdicie. Quien estaba gastando en juguetes que sólo usaba un par de días era yo. Por lo visto la cinta tiene posibilidades ilimitadas.

REPASO: ¡NO ES UN JUGUETE!

1. Ponlo a cargo

—Es hora de prender el lavaplatos. ¿Aprietas el botón de inicio?

2. Modifica tus expectativas y gestiona el entorno (y recuerda elegir tus batallas)

Decide en dónde poner límites inflexibles:

—Voy a cerrar este cajón con llave. Así no tendrás la tentación de jugar con los cuchillos filosos.

...y en dónde puedes ceder:

—Puedes usar las palas y servir agua en el fregadero.

3. Diles qué pueden hacer, en vez de qué no pueden

—Estos post-its y clips son para ti. Puedes usarlos como quieras.

4. Escribe un post-it

"Por favor aprieta para lavar."

Huellas de lodo en Europa del Este

Soy de Eslovenia y tengo tres hijos: Jurij, de cinco y medio, Ana Klara, de tres, y David, de once meses. Desde que Jurij cumplió dos años, los berrinches, terquedad, gritos y frustración han sido interminables, al grado de que nos preguntamos: "¿Entonces así será? ¿Ser padre es esto?".

Jurij es todo un reto (es un niño muy inteligente y bueno, pero es un niño extremo), su lado alegre puede convertirse, de repente, en la tormenta más aguda y fuerte de todas. Como soy muy parecida a Jurij, me cuesta mucho trabajo no gritarle y sermonearlo cuando tenemos un conflicto. Sobre todo cuando estoy tan cansada que a duras penas puedo usar mi cerebro (mi hijo más pequeño no duerme mucho en la noche).

Me gustaría compartir una anécdota de cómo Jurij y yo resolvimos un problema que "antes" hubiera implicado muchos gritos, mal humor y al final, algún castigo (por ejemplo, no leerle un cuento antes de acostarse). Esta vez intenté la herramienta de resolución de problemas.

Esa tarde, después de jugar afuera, hizo el ademán de entrar con los tenis llenos de lodo. Desde luego, ese día había limpiado el piso en la mañana. Mi primera reacción fue la de "antes": "¡Quítate esos zapatos sucios! ¡Hoy limpié el piso!". Respondió enojado porque no lo dejé entrar por sus sandalias. Empecé a sermonearlo, *bla bla bla, no puedes caminar por toda la casa con zapatos sucios,* etc... Cada vez estaba más enojado. Y me di cuenta de que no estábamos progresando, así que probé una de las herramientas. Me senté afuera con él con una pluma y una hoja. Empezamos a hablar de sus sentimientos. Le dije que me daba cuenta de lo enojado que estaba conmigo por no dejarlo entrar. Después dibujé una carita muy enojada con truenos saliendo de la cabeza. Asintió y me dijo que estaba molesto porque yo esperaba que se quitara los zapatos en la puerta, sin sus sandalias, y se le ensuciarían los calcetines. Noté que se relajaba e iba desapareciendo el "semblante del enojo". Sonrió un poco. Después dibujé una casa limpia con una carita feliz y otra casa llena de mugre con una carita triste. Le pedí ideas para mantener la casa bonita y limpia. Acordamos que nos debemos de quitar los zapatos sucios antes de entrar, y si las sandalias no están cerca de la puerta, me puede llamar, o a quien sea, para que se las llevemos. Desde ese día respeta la solución que creamos :-D

Desde que usamos las herramientas de "Cómo hablar", me abraza más seguido y me dice que me quiere varias veces al día. Y por fin, vuelvo a tener la sensación de que este niño no es mi enemigo, sino mi hijo.

El corte de pelo

—Me quiero cortar el pelo —dijo mi hija Galit.

Le repetí lo que le digo siempre:

—No nos cortamos el pelo nosotras solas.

—Pero tengo muchas, muchas ganas de cortármelo.

Mi madre estaba de visita y había estado muy escéptica de la necesidad de tomar un taller de crianza para hablar con tus propios hijos. Así que quería enseñarle lo que había aprendido.

—Ah, tienes muchas ganas de cortarte el pelo. Aunque no nos cortamos el pelo solas, quieres hacerlo. ¿Y si dibujamos una cabellera para que la cortes?

Le pregunté de qué color quería el pelo, y respondió:

—¡Morado!

—¿Quién quieres que dibuje el pelo?

—¡La abuela!

La abuela dibujó la cabellera y Galit la cortó con mucho cuidado. Estaba satisfecha, dejó de decir que se quería cortar el pelo.

Cortar aquí

16

El dilema digital (primera parte)

Cómo gestionar el tiempo que pasan los niños pequeños frente a una pantalla

¿Qué pasaría si alguien inventara un aparato delgado, ligero, que pudieras llevar a todas partes y que tranquilizaría a un niño, al instante, sin recurrir a los medicamentos? ¡Sería una maravilla para todos los padres! Tal vez tienes una llamada de trabajo y los niños se están golpeando la cabeza con Barbies. O estás cocinando frente a la estufa caliente y los niños se te están subiendo por la pierna. O tal vez estás muy, muy CANSADA y estás desesperada porque los niños estén ocupados y a salvo, ¡para poder acostarte un *minuto*! Una pantalla, en todas sus encarnaciones, resuelve estos problemas al instante.

Y las pantallas no sólo entretienen a los niños, también pueden ser educativas. Sin duda, has descubierto toda la clase de juegos diseñados para ayudar a los niños a absorber, sin dolor, las matemáticas, los idiomas, el vocabulario, palabras de alta frecuencia, conceptos espaciales. Toda clase de programas y películas que exponen a los niños a personajes encantadores, que muestran rasgos de la personalidad como generosidad, valentía y bondad. Sin mencionar que familiarizarse con las computadoras es necesario para la inmensa mayoría de los trabajos y carreras del futuro (y desde luego, el presente).

¿Entonces, cuál es el problema con las pantallas? ¿Por qué libramos tantas batallas con los niños por su amor por la tecnología que nosotros mismos les hemos presentado?

Un problema es que estamos en territorio inexplorado. Nadie conoce con toda seguridad los efectos de criar a los niños con tanto acceso a las pantallas desde que son niños pequeños. Recibimos mensajes contradictorios. Algunos expertos advierten de las consecuencias nefastas de pasar demasiado tiempo frente a las pantallas, mientras otros los

Papilla

acusan de exagerar. A muchos nos preocupa que los niños pasen demasiado tiempo en la pantalla y no "en la vida real". Queremos que los niños tengan una cantidad saludable de actividad física, relaciones cara a cara, y que desarrollen aptitudes en el mundo real, como cocinar, tocar un instrumento o andar en bici.

Así que a menudo les transmitimos mensajes contradictorios. Te presento esta actividad fantástica, divertida, entretenida, educativa... *Cariño, estás embobado, ¡es hora de apagarla! Apágala, guárdala, te hace daño. No es saludable para tu cuerpo.* Le decimos a los niños que no deberían exceder el tiempo frente a una pantalla, pero para un niño esto no tiene sentido. Reflexiona sobre cómo solemos presentarles nuevos juguetes o actividades. En la mayoría de los casos, no les arrebatamos el juguete ni terminamos la actividad cuando hayan pasado los minutos prescritos porque "no es bueno para ellos". No nos los llevamos a rastras cuando están construyendo una ciudad con sus bloques o una nave con sus Legos, tampoco les decimos que *ya fue suficiente* cuando están jugando a perseguirse, haciendo lombrices de plastilina, andando en bici o leyendo un libro. Podremos necesitar que terminen de jugar para comer, bañarse, hacer la tarea o acostarse, pero no les decimos que la actividad *por sí misma* sea nociva, sólo que tenemos que hacer la actividad siguiente de nuestra lista.

Piensa cómo te sentirías si tu pareja te recomendara un libro muy interesante, y cuando llegaras a la parte más emocionante (la heroína que está colgando de un acantilado durante un huracán está a punto de ponerse a salvo... o le espera la muerte en las rocas...), te quita el libro y lo cierra de golpe, diciendo: "*Ya estuvo bueno, ¡leer mucho no es bueno para la vista!*", "*Lo puedes retomar el fin de semana*", "*Deja de quejarte, te avisé desde hace cinco minutos*".

¡Seguramente reaccionarías de forma emocional! Del mismo modo, no sorprende que cuando intentamos restringir a los niños el tiempo que pasan en las pantallas, reaccionen enojados y confundidos, y nos contradigan.

No estamos sugiriendo que concedas a los niños total libertad cuando se trata de tecnología. Sin embargo, es importante darse cuenta de qué sienten los niños cuando nos acercamos con paso rápido y enérgico para anunciar que se les acabó el tiempo.

¿Y ahora qué? En vista de que no hay una fórmula universal para determinar cuánto tiempo es sano y cuánto tiempo es problemático, vamos a proceder con la premisa de que cada individuo estimará lo que a su familia le funcione mejor.

Podemos **reconocer sus sentimientos** y **darle información**, según la edad del niño. Para un niño de cinco años, podría ser algo así: "Es molesto cuando tus papás te piden apagar la tablet. ¡No quieres detenerte a mitad de tu juego! El problema es que hace falta hacer una pausa y mover los músculos. No es saludable para el cuerpo quedarse sentado viendo una pantalla tanto tiempo".

Si les permitimos jugar con las pantallas en horarios azarosos durante el día, pueden insistir constantemente a todas horas que se las demos (rogar, lloriquear, llorar). Puedes **proponer alternativas** para delimitar cuándo y a qué hora se les permitirá utilizar las pantallas. Piensa qué funciona mejor para ti. ¿Estás dispuesto a dejar que tu hijo escoja entre dos momentos del día? Por ejemplo, antes de cenar o saliendo de preescolar, mientras su hermanito pequeño está dormido. Cuando los niños saben qué esperar y han participado en el proceso de toma de decisiones, se les facilita aceptar los límites.

El desafío no es menor. Muchos juegos para computadora y plataformas de video están diseñados para que resulte muy difícil apagarlos. Cuando necesites separar a tu hija de algún contenido, juego o actividad cautivadora en una pantalla, puede ser útil centrarse en **qué puede hacer, en vez de qué no puede**. Prepara la siguiente actividad con anticipación, para que cuando termine el video, no termine la diversión. En vez de decirle: "Es hora de apagar la televisión, antes de que tu cerebro se haga papilla", puedes proponer con entusiasmo: "¡Oye! ¡Es hora de jugar con las burbujas, vamos a ver qué tan alto pueden flotar antes de que se revienten!".

QUÉ HACER DESPUÉS DE UN VIDEO
1. Jugar con plastilina
2. Triciclo
3. Hacer burbujas
4. Armar el trenecito
5. Bloques

O recurre a **la resolución de problemas**. Siéntate con tus hijos cuando la situación no esté tensa. Reconoce lo mucho que disfrutan las actividades en la pantalla. Describe con brevedad que te preocupa que se queden sentados tanto tiempo e invítalos a pensar en ideas para terminar sin pelear, y qué actividades pueden hacer después.

Por último, cuando quieras alentarlos a hacer actividades que no impliquen pantallas, es muy útil retirar la tentación. Frente a una tecnología tan atractiva (para algunos incluso adictiva), no es realista esperar que los niños pequeños se controlen. Necesitamos **gestionar el entorno, no al niño**, esto quiere decir, guardar los aparatos, retirarlos de la vista, tal como no dejamos bolsas de caramelos en la mesa de la cocina todo el día para después enojarnos con los niños porque la factura del dentista es astronómica.

Estas son algunas ideas de padres de niños pequeños para aprovechar estas herramientas y minimizar el conflicto en torno al uso de pantallas:

Angry Birds: niños enojados

Mi hijo de tres años, Oliver, estaba obsesionado con *Angry Birds*, desde que su tío me lo instaló en el teléfono. No dejaba de rogarme para jugarlo y cuando intentaba que parara, hacía un berrinche. Intenté poner una alarma, pero no funcionó. Después, le propusimos detenerse cuando completara un nivel. Tampoco sirvió. Cuando hacíamos cumplir los límites, hacía berrinches. Por fin lo desinstalé de mi teléfono. Después de unos días de abstinencia, aceptó la idea de que había desaparecido. ¡Al fin, paz!

La regla de una hora

Tenía la fantasía de deshacerme por completo de las pantallas. Cuando mis hijos pasaban demasiado tiempo en ellas, terminaban de malas y les costaba trabajo dormir. La verdad es que no puedo ceder la única herramienta que los mantiene ocupados por completo. Y también hay contenido educativo muy bueno, por no mencionar el valor de inculcarles conocimientos de computación desde pequeños.

Me senté con los niños y reconocí que se divertían mucho jugando y viendo programas. Después les expliqué que tanto tiempo no es bueno para los ojos, el cerebro ni el cuerpo. Les dije que podían jugar con las pantallas durante una hora, todos los días, antes de comer. (¡Es mi hora más desesperada del día!) Ellos podían decidir si querían aprovechar esa hora para jugar en la computadora o ver videos, o un poco de ambas cosas (les di una alternativa). Los fines de semana hacemos una "noche de películas" y suspendemos el límite de una hora. Sé que cuando crezcan será más complicado, pero de momento esto está funcionando en mi casa.

Papá divorciado le gana a la tele

Comparto la custodia de mi hija de tres años, y nos vemos dos tardes a la semana. Siempre me implora que la deje ver la tele, y últimamente la he dejado porque no quería pelear durante el valioso tiempo que compartimos. Para ser honesto, no quería hacerla llorar. ¿Y si le decía a su mamá que ya no quería venir? Pero, a fin de cuentas, me parecía que estábamos desperdiciando el poco tiempo que tenemos juntos, porque sólo veíamos la tele.

Compré varios proyectos de manualidades. La próxima vez que vino, la dejé ver un video, después apagué la tele y le dije: "¡Ven, te quiero enseñar algo!", con voz muy entusiasta. Esperaba lágrimas, pero casi no se quejó. Le dije: "¡Ven, vamos a pintar con los dedos!". Le encantó. Ahora tenemos una rutina nueva: un video y después... arte.

La solución de los pays de lodo

Las batallas cotidianas y las negociaciones interminables sobre el tiempo permitido frente a las pantallas con nuestros hijos de cinco y siete años nos estaban quitando el placer de vivir, hasta que decidimos prohibirlas por completo durante la semana. Las guardamos (incluidos los controles remotos para la tele). Decidimos que los fines de semana les permitiríamos dos horas al día. La primera semana fue muy difícil. Hubo muchas pataletas y quejas. Reconocimos sus sentimientos: "¡Ya lo sé! ¡No les gusta!". Y de vez en cuando, les ofrecíamos actividades alternativas, la mayoría de las cuales rechazaban. Luego de la primera semana dejaron de rogar. La respuesta siempre fue: "Es inamovible", así que tuvieron que encontrar otras formas de entretenerse. Ayudó que tuve más disposición de permitirles hacer actividades más ruidosas y desordenadas (hornear galletas, hacer carreras de obstáculos dentro de la casa... incluso les dejamos cavar un hoyo en el jardín y llenarlo con la manguera para hacer pays de lodo).

Gritos por las pantallas

Desde el confinamiento por la pandemia de coronavirus, he sido más indulgente con mi hijo de cinco años, Rijupt: lo he dejado jugar con mi teléfono mientras hago videollamadas para el trabajo. Pero empezó a molestarse muchísimo cada vez que le decía que era hora de cerrar los juegos. Lloraba tanto tiempo que dejó de valer la pena.

Decidí sentarme con él para resolverlo. Le dije: "Sé qué te gusta mucho, *muchísimo*, jugar Subway Surfers. El problema es que es muy difícil *dejar* de jugarlo. Y no quiero que peleemos cada vez que juegas. Necesitamos ideas para decidir cómo jugar y dejar de jugar, sin pelear. ¿Qué se te ocurre?".

Le sugerí que usáramos una alarma y que él podía ponerla. Dijo que quería que Alexa le avisara (creo que sospecha que intento detenerlo antes de los veinte minutos que tiene permitido. ¡Confía más en Alexa!).

La nueva rutina funcionó. Ya no se molestaba tanto, pero de todas formas imploraba para que lo dejara otro minuto. Volvimos a la resolución de problemas. Esta vez se le ocurrió que, cuando le quedara un minuto, le hiciera una señal especial con la mano, para que no se sorprendiera tanto cuando se acabara el tiempo.

A veces se sigue quedando frustrado cuando se le acaba el tiempo. Pero le ayuda cuando le digo lo asombrada que estoy de cómo juega y lo rápido que esquiva los trenes. También funciona cuando le digo qué actividad haremos después.

REPASO: GESTIONAR EL TIEMPO QUE PASAN LOS NIÑOS PEQUEÑOS FRENTE A UNA PANTALLA

1. Reconoce sus sentimientos

—Es molesto cuando tus papás te piden apagar la tablet. ¡No quieres detenerte a mitad de tu juego!

2. Dales información

—No es sano para tu cuerpo sentarte frente a una pantalla tanto tiempo.

3. Proponles una alternativa

—¿Quieres ver un video o jugar en la compu?

4. Diles qué pueden hacer, en vez de qué no pueden

—Es hora de jugar con las burbujas, ¡vamos a ver qué tanto pueden flotar antes de que se revienten!

5. Recurre a la resolución de problemas

—Necesitamos ideas para decidir cómo jugar y dejar de jugar, sin pelear.

6. Gestiona el entorno, no al niño

Guarda los aparatos donde no los alcancen cuando no quieras que los usen.

17

El dilema digital (segunda parte)

Cómo gestionar el tiempo que pasan los niños mayores frente a una pantalla

Cuando los niños son mayores, gestionar el tiempo que pasan frente a las pantallas es muchísimo más complicado. Muchos niños usan sus teléfonos y algunas escuelas proporcionan tablets o laptops. Las pantallas empiezan a formar parte fundamental de todos los aspectos de sus vidas, desde hacer conexión sociales, tarea, entretenimiento, comunicarse con los padres (a solicitud de ellos). También los usan para actividades creativas: usar software para componer música o grabar videos, investigar sobre sus intereses con tutoriales o foros, o incluso codificar. Ya casi no hay actividades que no impliquen las pantallas, con la posible excepción de bañarse (a menos, claro, que tengas un equipo contra agua y una funda impermeable). Incluso, aunque queramos alejarlos de la tecnología para interactuar con la naturaleza, descargamos una app de mapas de senderismo para no perdernos en el bosque. Ya no podemos elaborar reglas sencillas sobre el tiempo que pasan frente a las pantallas. Y cualquier restricción tendría tantas excepciones y vacíos "legales" que a un equipo de abogados le tomaría meses analizarlos, y en todo caso, ni siquiera los podríamos imponer.

Aunque tomemos en cuenta todo esto, la mayoría no nos sentimos cómodos adoptando un enfoque no intervencionista. Queremos asegurarnos de que nuestros hijos tengan vidas equilibradas. Somos conscientes de que la tecnología digital tiene un fuerte poder de seducción y queremos que aprendan a gestionarla.

¿Qué alternativas tenemos?

Seguramente ya notaste que fastidiar a tus hijos para que salgan a jugar o advertirles que el cerebro se les hará papilla no tiene el efecto esperado. Cuando los niños están muy concentrados, a punto de estallar los tanques del enemigo o siguiendo a sus amigos en las redes sociales, no van darle ninguna importancia a tus advertencias sobre su salud física y cognitiva.

Sabemos que el enfoque de algunos padres es muy estricto, incluso con sus hijos mayores. Monitorean su actividad en las pantallas muy de cerca para asegurarse de que sólo las usen para hacer la tarea entre semana, y les permiten una ventana muy corta de actividad libre (bajo supervisión) durante los fines de semana. Pero esta estrategia puede ser problemática por varias razones:

- Los niños mayores pasan mucho tiempo sin nuestra supervisión (en la escuela, en las actividades extracurriculares y con sus amigos), lo cual dificulta mucho implementar reglas inflexibles.
- Corremos el riesgo de perjudicar nuestra relación, si sienten que controlamos cada uno de sus movimientos y que no confiamos en su criterio y su independencia.
- A veces las prohibiciones resultan contraproducentes y fomentan una obsesión con las pantallas, del mismo modo que un niño cuya dieta monitoreamos muy de cerca se puede obsesionar con los alimentos prohibidos.
- La falta de acceso a las pantallas puede impedir que se relacionen con sus amigos o que cultiven intereses saludables y positivos con ayuda del internet.
- Muchos niños son más astutos que sus mayores para darle la vuelta a los controles sobre las pantallas, pueden crear cuentas falsas a las que sus padres no pueden ingresar.
- Cuando establecemos reglas y ponemos ultimátums nos desconectamos de las actividades en línea de nuestros hijos y perdemos la oportunidad de protegerlos o ejercer influencia alguna sobre ellos.

Si anhelas mejores posibilidades de que tus hijos aprendan a equilibrar el tiempo que pasan frente a las pantallas con otras actividades te sugerimos empezar con algo que suele parecer contraproducente:

Acompáñalos en su mundo

Será más fácil ejercer influencia en tus hijos si tienes un vínculo sólido con ellos. Si empiezas con la premisa de que lo que les encanta hacer es una pérdida de tiempo, y consideras que las cosas que ellos valoran están mal, se te va a dificultar mucho comunicarte con ellos. Si tienes la apertura para aprender sobre sus intereses, ellos también la tendrán para contemplar tu punto de vista.

Pregúntale a tu pequeño *gamer* sobre las estrategias antitanques y siéntate a jugar con él (si no soportas hacer estallar tanques... zombies... o extraterrestres, pídele que encuentre un juego que se adapte a tu sensibilidad más "delicada"). Interésate por sus memes, páginas para compartir imágenes o plataformas de videos favoritos. Pregúntale cómo navegar en la plataforma creativa más reciente que use. Dale oportunidad de ser el maestro, mientras tú eres el alumno humilde (¡no tienes que esforzarte mucho para adoptar ese papel!). No sólo te coloques detrás de tu hijo mientras él habla. Siéntate a su lado y experimenta lo mismo qué él.

Los jóvenes a quienes hemos consultado para este capítulo nos han sugerido que los padres se vayan con cuidado. No esperes que tus hijos te compartan *posts* que les harían perder la confianza de sus amigos o que sean vergonzosos (aunque sean inocentes) o que tu no entenderías porque estás fuera de contexto. Deja que ellos elijan qué posts de sus redes sociales te quieren compartir. El ritmo de muchos de los juegos que les gustan es muy rápido y es casi imposible seguir al instante. Pregúntales qué podrían jugar juntos, o incluso si puedes verlos jugar nada más. No confundas "acompáñalos en su mundo" con "entrométete en su mundo". Sería invasivo seguir a nuestros hijos mayores y vigilar todas sus interacciones sociales en la vida real, por eso es fundamental darles privacidad en su vida social digital, con la excepción de que corran peligro serio.

Diles qué pueden hacer, en vez de qué no pueden

Decirle a un niño que *deje de* hacer algo nunca será igual de bien recibido que ofrecerle la oportunidad de *empezar* a hacer otra cosa. Cuando les decimos que dejen de pasar tanto tiempo frente a la computadora, el mensaje es que les estamos quitando algo de valor. Si queremos que expandan su repertorio, será útil presentarlo como una oportunidad, no como una pérdida.

Piensa cómo te sentirías en una situación similar. Si tu pareja intentara persuadirte de dejar de comer alimentos no saludables, ¿con qué enfoque te sentirías más abierta a considerarlo? "¡Deja ese dulce de inmediato, te va a elevar la glucosa y causar diabetes tipo 2!" u "Oye, acabo de preparar una granola riquísima con nueces de la India y duraznos, ¿quieres probarla?".

Tal vez no vas a escoger la granola, pero la pregunta real es ¿qué le gustaría hacer a tu hijo?

Resolución de problemas

Por tentador que sea sermonear a tus hijos y criticar a qué le dedican horas (y horas) de su vida, obtendrás una mejor respuesta si empiezas por **reconocer sus sentimientos,** en particular sobre lo mucho que disfrutan la actividad tecnológica que escogieron. No empieces con: "Si sigues jugando ese juego el cerebro se te va a pudrir, se te van a atrofiar los huesos y te convertirás en una larva". Empieza mencionando, por ejemplo, algo que te intrigue del juego en línea que a tu hijo le encanta, o lo genial que es intercambiar fotos con tus amigos y mantenerse en contacto cuando no los puedes ver en persona.

Después, puedes **describir el problema.** Comparte con tu hijo que te preocupan los efectos de la falta de sueño o actividad física, o el efecto depresivo de una sobredosis de redes sociales. Sin importar qué te agobia, encuentra el modo de expresarlo con brevedad, sin atacar el carácter del niño.

Dale la oportunidad de expresar su punto de vista. Tal vez descubras que no puede "simplemente" dejar de jugar cuando sus padres piensen que lleva demasiado en la computadora; porque salirse en pleno juego arruina la experiencia de los otros jugadores e incluso le pueden prohibir que vuelva a jugar. Tal vez descubras que tiene amigos que se ofenden si tarda horas en responder sus posts o mensajes.

Escucha y sigue reconociendo su perspectiva: "Ah, entonces cuando te digo que apagues la computadora en medio de un juego es como si te dijera que te salieras del campo de fútbol en pleno partido y abandonaras a tu equipo, ¡qué difícil!".

Le puedes **dar información** señalando que incluso los juegos individuales se diseñan para que sea muy difícil dejar de jugar. Los algoritmos en los otros medios digitales también están diseñados para atraer a los usuarios a la próxima cosa imperdible... y a la siguiente... así que es muy difícil llegar a un final. O podrías decirle que te preocupa que si pasa demasiado tiempo en las redes sociales se sienta inadecuado, excluido o incapaz de estar a la altura de las imágenes de "perfección" que ahí se comparten.

Después le puedes **pedir ideas.** Invita a tu *gamer* o *influencer* a hacer una lluvia de ideas contigo. ¿Qué novedad les gustaría probar? Tal vez tu hija es una genio de los juegos de guitarra en línea y le intriga la idea de tomar clases presenciales. O a tu hijo le encantan los videojuegos de baile y contemplaría inscribirse a las clases de baile en la escuela. Tal vez los dos tengan curiosidad por empezar a correr juntos y competir en la carrera de 5K en lodo, cuyos donativos se destinarán a una organización benéfica. Quizás el centro comunitario o casa de cultura de tu zona tenga talleres de teatro, una competencia de robótica con Lego, un club de aviones por control remoto, una excursión de escalada o una clase de foto o cerámica. Quizá no necesiten una actividad formal organizada. Un proyecto de cocina o carpintería podría inspirarlos. Si tienes una hija emprendedora, a lo mejor quiere explorar una empresa redituable: pasear perros, cuidar gatos, limpiar la nieve de las entradas, limpiar las hojas de los jardines...

Ofrece la oportunidad de tomar una clase de programación o diseño gráfico para que puedan diseñar sus propios videojuegos o páginas web. Si les encantan los juegos de computadora, permíteles ser creativos y aprender. Quién sabe, a lo mejor los espera una carrera exitosa (además, disfrutarás tener a un técnico en casa que te arregle la computadora cuando se traba o muestra un error de sistema con la fatídica pantalla azul u otra de sus fallas infinitas

Pueden hacer lluvia de ideas juntos sobre cómo encontrar tiempos y lugares sin pantallas: en la mesa cuando coman, cuando apaguen las luces, durante la fiesta de cumpleaños de la abuela. Otra pregunta que pueden abordar juntos es cuánto tiempo al día es aceptable pasar sentado frente a una pantalla. ¿Cuánto tiempo cree tu hijo que necesita para terminar su tarea y tiempo extra para lo divertido? ¿Qué consideras razonable? ¿Pueden encontrar un punto medio aceptable para ambos? ¿Quién llevará la cuenta del tiempo? ¿Cómo lo hará?

No estamos sugiriendo trazar un horario estricto, sino que explores el tema con tu hijo, genera conciencia del dilema digital y juntos establezcan metas.

Salsa para el ganso

Mi hija de doce años estaba pasando *mucho* tiempo en el teléfono, sobre todo en las redes sociales. El efecto de mis regaños fue que se encerrara en su recámara durante horas. No estaba logrando que se sentara a platicar porque siempre estaba "ocupada". Así que le mandé por correo un artículo sobre las desventajas de pasar horas en las redes sociales, junto con una nota que decía que sabía que para ella era muy importante usar las redes sociales para estar en contacto con sus amigas, pero que me preocupaban algunos efectos negativos.

El artículo mencionaba un ajuste en los teléfonos que lleva la cuenta de cuánto tiempo lo usas, y cuánto tiempo pasas en las redes sociales. Le pregunté si consideraría usarlo. Aceptó, pero sólo si yo también lo hacía.

Las dos nos sorprendimos con la frecuencia con la que revisamos nuestros teléfonos. Le sorprendió los minutos que pasa en las redes sociales y a mí, el tiempo que dedico a ver las noticias. Decidimos mandarnos alertas para reducir estos tiempos. Esto está teniendo beneficios en ambas, aunque cuando le mandé el artículo no estaba contemplando cambiar mi conducta.

La solución del tomate

Mi hijo de catorce años es brillante y pasa mucho tiempo en la computadora. Aprendió a programar de forma autodidáctica y siempre está trabajando en algún proyecto complicado. Así que no me preocupa que esté desperdiciando su cerebro. Lo que me preocupa es que haga suficiente ejercicio. Puede pasar todo el día en su silla viendo la pantalla y no se le ocurre mover el cuerpo.

Hice una sesión de resolución de problemas con él. Empecé diciéndole lo mucho que admiraba el trabajo que hacía, que haya aprendido solo y que siempre se motive. Después le dije que me preocupaba un poco que pasara tanto tiempo sentado, sin descansar. Le enseñé un estudio sobre los efectos nocivos para la salud del sedentarismo exacerbado y le pregunté si se le ocurría una solución.

Desde luego, lo buscó en internet. Encontró algo denominado "técnica pomodoro", que propone intervalos para concentrarse en una tarea y para hacer un descanso para hacer ejercicio. Ahora sigue su propio horario y me preocupo menos. Me alegra mucho que él mismo lo esté gestionando y no tener que fastidiarlo.

Nos disculpamos por las referencias obsoletas en este capítulo. El panorama tecnológico está cambiando tan rápido que para cuando lean esto con su cerebro virtual les darán risa las referencias pintorescas a las "pantallas".

En parte, el ritmo con el que se suscitan cambios hace que este tema sea tan complejo. Apenas hemos llegado a la superficie del tema al abordar el tiempo que pasan nuestros hijos frente a las pantallas, pero hemos dejado fuera contenidos, calidad y circunstancias imprevistas (como trabajar en casa durante la pandemia). Sería más sencillo si tuviéramos una fórmula para calcular cuántos minutos al día frente a las pantallas es adecuado según la etapa de desarrollo de cada niño. O si pudiéramos estar seguros de que permitir que los niños establezcan sus propias normas dé mejores resultados. Por desgracia, no hay cantidad diaria recomendada para pasar frente a las pantallas, como sí la hay para la ingesta de vitamina C o sodio. A cada familia le toca decidir con qué están cómodos y qué funciona mejor para ellos y sus niños.

Como resultado de esta incertidumbre, algunos nos alarmamos y nos centramos en controlar, no en comunicarnos, y otros (más adelante), se dan por vencidos por lo difícil que es ejercer control en este rubro.

El propósito es recordarte que te concentres en la comunicación con tus hijos. Trátalos como te gustaría que te trataran. Todos enfrentamos la misma situación, los mismos desafíos que el mundo digital presenta cada día. Es normal que se te dificulte alcanzar un equilibrio. Si tu hijo y tú están en el mismo equipo, tendrás mejores oportunidades de ayudarle a desarrollar las aptitudes que empleará de adulto, y en el proceso, protegerás su relación.

REPASO: NIÑOS MAYORES Y LAS PANTALLAS

1. Acompáñalos en su mundo

—¿Puedo jugar contigo?

2. Diles qué pueden hacer en vez de qué no pueden

—¿Te gustaría tomar clases de guitarra/baile/inscribirte al equipo de robótica con Lego/aprender a tejer/hornear pan?

3. Recurre a la resolución de problemas

—Me preocupa que no sea sano para tu cuerpo pasar tanto tiempo sentado sin descansar. ¿Se te ocurre una solución?

18

¿Los castigos preparan a los niños para la "vida real"?

Queridas J & J:

Muchas de sus ideas me parecen prácticas, pero no concibo la idea de prescindir de los castigos y las consecuencias. ¡Es demasiado permisivo! ¿Cómo aprenderán los niños que sus acciones tienen consecuencias si los padres no castigan su mala conducta? Lo único que les estamos enseñando es que se pueden salir con la suya. ¿Cómo van a funcionar en el mundo real? Van a entrar en shock cuando los multen por exceder la velocidad o cuando los despidan por llegar tarde al trabajo.

—Desconfiada

Querida Desconfiada:

La idea de criar a nuestros hijos sin *consecuencias* por su mala conducta puede sonar extrema... incluso un poco imprudente. Los niños necesitan aprender a seguir las reglas: en casa, en la escuela, en la calle y en el trabajo. Y necesitan aprender que *no* hacerlo tiene secuelas. Coincidimos contigo, es probable que los niños a quienes protegemos constantemente de las consecuencias naturales de sus acciones se les dificulte aprender a responsabilizarse por su conducta.

El problema es que, en la mayoría de los casos, para los adultos la *consecuencia* es algo desagradable para motivar al niño a cambiar su conducta. Estas consecuencias, de hecho, son castigos, sólo con otro nombre.

Para hacer un repaso breve del asunto contra el castigo, existen estudios que confirman lo que muchos padres y maestros han aprendido con la experiencia: el castigo es una herramienta imperfecta por muchas razones. No aborda el motivo de la mala conducta. En general, los niños resienten al adulto que los castigó, o bien, traman cómo evitar que los descubran a la próxima. Fomenta que piensen de manera egoísta, pues se concentran en las repercusiones que enfrentarán y no en arreglar el problema ni hacer las paces. Es menos probable que cuando los niños habituados al castigo tengan conflictos con sus amigos o hermanos, los resuelvan en paz. La verdad peculiar y contradictoria es que los niños aprenden a regular su conducta mejor cuando prescindimos del castigo.*

¿Qué pasa si ya intentaste reconocer los sentimientos del niño, expresar tus sentimientos con contundencia, le diste la oportunidad de reparar el daño, recurriste a la resolución de problemas... y sigue haciendo lo que no quieres que haga?

Vamos a pensar cómo abordamos un conflicto entre adultos. Lo normal no es dirigir nuestra energía en imaginar una "consecuencia". Por lo menos no si valoramos esa relación. Tal vez sea necesario **actuar para proteger a las personas o las pertenencias**. Pero intentamos hacerlo con respeto, para que la otra persona entienda nuestros límites sin sentirse atacada. A continuación, algunos ejemplos para identificar la diferencia entre imponer una consecuencia y actuar sin insultar.

Es muy probable que esta "consecuencia" dé por terminada una amistad:

"No puedo creer que me estés pidiendo dinero prestado otra vez. ¡Aún no me pagas lo de la última vez! De hecho, debería imponer una consecuencia. Estás desinvitado a mi carne asada para celebrar que termina el verano. ¡No mereces ir a una fiesta!"

Pero actuar como sigue protegería tu cuenta bancaria de futuras pérdidas y, con toda probabilidad, conservará tu relación:

"No me siento cómodo prestándote dinero. No me gusta cobrarte y no quiero que interfiera con nuestra amistad."

Es probable que al gerente de una tienda que imponga esta consecuencia para sus clientes los termine perdiendo:

---

*Consulta las páginas 90-95 para leer sobre las herramientas que motivan a los niños a cambiar su conducta y mejorar en el futuro.

"AVISO: los clientes que no traigan sus bolsas reutilizables están dañando el medio ambiente y pondremos sus nombres y fotos en nuestra pared de la vergüenza."

En cambio, el gerente que emprendió esta acción conservaría la buena voluntad de sus clientes y lograría buenos resultados ecológicos al mismo tiempo:

"AVISO: tenemos una nueva política para proteger el ambiente. Dejamos de dar bolsas de plástico de un solo uso. Pueden traer sus bolsas reutilizables o comprarlas en la caja."

Esta pareja podría estar googleando abogados para divorciarse muy pronto:

"¡Otra vez llegaste una hora tarde! Prometiste que llegarías temprano para cuidar a los niños para que termine mi presentación de mañana."

"Lo siento, se me fue el tiempo. Y había mucho tráfico."

"Mereces una consecuencia por no cumplir con tu palabra. Te olvidas de ir al partido con tus amigos este fin de semana. Voy a vender tus boletos en e-Bay."

Mientras que esta pareja, aún tiene futuro:

"Estoy frustrada. Te esperaba en casa temprano para cuidar a los niños y preparar mi presentación de mañana."

"Lo siento, se me fue el tiempo. Y había mucho tráfico."

"Te toca preparar la cena y acostar a los niños, me tengo que encerrar en el estudio para terminar."

Cuando experimentamos las acciones de alguien más como resultado natural de nuestra conducta, sin la intención justiciera de "implementar una consecuencia", es más probable que queramos modificar nuestra conducta para arreglar las cosas porque la ira y el resentimiento no nos enturbian el juicio.

¿Cómo sería cuando se trata de los niños? A continuación te presentamos algunas conductas "censurables" para que veas la diferencia entre "implementar una consecuencia" y actuar sin insultar para proteger a las personas y las pertenencias.

Correr en la calle:

En vez de: "¡Qué malo eres! Ya perdiste el privilegio de jugar afuera".

Actúa pero sin insultar, para proteger al niño: "Vamos a meternos. No puedo permitir que corras así en la calle. Me preocupa mucho que pasen coches rápido".

Hacer desorden:

En vez de: "Te olvidas de ir al centro comercial con tus amigas en la tarde. Te advertí que limpiaras el desorden que dejaste en la cocina, y te dedicaste a jugar videojuegos. Es tu culpa".

Actúa pero sin insultar, para protegerte: "Te llevo al centro comercial en cuanto quede limpia la cocina. Necesito las superficies limpias para preparar la comida, y si lo tengo que hacer no tendré tiempo de llevarte".

Muy brusco con tus pertenencias:

En vez de: "No puedo creer que hayas tirado mi teléfono, ¡me dijiste que tendrías cuidado! ¡Se acabó! No te lo vuelvo a prestar, es evidente que no puedo confiar en ti".

Actúa pero sin insultar, para proteger tus pertenencias: "Voy a recoger mi teléfono. No quiero arriesgarme a que termine en el piso, roto".

Como seguramente te percataste no estamos sugiriendo un enfoque permisivo. Los niños no están corriendo desatados en las calles, esquivando vehículos: los padres no son esclavos de sus hijos consentidos; los niños no siempre se salen con la suya a expensas de sus padres.

Tenemos límites. Y es preciso dejarles claro a los niños cuáles son. Pero es importante cómo los comunicamos. Si escuchan: "Mereces una consecuencia", se van a sentir rebeldes. Si escuchan: "¡Estoy harta...!", no van a estar contentos, pero tampoco es probable que reflexionen y aprendan de la experiencia.

¿Qué pasará cuando crezcan y descubran que el mundo no ha leído este libro?

¿Qué pasará cuando este niño adorado, sobreprotegido, que no conoce el castigo, tenga edad de manejar y se le ocurra hacerlo por la autopista 100 km/h? El agente de tránsito no va a recurrir a la resolución de problemas con tu querubín.

Para que los niños entiendan que en el "mundo real" sus acciones tienen consecuencias, no es preciso que los castiguen en casa. En este caso en particular, la pregunta importante es: ¿cómo asegurarnos de que cuando nuestros hijos conduzcan no pongan en peligro a los demás ni a ellos?

El castigo no da esta lección. Investigaciones sugieren que la consecuencia de una multa de tránsito ayuda a los gobiernos locales a recaudar fondos, pero no fomenta un cambio de actitud entre la ciudadanía. No impide que los conductores que reciben multas repitan la ofensa. De hecho, aunque disminuyan la velocidad frente a un policía de tránsito, la probabilidad de que reciban otra multa en los meses subsecuentes con respecto a otros conductores es más de dos veces mayor.*

Como padres, no estamos buscando que nuestros hijos se comporten sólo cuando corran el riesgo de que los descubran. Más aún, no queremos que nos teman y nos eviten como la mayoría de los conductores le teme y evita a los policías de tránsito. ¡No es la relación que queremos fomentar!

Si tu hija adolescente es una conductora temeraria, no depenederías de que una multa de tránsito modifique su conducta. Actuarías confiscándole las llaves del coche. Le dejarías muy claro que no lo estás haciendo para castigarla, sino para protegerla, y proteger a otros conductores. **Reconocerías sus sentimientos y expresarías los tuyos con contundencia:**

> "Me doy cuenta de lo tentador que es manejar rápido y disfrutar el poder de la velocidad. No te puedo dejar usar el coche hasta que encontremos la forma de que conduzcas con cuidado. Si te lastimas... o dañas a alguien más, nunca me lo perdonaría."

Después, procederías a la **resolución de problemas** hasta que a uno de los dos se les ocurriera un plan con el que estén cómodos.

¿Qué pasa cuando tu hijo mimado empieza a trabajar y todos los días llega tarde? ¿No le sorprenderá que su jefe lo despida en vez de recurrir a la "resolución de problemas"?

Una persona que espera un castigo cuando se comporta mal aprende a encontrar cómo evitar el castigo. Cuando lo amenacen por llegar tarde, quizá busca cómo seguir llegando tarde sin que se den cuenta. O tal vez, se centrará en mejorar sus pretextos: el coche no encendía, el

---

* https://www.ncbi.nlm.nih.gov/pubmed/17366333.

autobús se quedó varado en el tráfico, los zapatos le aprietan y no pudo caminar rápido.

Por otra parte, una persona a quien criaron para resolver problemas buscará la forma de satisfacer las necesidades de su empleador y las propias. Tal vez conseguirá un despertador más efectivo: que suene, se ilumine, vibre y le rocíe agua en la cara.

¿Qué pasa si el aparato sigue sin sacarlo de su sueño profundo y vuelve a llegar tarde? El jefe lo va a despedir, no a castigarlo, pero para actuar y proteger su empresa. El resultado no asombrará ni desorientará a este joven desempleado a quien criaron para actuar. Por el contrario, podrá reflexionar sobre el hecho de que necesita esmerarse más para llegar temprano en su próximo trabajo porque ya aprendió que todas las empresas tienen límites y no toleran los retardos.

Pero a mí me castigaron y estoy bien

Esperen. ¿Sugieren que los niños castigados quedan traumados de por vida? Mis padres me castigaron y estoy bien.

No dudamos de que seas un ciudadano ejemplar, una persona bondadosa y un padre devoto.

Pero cabe la posibilidad de que estés bien, *pese a* que te castigaron, no gracias a ello. Si te criaste en la época anterior a las sillitas para el coche y las bolsas de aire, no puedes argumentar que sobreviviste porque creciste rebotando al interior de un vehículo en movimiento; tuviste suerte. Un estudio científico a largo plazo sugiere que con cuanta más severidad y frecuencia se castigue a los niños, es más probable que tengan problemas.*

Es muy probable que estés bien por las otras cosas que hicieron tus padres cuando *no* te estaban castigando. Tal vez también te brindaron un

---

*Véase las 2, 3 y 4 del capítulo 3: el problema con el castigo.

hogar en donde te sentías seguro gran parte del tiempo; te escucharon cuando lo necesitabas; hablaron contigo cuando necesitabas descifrar qué hacer en una situación compleja; demostraron conductas cariñosas, fomentaron que desarrollaras tu autonomía y te brindaron una guía moral con amor y respeto.

O tal vez creciste en un hogar caótico, pero tienes una extraordinaria disposición y resiliencia, y tuviste al menos a una persona (un maestro, una tía, una entrenadora) que te apoyó cuando más lo necesitaste.

Si estás recurriendo al castigo como parte de tu estrategia disciplinaria no significa el fin del mundo, sólo que hay mejores estrategias y tiene sentido probarlas. Si nuestro objetivo a largo plazo es enseñar a nuestros hijos a tratar a los demás con respeto, seguir las reglas, resolver los problemas en el presente y eludirlos en el futuro, el castigo no es la mejor herramienta.

Poner en práctica la teoría con un niño en edad preescolar

Annette, mamá y asistente de uno de nuestros talleres, tenía una casa hermosa y un niño de tres años muy destructor. Pese a numerosos castigos, incluidos tiempo encerrado en su recámara, pérdida de privilegios como la tele, Iván seguía pintando los elegantes sillones blancos con plumón negro, recortando las almohadas con tijeras y dibujando las paredes con crayolas.

Después de la sesión sobre alternativas al castigo, Annette intentó un nuevo enfoque. Le dijo: "Iván, estoy muy molesta porque los flequillos de este tapete  están recortados. Mi abuela me regaló este tapetito. Le tengo mucho cariño. Espero que lo arregles". Sacó una regla y la puso en los flequillos: "Hay que recortar con mucho cuidado para emparejarlo".

Iván respondió: "Lo siento, mami" (antes, cuando lo regañaba nunca se disculpaba) y empezó a emparejar los flequillos con las tijeras. Después habló con él sobre sus obras de arte. "Te gusta hacer arte. Pero no me gustan los dibujos en los muebles. Necesitamos ideas". Decidieron juntar una caja con materiales especiales para que Iván dibujara, pintara y recortara.

Al día siguiente, Iván derramó agua en un mantel. Corrió con su mamá y le dijo: "Hay agua en el mantel, ¿qué hacemos para arreglarlo?".

Desde el incidente con el tapete, no ha habido más "intervenciones artísticas" en la casa, pero lo más importante, Iván y su mamá ahora son un equipo, ya no son oponentes.

Poner en práctica la teoría con un adolescente

¿Qué pasa cuando los niños crecen? ¿No es hora de castigarlos?

Un profesor de biología de preparatoria reportó que un alumno interrumpía la clase constantemente. Marco tenía una cantidad de energía inagotable. En cuanto llegaba al salón, al maestro le empezaban a llover quejas: "Marco me pegó... me puso el pie... agarró mi bolígrafo... aventó mi cuaderno... no se calla...".

Lo habían sacado del salón miles de veces. Lo habían sermoneado, enviado a la oficina de la directora, incluso lo habían suspendido. Habían probado todos los castigos. Pero ninguno de ellos logró que Marco cooperara.

Por último, el profesor intentó probar algo nuevo. Invitó a Marco a platicar después de clase. Empezó la conversación intentando ver el conflicto desde su perspectiva: "Me he dado cuenta de que tienes mucha energía. Te gusta estar activo durante la clase. ¡No te gusta quedarte quieto!" Marco respondió con entusiasmo. Se evaporó su expresión taciturna y astuta. Le contó que no le importaba biología. Quería ser soldador. El profesor le ofreció unas clases saliendo de la escuela para enseñarle lo básico, y preguntar por programas de soldadura. Le pidió a Marco que pensara en ideas para aprovechar su energía sin interrumpir la clase. Marco se ofreció a hacer saltos de tijera cuando sintiera que no podía permanecer quieto. El profesor estuvo de acuerdo, siempre y cuando las hiciera en la bodega.

Después de esta plática, la atmósfera de la clase mejoró muchísimo. Marco dejó de molestar a sus compañeros, y empezó un proyecto de soldadura con su profesor: conectar tuberías de cobre para crear una corneta. Se transformó la relación·entre el profesor y el estudiante. En vez de provocar a su profesor, ahora Marco quería impresionar a este hombre que se preocupaba por él y respetaba sus ideas.

Un niño no necesita que lo castiguen en casa o la escuela para aprender a evitar el castigo en el mundo real.

En el "mundo real" los niños experimentan toda clase de dolor. No necesitamos someterlos a toda clase de dolor para que estén preparados. No les raspamos las rodillas a propósito para que estén preparados para los raspones inevitables que se harán jugando. No los acusamos para prepararlos a enfrentar a sus compañeros de clase o colegas de trabajo.

Tal vez sigas pensando: "Pero a veces, en el mundo real, la mala conducta sí resulta en castigo". ¡Tienes razón! Pero no significa que funcione. Sabemos que los adultos que reciben castigos, como multas o encarcelamiento, suelen reincidir.*

La realidad es que el castigo da lecciones inadecuadas. Más aún, ni siquiera tiene un efecto disuasorio, ¿así que para qué implementarlo en casa y la escuela?

Cuando actuamos para proteger a las personas y las pertenencias, y después alentamos a los niños a resarcir el daño y resolver el problema, les estamos demostrando la actitud que queremos que adopten de cara a un conflicto. No queremos que aprendan "¿A quién castigamos y cómo?", tampoco: "¿Cómo evitamos las reglas?". Más bien: "¿Cómo puedo arreglar este error?" "¿Qué puedo hacer diferente la próxima vez?".

Enseñar a los niños a reparar el daño y resolver los problemas les ayudará a comportarse mejor en el presente y a ser adultos que sepan cómo resolver conflictos de forma pacífica en el futuro.

---

* https://www.nij.gov/topics/corrections/recidivism/Pages/welcome.aspx

Guardianes del portal

Vivo en una casa de cuatro plantas con escaleras de madera. Tengo un niño de quince meses, por lo que las rejas son una herramienta de seguridad fundamental. El problema es que mis hijos mayores, de cuatro y cinco años, las saben abrir para subir y bajar a su antojo. Hemos pasado varios sustos cuando alguno de los niños las deja abiertas y no me doy cuenta hasta que el bebé va directo a las escaleras.

Los he regañado: "¡Dejaron la reja abierta!" y sermoneado en un tono frustrado: "¿Cómo es posible?" Mis sermones tienen demasiadas palabras para una niña de cuatro años. La hacen sentir un fracaso y mala hermana mayor, pero no "aprende su lección". Siempre lo vuelve a hacer.

Estaba resuelta a probar otro enfoque porque sé que los niños de cuatro años no tienen buena memoria, y no puedo esperar que sea completamente confiable, no corresponde a su etapa de desarrollo.

Por supuesto, cuando volvió a ocurrir, se me olvidó mi plan y grité: "¡Dejaron la reja abierta!". Después vi su carita de tristeza. En vez de seguir con mi sermón de siempre, dije: "Mmm, es muy importante que cerremos la reja para que el bebé no se lastime. Pero es difícil recordarlo siempre. ¡Necesitamos ideas!".

Su hermano de cinco años se acercó corriendo y en un abrir y cerrar de ojos los dos estaban sonriendo y haciendo letreros con papel craft para colgarlos en todas las rejas. El mayor escribió: "¡Ciérrame!". Se divirtieron mucho imaginando que la reja era un ser animado que quería que lo cerraran. La hermanita dibujó caritas felices para que fuera un "recordatorio amigable". Se pusieron a pegarlo en todas las rejas. ¡No puedo creer que nadie haya olvidado cerrarlas desde hace dos semanas!

SECCIÓN VI

Las batallas a la hora de acostarse e ir al baño

19

Lavarse los dientes

La tortura más terrible de todas

¿Por qué a los niños no les gusta lavarse los dientes? Algunos se quejan como si se los estuviéramos arrancando, no lavando. Para muchos padres, todas las noches son una pelea. Además de darnos por vencidos (y si lo has hecho, no estás solo), ¿qué más podemos hacer?

Primero, vamos a analizar este ritual desde la perspectiva de un niño. Lavarse los dientes puede implicar varias sensaciones desagradables, el sabor de la pasta, sentir que el cepillo rasguña los dientes (o las encías), sentir náuseas cuando el cepillo se acerca demasiado a la garganta. Incluso sentarse con la cabeza hacia atrás y la boca abierta puede ser muy incómodo. Sin mencionar que tienes que dejar de hacer algo que es mucho más divertido que esa tortura.

Para un niño, los beneficios son dudosos. Lo único que obtienen es algo abstracto. Si te lavas los dientes todos los días, en algún punto distante del futuro, no tendrás caries.

Con una actividad tan miserable, es más probable que nos vaya mejor si nos portamos un poco bobos.

Estos son los resultados de una lluvia de ideas de uno de nuestros grupos de padres sobre cómo recurrir al juego cuando es hora de lavarse los dientes:

Facilita las transiciones llevando el juego al baño: "Vamos a dejar que tu osito venga al baño para que vea cómo te lavas los dientes... ven, osito ¿quieres que Jake te lave los dientes?".

Finge descubrir cosas interesantes en sus dientes: "Guau, encontré un cereal del desayuno... y un pedacito de arándano del refrigerio. Vaya, no recordaba haber cocinado crayolas rojas para comer... ay, aquí está la pelota de tenis que estabas buscando".

Finge que los animales del zoológico están sueltos y nadie los encuentra. Haz una búsqueda meticulosa con el cepillo: "Ay, mira, ¡creo que encontré al canguro! No, no, espera, no es un canguro ¡es el hipopótamo! Dios mío, ahí está la abuela Molly junto a unos pingüinos. ¿Abuela, quieres que te lavemos los dientes?".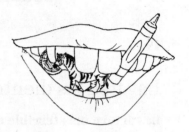

Haz que el cepillo hable:

> **Voz de un oficial del ejército:** ¡ALERTA! ¡Dientes, avancen, preséntense para inspección!

> **Voz de robot:** Ten-go que lim-piar los col-mi-llos.

> **Voz de ratón:** ¿Qué escondes detrás de ese diente? Mmm, un poquito de crema de cacahuate.

Finge que eres un dentista y que tu hijo llegó a tu consultorio. Pídele que toque la puerta: "Bienvenido a mi silla dental especial" (taza del baño, con la tapa). Muéstrate confundido sobre el uso del cepillo: "Caray, ¿para qué es esta cosa? ¿Va en la oreja? Espera, ¿cómo se le pone la pasta?".

Que sea una carrera. Pon la alarma dentro de dos minutos: "En sus marcas... listos... ¡fuera! Estamos en el primer diente. Ok, ya está listo. Vamos al segundo, ahí vamos, tercero. Este es muy peculiar. Tiene mucha granola atorada. El reloj no se detiene. ¿El cepillo verde llegará a los dientes inferiores antes de que suene la alarma?".

El juego es un buen comienzo, pero también tenemos otras herramientas a nuestra disposición. Revisa el repaso al final del capítulo para que veas qué ideas propuso el grupo.

Historias desde la vanguardia

Visto bueno

Me da vergüenza reconocer que hace mucho tiempo que no le lavo los dientes a Anton. Intenté usar la fuerza bruta, pero no tengo suficientes manos. Necesito dos para agarrarlo, una para abrirle la boca y otra para cepillarlo mientras grita.

Ya intenté ponerlo a cargo, lo llevé de compras para que escogiera tres pastas de sabores diferentes. Fue un fracaso; las odió todas, resulta que para los niños en el espectro autista es común ser sensibles a los sabores fuertes, motivo por el que seguramente detesta lavarse los dientes. Le llamé al dentista para pedirle consejo. Me dijo que la pasta no es tan importante: se podía lavar con agua. ¡Qué alivio!

Después del taller, platiqué con Anton. Empecé reconociendo sus sentimientos: "No te gusta nada lavarte los dientes".

Me compartió que la pasta de dientes es asquerosa y que cuando le metía el cepillo hasta atrás, sentía que se ahogaba. Respondí que sonaba espantoso. Después le dije: "¿Adivina qué? Acabo de hablar con el dentista ¡y me dijo que te puedes cepillar SIN PASTA!", y guardé la pasta en el botiquín y azoté la puerta. Anton estaba muy contento.

Estaba inspirada así que pasé al siguiente tema, "De todas formas necesitamos una señal cuando sientas que te ahogas, para que sepa que debo parar. ¿Quieres apretarme la mano o levantar el pulgar?" Escogió el pulgar.

La persona que se encarga de la limpieza de nuestra casa se llama Filomena; así que inventé un personaje basado en ella. Le pregunte a Anton si quería que "Filodenta" limpiara arriba o abajo primero. Escogió "arriba" y le cepillé los dientes superiores con cuidado. Levantó el pulgar una vez, me detuve y esperé a que lo bajara, después seguí con los de abajo. Después grité: "¡Lo logramos! ¡Eres un niño con los dientes limpios!". Fue un éxito.

El cepillo parlanchín

Anoche no tenía energía para portarme juguetona, pero sabía que era mi última oportunidad para hacer la tarea de mi taller, y Aliya no se había lavado los dientes. Sin entusiasmo, le dije: "¿Oyes eso?" Me tapé la boca y adopté una voz chistosa para fingir ser su cepillo de dientes: "Aliya, ¡te extraño! Extraño tus dientes".

Se rió y fue directo al baño, así que tomé el cepillo para hablar con ella: "¡Hola, qué gusto verte! ¿Puedo ver qué refrigerios me trajiste esta noche?"

Respondió: "¡Claro!" y abrió la boca bien grande.

Le empecé a lavar los dientes: "Ay, mira, me guardaste un pedacito de pan tostado del desayuno. Delicioso, ¡gracias! Guau, un pedazo de manzana. ¿Qué más me trajiste?".

Contestó: "¡Busca el pollo!" y abrió la boca otra vez. ¡Le encantó! Tengo que reconocer que fue menos agotador que la batalla de siempre.

La escuela de cepillado para muñecas

Ayer, Riley no se quería lavar los dientes. Como siempre, le dije: "Lo siento, pero te los tienes que lavar". Siempre es una batalla. Hoy decidí decirle: "Vamos a enseñarle a tu muñeca a lavarse los dientes". Respondió: "¡A dos!" y trajo tres muñecas. Tuvimos un pequeño taller. Primero les demostramos cómo con los dientes de Riley. Después puso a la primera muñeca en el banquito y dijo: "Abre la boca muy bien".

Les lavó los dientes a las tres (sin pasta) mientras yo recogía el baño y hacía comentarios de admiración por lo bien que estaban cooperando las muñecas.

REPASO: LAVARSE LOS DIENTES

1. Reconoce sus sentimientos

—No estás de humor para lavarte los dientes.

—Es molesto tener que abrir la boca tanto tiempo para que te limpien los dientes.

2. Concede deseos en la fantasía

—Sería maravilloso podernos quitar los dientes en la noche y lavarlos en el lavaplatos. Y ponérnoslos en la mañana limpiecitos.

—Me gustaría que fuéramos como los tiburones. No se tienen que lavar los dientes, les salen nuevos.

3. Recurre al juego

—Mira lo que encontré en tus dientes: el guante que perdiste el invierno pasado.

—¿Qué tenemos que cepillar, el codo?

4. Ponlo a cargo

Que el niño tenga una señal especial que pueda usar cuando necesite hacer una pausa: señalar con el dedo o apretarte el brazo.

Todos participen: que a tu hijo le toque primero y después a papá o mamá.

5. Proponle alternativas

—¿Qué pasta de dientes quieres usar hoy, la de menta o la de fresa?

—¿Quieres lavarte los dientes en la cocina o el baño?

6. Dale información

Utiliza tabletas limpiadoras* para mostrarle qué dientes necesitan más limpieza.

Que un dentista le explique a tu hijo por qué es importante cepillarse (es más probable que los niños pongan atención a quienes no son sus padres).

7. Escribe un post-it

"Te invito a una fiesta para lavarte los dientes después de comer. Con cariño, tu cepillo de dientes."

"La lista de hoy:

1. Comer.
2. Lavarse los dientes.
3. Ponerse el pijama.
4. Leer el libro de los perritos."

8. Modifica tus expectativas: gestiona el entorno, no al niño

A algunos niños no les gusta la sensación de un cepillo manual y prefieren uno eléctrico.

---

* Estas tabletas producen un tinte rosa que reacciona con la placa, para que los niños vean qué dientes están sucios. Parece que también manchan las superficies, ¡así que cuidado!

La inundación: un cuento de la India
para la hora del baño

Mis niños tienen siete y cinco años, habían regresado
sudados y cansados de jugar afuera y necesitaban bañarse.
De nada sirvieron los atentos recordatorios.

Se me ocurrió una idea extravagante, y anuncié con
voz seria, que el baño se estaba inundado y el pato, la rana
y la tortuga necesitaban que los rescataran. Se requerían
valientes rescatistas.

Los niños corrieron a la ducha, se bañaron, lavaron
sus juguetes y salieron. Le entregué una medalla a cada uno
(tenía algunas de las fiestas de cumpleaños a las que los
invitan) para premiar sus esfuerzos.

Les encanta este juego y desde entonces lo hemos
jugado mucho.

Tres pasos especiales: la batalla a la hora de acostarse

Anoche mi hijo estaba haciendo un berrinche épico a la hora de acostarlo. Se acostaba y se levantaba llorando. Yo intentaba que recargara-la-cabeza-en-la-almohada. En vez de negociar, amenazar, preguntar, etcétera, recordé que le encanta un programa en el que dividen todo en "tres pasos especiales". Así que le dije: "Bueno, para dormirse, hay tres pasos especiales. Paso uno: recarga la cabeza en la almohada. Paso dos: tápate con las cobijas. ¿Y el paso tres? ¿Viajar en un cohete a la luna?". De inmediato se tapó, apoyó la cabeza en la almohada y se empezó a reír. Fue como si hubiera prendido un interruptor. Pasamos un minuto o dos haciendo propuestas ridículas para el tercer paso: desayunar, caminar en el techo, ir a la biblioteca, etcétera, hasta que se quedó dormido. ¡MAGIA! O no, sólo recurrir al juego.

Un cepillo hambriento en Eslovenia

Tenía un problemón con mi hija de tres años, Ana Klara.
Peinarla era una pesadilla porque se le enreda el cabello y
siempre termina gritando y llorando. Ya estaba agotada antes
de agarrar el cepillo porque sabía lo que me esperaba. De la
nada se me ocurrió una idea. Me hice la boba con el cepillo.
El cepillo decía tener hambre y para llenar su pancita tenía
que comer nudos de pelo. Mientras la peinaba, decía: "Ñam,
ñam, ñam, qué ricos nudos, pero todavía tengo mucha hambre.
¡Quiero más!". Desde ese día peinarla en las mañanas se
volvió un juego divertido. Ahora que ya cumplió seis años, ya
no lo hacemos, pero de vez en cuando me pide: "Mami, quiero
el cepillo con hambre". :-D

20

Los juegos de poder de la bacinica

Queridas J & J:

Mi hija de cinco años, Molly, es la mayor de tres. Desde que aprendió a ir al baño ha tenido problemas y se hace popó en los pantalones. Ya descartamos todos los padecimientos posibles (después de un año de análisis). Es evidente que cuando está motivada, lo hace. Sin embargo, hay poco que la motive de forma constante. Regresa a su método estándar, ponerse en cuclillas y hacer popó, y al mismo tiempo, negar que necesita ir al baño.

¡He intentado todo! Consecuencias naturales (cuando hace popó le digo que no podemos ir al parque porque la tengo que bañar, y después le pongo la pijama). Le digo que huele mal. No le doy atención positiva cuando hace popó en los pantalones (le pido que ella limpie y se bañe sola. Y llora para que le ayude). Una tabla de recompensas con calcomanías (funcionó dos días). No la regaño dos semanas seguidas (no sirvió de nada).

Intenté ser paciente, pero a la tercera, cuarta (¡o quinta!) vez al día, me desespero. La situación apesta (perdón por la broma pero es así), es vergonzoso cuando esto ocurre en espacios públicos, y costoso porque a veces tengo que tirar la ropa interior porque las manchas no se quitan.

¡Ayuda, por favor!

—Mamá incontinente

Querida Mamá incontinente:

¡Qué frustrante! Parece que las dos se sienten mal.

Vamos a empezar por cambiar el estado de ánimo. La mayoría de los niños menores de cinco años responden bien a una actitud de juego, y como habrás notado, se cierran cuando perciben que decepcionan.

La próxima vez que haga popó en los pantalones, intenta decirle: "Esa popó es muy engañosa. Aunque queremos tirarla en la taza, nos sorprende y termina en tu ropa interior".

Si está sentada en la taza y no hace nada, puedes empatizar con ella: "Ay, la popó engañosa que no quiere salir".

¡Lo lograste!

Por ahora, suspende los intentos de que ella se limpie sola y si se equivoca no le retires tu atención ni impongas consecuencias. De hecho, sería útil que busques todas las oportunidades posibles para darle atención positiva. Haz lo posible por reforzar su vínculo afectivo: lean cuentos, jueguen lo que le gusta, acurrúquense. Con esto satisfaces una necesidad elemental y reparas algunos de los sentimientos negativos que han surgido a raíz de este problema. Será difícil no mostrarte enojada, pero ten en cuenta que los otros métodos no están funcionando, convéncete de que vas a probar este nuevo enfoque durante una semana.

Después de esta semana como encantadora de popós, puedes recurrir a la resolución de problemas. Vamos a empezar retirando la vergüenza y la desaprobación del tema.

Buena suerte y por favor cuéntanos cómo "sale" todo.

—J & J

Queridas J & J:

Han transcurrido un par de semanas desde que probé el enfoque nuevo y me emociona compartir que la mejora ha sido impresionante. Al principio, Molly seguía haciendo popó en su ropa interior, pero parecía muy contenta cuando la ayudaba a limpiarse, y se rió cuando le conté de la "popó astuta". Las pocas veces que hizo una popó diminuta en el baño, celebramos a lo grande (cantando y bailando).

Seguimos con la resolución de problemas y se le ocurrieron algunas ideas:

- Molly se sienta en el baño, mientras mami cuenta hasta diez.
- Molly se sienta en el baño diez minutos para intentar hacer popó.
- Comprar un banquito más alto para el baño porque "se cansa" de que le cuelguen las piernas cuando se sienta.
- Si mami sospecha que la popó intenta salir, dirá la palabra clave: "ENGAÑOSA".

Las primeras dos ideas no funcionaron, pero creo que le gustó la resolución de problemas porque pasó tiempo conmigo. Un par de veces la vi en cuclillas y grité: "¡ENGAÑOSA!" y corrió al baño. La primera vez hizo muy poquito. Celebramos. Se bajó del baño y un par de minutos después, dijo: "¡Creo que la popó quiere salir otra vez!", y se volvió a sentar. ¡Hizo una popó muy grande! Estaba muy orgullosa de sí misma.

Desde entonces, ha ido al baño, sin necesidad de que yo se lo recuerde, pero sigue contándome y cada vez, celebro.

La semana pasada regresó de la escuela con diarrea. Me preocupaba que eso echara a perder el progreso. Le dije: "La diarrea es más engañosa que la popó normal. Es MUY difícil llegar al baño. Si sientes que quiere salir, tienes que correr muy rápido al baño". Tenía mis dudas, pero esa tarde pudo ir al baño varias veces y NO TUVO ACCIDENTES. Resulta que la diarrea le dio oportunidad de practicar en el nivel más avanzado.

Molly siempre ha sido muy sensible a mi estado de ánimo. En las mañanas que se hacía popó en los pantalones y me enojaba con ella, tenía un mal día en la escuela. A las maestras les preocupaba porque se negaba a terminar el trabajo y parecía ensimismada. La directora me citó para reunirme con los profesores, pero desde este progreso con el entrenamiento para ir al baño, Molly ha mejorado. Está haciendo su trabajo y parece más contenta en casa y en la escuela.

De hecho, apenas ayer yo estaba agotada y de mal humor. Estaba muy cansada y los niños llevaban todo el día haciendo mucho ruido y desorden. Antes cuando yo me enojaba, Molly se ponía muy mal y hacía un berrinche, pero en esta ocasión lo tomó con calma, me escuchó y me ayudó a limpiar, siempre de buen humor.

Supongo que tiene más reservas de toda la atención positiva que le he dado.

REPASO: JUEGOS DE PODER DE LA BACINICA

1. **Recurre al juego**

   —¡Esa popó es muy engañosa!

   Habla con objetos inanimados.

   —¡Oye, popó, vas al baño no en la ropa interior de Molly!

   Canta una canción boba.

   —¡Viva! ¡Viva! ¡Qué día tan *espopoctacular*!

2. **Describe lo que ves**

   —¡Lo lograste! Pusiste la popó engañosa en el baño.

3. **Tómate tiempo para reconectar**

   Lean, jueguen, acurrúquense, canten, bailen, jueguen luchitas...

4. **Recurre a la resolución de problemas**

   —No es fácil hacer popó en el baño. ¡Necesitamos ideas!

El Señor cara de papa tiene que hacer pipí

Estábamos visitando a un amigo y Kacey, de dos años, estaba cruzando las piernas y riendo, era claro que tenía ganas de hacer pipí, pero se negaba a ir al baño. Me preocupaba muchísimo que se hiciera pipí en la alfombra de mi amiga. Pero no la podía convencer de ir al baño. Estaba jugando con el Señor cara de papa y le dije: "Creo que el Señor cara de papa necesita ir al baño". Así que lo llevó al baño. Se estaba retorciendo, hasta que se bajó los pantalones e hizo pipí en el baño.

Juega bien tus cartas: una rutina de cuatro minutos para acostarlos

La rutina para acostar a Simon, de dos años y medio, cada vez duraba más tiempo. Para la noche me queda poca paciencia. Escribo para compartir mi éxito después de recurrir al juego.

Hice un juego para acostarse, con tarjetas laminadas con velcro. Mi papá es artista, así que le pedí que ilustrara el baño, el pijama, lavarse los dientes, encontrar el peluche favorito y leer libros.

Empezamos con las tarjetas en una pila así:

Simon escoge el orden de los pasos, siempre y cuando haga todos. Pone una tarjeta en el tablero a la vez, después de terminar cada paso.

Cuando termina, el tablero se ve así:

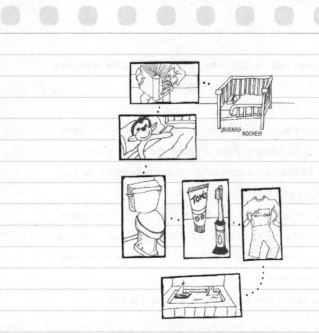

Me encantan las ilustraciones. Me ahorra preguntarle quinientas veces: "¿Qué quieres hacer, ponerte el pijama o lavarte los dientes?" Puede agarrar la tarjeta que quiere de la pila. El dibujo del mono en la cama muestra su peluche favorito, sin él, este proceso se detiene, así que *debe* encontrarlo y colocarlo en la cama.

A Simon le encanta y cada vez lo acuesto más rápido, nos da tiempo de leer más y cantar muchas canciones. Se siente de maravilla. Espero que siga tan entusiasmado como ahora.

Temas delicados

21

Divorcio

**Cómo ayudar a los niños a hacerle
frente al cambio y la pérdida**

Nadie que se esté divorciando necesita que le recuerden que puede ser absolutamente estresante para toda la familia. Es probable que los niños tengan retrocesos en diversos rubros, y los padres, que experimentan su propio dolor y pérdida, pueden no estar en el mejor estado de ánimo para brindarles apoyo, con cariño y paciencia. Así que los siguientes consejos son aspiracionales. Si no estás de humor, entonces sé paciente contigo mismo e inténtalo después.

Durante momentos difíciles, puede ser útil repasar las aptitudes elementales, pues son las primeras en huir por la puerta (mientras le azotas la puerta a tu ex).

El objetivo principal es resistir el poderoso impulso de minimizar o desestimar los sentimientos de pérdida de tus hijos. Estamos desesperados por explicarle a nuestros hijos por qué esta alteración abismal del mundo como lo conocen "no está tan mal". Y los niños están desesperados porque escuchemos cómo se sienten. *Será mucho más reconfortante para tus hijos si aceptas los sentimientos difíciles.*

Reconoce los sentimientos

Vamos a ver algunas conversaciones comunes en torno al divorcio que los padres tienen con sus hijos y comparemos lo que queremos decir con lo que los niños necesitan escuchar.

1. Mamá: de ahora en adelante, papi y yo vamos a vivir en casas distintas. Nos vamos a turnar para cuidarte.

Niño (empieza a llorar): ¡no quiero ir a otra casa!

En vez de:

"Ya lo sé, cariño, pero es lo mejor. No te gusta cuando mami y papi pelean, ¿verdad? Así todos vamos a estar más contentos. Verás que vamos a estar bien. Puedes decorar tu recámara nueva como quieras."

Reconoce los sentimientos:

"No te gusta la idea de mudarte."

"Vas a extrañar mucho esta casa."

"Para cualquiera mudarse puede ser muy triste."

Concede en la fantasía lo que no es posible en la realidad:

"No te gusta que tus papás vivan en casas distintas. Te gustaría que todo fuera como antes."

"Te gustaría que todos nos pudiéramos quedar en esta casa y nunca mudarnos."

"¿No sería genial que pudieras apretar un botón y aparecer en casa de papi? Después podrías apretar otro y volver a esta casa, para ir y venir cuando quieras."

Reconoce sus sentimientos con arte:

"Los dos estamos tristes. Voy a dibujar qué tan triste me siento. ¿Quieres hacer un dibujo tú también?"

"Aunque te veré los fines de semana, será triste no vernos todos los días. Te voy a dar una foto mía y voy a poner una foto tuya junto a mi cama."

2. El día de la mudanza se acerca, llevas a tu hija a ver la nueva casa y la nueva escuela. Empieza a llorar y dice: "No quiero cambiarme de escuela. Me gusta mi escuela".

En vez de:

"Ay, cariño esta escuela está genial. La maestra es muy amable. Estoy segura de que vas a conocer a muchos amigos. ¿No te gustó el patio?"

Reconoce sus sentimientos:

"Es difícil cambiar de escuela, tener una nueva maestra, nuevos amigos. No se siente igual de cómodo y cercano que la anterior. Extrañas a tu maestra y a tus amigos."

Concede en la fantasía, lo que no puedes en la realidad:

"¡Me encantaría que pudiéramos traerlos a todos!"

3. Tu ex y tú ya están viviendo separados y comparten la custodia, es hora de llevar a tu hijo a tu casa.

Niño: No me gusta tu casa, no voy a ir.

En vez de:

"Sí te gusta y *mucho*. Recuerda cuánto lloraste cuando mami pasó por ti el domingo. Le costó trabajo llevarte."

Reconoce sus sentimientos

"Es difícil empacar y mudarse."

"No estás de humor para volverte a mudar. Te gusta quedarte un rato en el mismo lugar, no mudarte cada semana."

Concede en la fantasía lo que no puedes en la realidad

"Sería muy lindo que mamá y yo viviéramos más cerca, para que pudieras ir y venir a tu antojo."

"Me encantaría tener una varita mágica para duplicar todo lo que tienes, así no tendrías que empacar."

4. Tu hijo se queja: "¡Pero mi papi me deja comer dulces antes de cenar!".

En vez de:

"A papi parece no importarle si se te pudren los dientes. Y supongo que no tiene pensado ayudar a pagar los honorarios del dentista. Sabes qué, no quiero saber qué te deja hacer o qué no te deja hacer. Cuando estés en mi casa, vas a obedecer mis reglas. ¡Y se acabó!"

Reconoce sus sentimientos:

"Es difícil vivir en dos casas con reglas distintas. No parece justo".

Concede en la fantasía lo que no puedes en la realidad:

"Sería maravilloso que los dulces te hicieran bien y que mamá siempre dijera: '¡No se te olvide comer dulces para mantener los dientes sanos!'"

Recurre a la resolución de problemas

Puede que la discusión no termine aquí. A lo mejor te encuentras resolviendo problemas más veces de las que ambos consideran aceptable con respecto a comer dulces, hacer el súper para satisfacer el antojo de un niño o cómo dar una dieta nutritiva.

No estamos sugiriendo que cambies tus reglas o comprometas tus valores porque tu ex tiene un estilo de vida distinto. Seguro hay muchos temas en los que no están de acuerdo siempre (ni siquiera cuando eran pareja): horas de acostarse, rutinas para hacer la tarea, labores en casa, tiempo frente a las pantallas, por mencionar los campos de batalla más frecuentes. La clave será aceptar los sentimientos de tu hijo y después ayudarlo a gestionar el reto de ajustarse a dos conjuntos de reglas. Si puedes involucrar a tu hijo para que encuentre alternativas aceptables, será más fácil que acepte tus límites.

Este es un ejemplo de cómo se puede aplicar la resolución de problemas en un conflicto sobre ver la tele durante la comida.

Si tu hijo se queja: "¿Por qué tengo que sentarme en la mesa? Mami me deja ver la tele cuando estoy comiendo".

Evita contestar: "Mira, niño, ¡en mi casa, seguimos mis reglas!".

Mejor, empieza **reconociendo sus sentimientos:**

"No te parece justo tener distintas reglas en ambas casas... te gusta comer viendo la tele... Es frustrante/decepcionante/te molesta... no poder comer y ver algo al mismo tiempo (dale tiempo de responder y explicar por qué es tan desagradable)."

Después, **describe tus sentimientos:**

"El problema es que no me gustan las migajas y las manchas en el sillón y la alfombra. No quiero preocuparme por eso. Además, me gusta mucho comer en la mesa y platicar, porque no te veo el resto de la semana."

Hagan una lluvia de ideas hasta encontrar una solución conveniente:

"Me pregunto si podemos encontrar una solución que nos guste a los dos. No quiero comer frente a la tele, ¿pero qué te parecería escoger un refrigerio para ver un programa juntos después de comer? ¿Quieres ayudarme a hacer una lista de refrigerios que sean buenos para ver la tele?"

> **Botanas para ver tele**
> - Almendras
> - Rebanadas de manzana
> - Uvas
> - Edamames
> - Chabacanos deshidratados

Con una conversación como esta, apostamos que el niño se sentirá mucho más contento y platicador durante la comida. Tal vez los dos tendrán una plática agradable durante la comida mientras deciden cuáles son las mejores botanas para ver *Bob esponja*. La resolución de problemas puede ser una forma de conectar o reconectar con tu hijo.

Inspíralos para cooperar

Cuando estás en la estresante entrega de tus hijos, seguramente no estás pensando en todas las encantadoras maneras para animarlo a cooperar. Quieres que termine y salir de ahí. Pero vamos a repasar las herramientas para facilitarlo.

Digamos que quieres subir a tu hija de entre uno y tres años al coche, pero se resiste. Tu ex no está ayudando. Para ser honestos, su abogado le dijo que no se metiera.

En vez de: "Vámonos, necesitas subirte a mi coche. No, no te puedes quedar con mami. No hay de otra. Así lo sentenció la corte."

Intenta **proponer una alternativa:**

"¿Quieres subirte como siempre o abro la cajuela para que entres por atrás?"

"¿Quieres caminar al coche o te llevo en mis brazos?"

Intenta **recurrir al juego:**

> "Tu osito de peluche está brincando en mi coche. No me deja abrocharle el cinturón. Quiere que tú lo hagas. Necesito que me ayudes, está muy travieso."

> "Vamos a subirnos al tren para llegar al coche. ¿Quieres ser el motor o el vagón de cola? (agárrense de los brazos). Chucu-chucu-chucu-chucu. ¡Chu-chu!"

Las entregas durante la custodia, las negociaciones por el postre y ajustarse a la vida en dos casas puede ir a las mil maravillas gracias a tu destreza. Pero es probable que, en cierto momento, las cosas se derrumben.

Si tienes dudas, **reconoce los sentimientos.**

A veces no sabrás por qué tu hijo está triste. Ni siquiera él lo sabe. A veces los niños retroceden o se portan mal cuando sus padres se divorcian. Pueden hacerse pipí en la cama, estar irritable, frustrarse fácilmente, lloriquear, ¡o todas las anteriores! Quizá tengas que adivinar y tratar de expresar sus sentimientos.

Un niño enloquece

Hace una semana mi ex esposo y yo cambiamos nuestro calendario y ha sido muy difícil para Javier. Desde hace poco, cuando no se sale con la suya, pasa de estar ligeramente frustrado a hacer un berrinche en menos de un minuto. La semana pasada quería plátano deshidratado y me exigió que le diera todo el bote. Le ofrecí una cantidad razonable en un tazón y de inmediato enloqueció. Le dije: "Puedes comer un puñado, ¡no todos!". Empezó a gritar y agarró un camioncito para aventármelo.

Le detuve la mano para que no lo hiciera. Y se me ocurrió *hablar en su nombre*: "¡Estoy muy frustrado! No entiendo por qué no me puedo comer todo el bote. No quiero el plátano en un tazón... y no me gusta cuando mi mami no está... no me gusta que a veces mi papi no esté... no me gusta que a veces *ninguno de los dos* estén... ¡No me gusta no saber quién va a estar!". Y seguí. "¿Eso pasa, cariño?" Asintió, relajó todo el cuerpo y se acurrucó en mi regazo.

El berrinche por los plátanos no sólo era por los plátanos. Le había estado dedicando tiempo de más para jugar con él, creyendo que sería útil. Pero supongo que necesitaba que pusiera sus sentimientos en palabras. En lo que va de esta semana no ha hecho ningún berrinche.

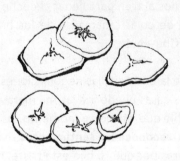

REPASO: DIVORCIO

1. Reconoce sus sentimientos

—No te gusta nada la idea de mudarte.

2. Concede en la fantasía lo que no puedes en la realidad

—No te gusta que tus papás vivan en casas separadas. Te gustaría que todo volviera a ser como antes.

3. Reconoce sus sentimientos con arte

—No te parece justo tener distintas reglas en ambas casas... te gusta ver la tele mientras comes...

—El problema es que no me gustan las migajas ni las manchas en el sillón.

—Me pregunto si hay una solución que nos guste a los dos.

4. Proponle una alternativa

—¿Te quieres subir al coche por la puerta o abro la cajuela para que te subas por ahí.

5. Recurre al juego

—Tu osito de peluche está brincando en mi coche. No me deja abrocharle el cinturón. Quiere que tú lo hagas. Necesito que me ayudes, está muy travieso.

 TIP Cuando dudes, reconoce sus sentimientos.

22

Cómo proteger a los niños de personas problemáticas

Con tantas historias en las noticias sobre el acoso sexual infantil es imposible que los padres no se preocupen. Para los niños pequeños, los sermones sobre el contacto "bueno" y el "malo" pueden ser confusos, sobre todo porque no queremos hablar explícitamente. ¿Qué concluyen de estas advertencias vagas? A fin de cuentas, muchos depredadores empiezan con contacto que se siente bien: abrazos, caricias en la espalda, en la cabeza. Es probable que las zonas que el traje de baño cubre entren mucho tiempo después. Pero a veces está bien que los doctores toquen esas zonas... Por eso a un niño le cuesta entenderlo.

¿Acaso debemos darles instrucciones más explícitas? "Por cierto, si estás compitiendo en un equipo de gimnasia y el doctor que te está revisando el tobillo intenta tocarte la vagina, tienes que decir que NO". Para ser meticulosos tenemos que advertir sobre cada variante que se nos ocurra. Para cuando terminemos la letanía de cosas espantosas que podrían pasar, el niño habrá enloquecido.

Lo primero que debemos hacer es **modificar nuestras expectativas.** No podemos garantizar la seguridad de nuestros hijos aterrándolos con advertencias horripilantes. Para garantizar la seguridad de los niños pequeños, necesitamos confiar en la supervisión de los adultos.

Además de nuestra supervisión directa, una forma efectiva de proteger a los niños es **reconocer y aceptar sus sentimientos**, *incluso aquellos negativos o que nos incomoden* (si leíste el capítulo uno, esto te resultará familiar). Cuando les ayudamos a reconocer y valorar sus sentimientos, también fomentamos que tengan la tranquilidad de comunicar a los adultos de su confianza lo que les inquieta.

En un mundo ideal, nuestros hijos siempre nos van a contar sus problemas importantes, y no nos van a molestar con quejas insignificantes. Por desgracia, los niños no siempre pueden hacer esa distinción. Y si les enseñamos que los "sentimientos negativos" son inaceptables, el efecto es acumulativo. Piensa en el efecto de estas frases familiares:

"Deja de llorar, no tienes nada de que asustarte."

"Deja de quejarte, es un rasguño."

"¡No digas que odias a la abuela! No quiero volverte a escuchar decir eso."

El niño más seguro no es aquel cuyos padres vehementes le han llenado la cabeza de escenarios pesadillescos sobre adultos depredadores, si no el niño cuyos padres le conceden el regalo de aceptar sus sentimientos de forma cotidiana. Es aquel cuyos padres le dicen:

"Los fuegos artificiales dan miedo, hacen mucho ruido."

"¡Incluso un rasguño pequeño duele! ¿Necesitas un beso o una bandita adhesiva?"

"Estás muy enojada con la abuela, hizo algo que te molestó mucho."

Regresemos al último ejemplo. Piensa en la niña que tiene la confianza de acercarse a sus padres para contarles: "¡Odio a la abuela!" o el maestro, o la entrenadora. Piensa en la madre o el padre que responde: "Parece que estás muy enojada con la entrenadora. Hizo algo que te molestó mucho", en vez de: "¿Cómo te atreves a hablar así de la entrenadora? Es muy irrespetuoso, se esmera mucho para ayudar a todos sus alumnos."

Es mucho menos probable que la niña cuyos padres aceptan los sentimientos negativos se quede callada sobre una situación que le incomoda. Esa niña sabe que sus sentimientos son importantes y que sus papás la escucharán, incluso cuando les cuente algo desagradable sobre un adulto o familiar respetado.

También queremos expresar que los niños tienen derecho a controlar sus cuerpos, y queremos que sepan que pueden contarnos si se sienten "incómodos". Sin embargo, a menos que extendamos este concepto

315

para incluir sus experiencias cotidianas, estaremos socavando el mensaje que queremos transmitir.

Si la tía Irma quiere abrazar a tu hijo de cinco años y él trata de quitarse, no le digas: "No seas grosero, abraza a tu tía, te quiere mucho". Para tu hijo, ese abrazo es *incómodo*. Mejor, puedes decirle a tu tía Irma: "Bucky no está de humor para dar abrazos. Le gustaría saludar con la mano".

Una madre reporta que le enseñó a su hija de tres años lenguaje muy específico para cuando gente desconocida le tocara el pelo rubio y rizado sin su consentimiento, lo cual ocurría muy a menudo. Cuando una mujer mayor se les acercó en un restaurante y le empezó a acariciar esos chinos, al parecer irresistibles, la niña respondió con firmeza, como habían practicado: "¡Por favor, no me toque el pelo!". La mujer estaba asombrada y miró a la madre, esperando que corrigiera esta "respuesta grosera". Mamá apoyó a su hija: "Lo lamento. No le gusta que gente desconocida le toque el pelo". La mujer se alejó molesta.

Estas son experiencias comunes y cotidianas, que le enseñan a los niños a ejercer el derecho de decidir sobre sus cuerpos.

Más aún, si no protegemos a nuestros hijos de los actos físicos para disciplinar (nalgadas, manazos o coscorrones), les estamos transmitiendo el mensaje de que el contacto "malo" es aceptable. Es difícil enseñarle a los niños que los adultos no deben tocarlos de forma que los incomode, y al mismo tiempo, aceptar que otros adultos los lastimen.

Por supuesto que habrá ocasiones en las que los niños deban tolerar la incomodidad física. No es necesariamente una aptitud negativa. En esos casos, de todas formas podemos respetar sus sentimientos y hacer lo posible por ayudarlos a sentirse en control.

Por ejemplo, si llevas a tu hijo a que le tomen una muestra de sangre y se esconde en una esquina gritando: "¡Aléjate!", no vamos a decir: "No quieres, mejor vamos por un helado". En cambio, podemos **reconocer sus sentimientos**. En vez de decirle: "No te comportes como un bebé, terminará muy rápido", podemos decirle: "Da miedo que nos piquen el brazo con una aguja. Me encantaría que no fuera necesario". Y **plantea una alternativa**: "¿Qué podemos hacer para acabar rápido? ¿Quieres apretarme la mano? ¿Te ayudaría distraerte con un videojuego?"

O por ejemplo, si tu hija está en el asiento trasero del coche, que-jándose a todo pulmón que su hermano lo está tocando con el codo, no vas a abandonar el sedán en una zanja y comprar uno más grande en ese momento. En vez de regañarla: "Apenas te está tocando. No quiero es-cuchar una queja más en lo que queda del trayecto", podemos demostrar respeto por sus sentimientos: "Ay, no es fácil ir apretados en un trayecto largo. ¡Incluso si es corto, se siente largo!". También puedes **conceder en la fantasía lo que no puedes en la realidad**: "Sería genial tener una limusina, con mucho espacio atrás. Suficiente para jugar con una pelota ¡o hasta para una alberca! ¿Qué más tendríamos?".

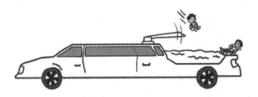

Hace treinta y cinco años, en el primer libro de la madre de Joanna, Adele Faber, *Liberated Parents, Liberated Children*, demostró el potente efecto protector de aceptar los sentimientos negativos de los niños.

Si le negamos la sensibilidad a un niño, entorpecemos su capacidad de percibir los peligros, y lo dejamos vulnerable ante cualquier in-fluencia de quienes no velan por su bienestar... cuando le decimos a un niño que no sienta lo que siente, lo despojamos de su protec-ción natural. No sólo eso. Lo confundimos, lo insensibilizamos. Lo obligamos a construir un mundo falso de palabras y mecanismos de defensa que no tienen nada que ver con su realidad interior. Lo separamos de quien es.*

Quizá te preguntes si Adele tuvo la oportunidad de probar su teoría con un depredador de carne y hueso (en vista de que preguntaste), te contaremos una anécdota de nuestra infancia.

*Adele Faber y Elaine Mazlish, *Liberated Parents, Liberated Children* (Nueva York: Avon Books, 1974, 1990), 39.

Encuentro espeluznante en la alberca
(anécdota de Joanna, aunque Julie también estuvo)

Cuando Julie y yo teníamos ocho años íbamos juntas a la alberca de nuestra ciudad. En esos días, era normal que los niños de esa edad se fueran a explorar en sus bicis sin supervisión de los adultos. Un día, un hombre joven empezó a jugar con nosotras, a lanzarnos en la alberca. Yo creí que era amigo de la familia de Julie, y más tarde descubrí que Julie creía que era amigo de mi familia. Las dos estábamos encantadas de que este tipo tan divertido nos pusiera atención. Salimos del agua y fuimos a comprar un helado a la cafetería. El hombre nos dijo que lo acompañáramos al bosque para que nos lamiera los dedos de los pies. Argumentó largo y tendido para convencernos, pero nos negamos. No se sentía bien. Regresé a casa y le conté a mi mamá. Muchos años después me confesó que mi anécdota le había helado la sangre, pero en aquel entonces, sólo me dijo: "Confiaste en tu intuición y supiste qué hacer".

Cuando los niños tienen la edad suficiente para andar solos, ya sea caminar a la escuela o jugar en el parque, les podemos **dar información** que les permita empezar a responsabilizarse de su seguridad. Esta información debe ser apta para cada individuo. Queremos empoderarlos sin asustarlos ni confundirlos.

Sabemos que hay niños que han experimentado ansiedad incapacitante cuando les advirtieron que hay desconocidos que quieren lastimarlos. Ten en cuenta que en los Estados Unidos, es más probable que te caiga un trueno que ocurra un secuestro en manos de desconocidos.* Se trata de equilibrar la seguridad física de nuestros hijos con su bienestar emocional.

---

* Cada año, en los Estados Unidos, hay cerca de mil personas lesionadas a causa de los truenos. https://web.archive.org/web/20051029004621/http://www.lightningsafety.noaa.gov/resources/Ltg%20Safety-Facts.pdf. "Durante el año del estudio [2002], se registró un estimado de 115 secuestros estereotípicos, los cuales se definen como secuestros en manos de un desconocido o ligeramente conocido" http://www.unh.edu/ccrc/pdf/MC19.pdf.

Que sea sencillo, no alarmante

Tengo un recuerdo de mi infancia en el que iba caminando de la escuela a casa, el día que nuestra maestra nos advirtió que había adultos que, desde el interior de sus coches, nos ofrecerían dulces para secuestrarnos. Recuerdo vívidamente que el corazón se me salía cada que pasaba un coche, pensando que disminuiría la velocidad para llevarme. Mi familia vivía en los suburbios y la tasa de crimen era muy baja, así que en retrospectiva, estoy segura de que el riesgo era infinitesimal,* pero en aquel entonces no lo entendía. Me tomó mucho tiempo superar este terror. Incluso durante años tuve pesadillas en las que me seguía un coche y no podía mover las piernas para correr.

Así que cuando la primaria de mi hija anunció una asamblea especial sobre "los peligros de los desconocidos", decidí que no asistiera. Mi amiga me criticó, me advirtió que correría riesgos si no le enseñaba a hablar con desconocidos. Pero esa regla nunca ha tenido sentido. Es decir, siempre hablamos con desconocidos: la bibliotecaria, el conductor del autobús, el empleado del servicio postal o mensajería. No quiero que mis hijos le tengan miedo a las personas que no conocen como yo cuando era niña. ¿Y si se caen de la bici, se raspan la rodilla y necesitan ayuda? ¿Y si necesitan preguntar cómo llegar a algún lado o hablar con el empleado del supermercado?

Pero me preocupaba que mi amiga tuviera razón, debía hablar con mi hija.

Se me ocurrió esto: "Ahora que tienes la edad suficiente de jugar con tus amigos sin supervisión, necesito enseñarte una regla de seguridad muy importante: *nunca te vayas con nadie, sin antes consultarnos a*

---

* "Los casos de niños secuestrados en manos de desconocidos o ligeramente conocidos representan sólo 0.001% de los niños desaparecidos. Es mucho más común que huyan de casa, se pierdan o lastimen, se los lleve un familiar (en general, durante una disputa sobre la custodia) o simplemente no estén en donde los esperan debido a falta de comunicación". https://www.washingtonpost.com/opinions/five-myths-about-missing-children/2013/05/10/efee398c-b8b4-11e2-aa9e-a02b765ff0ea_story.html

papá o a mí. Si una persona te invita a subirse a su coche, ir a su casa, ir a buscar a su cachorro... primero nos tienes que preguntar. Incluso si la abuela te invita un helado, primero nos tienes que preguntar. Si alguna vez, una persona te invita a ir con ella y no quiere que me preguntes, no es una persona confiable. Le puedes decir: 'Espera, primero tengo que preguntarle a mis papás si puedo acompañarte'".

Mi hija se lo tomó con calma y le encontró sentido:

—Porque no sabrías en dónde estoy.

—Te estaría buscando por todos lados, ¡me preocuparía!

Sentí que había logrado caminar por la delgada línea entre darle información para cuidarla y asustarla.

Queda claro que cada padre tendrá que tomar su decisión sobre el grado de supervisión y el tipo de información adecuada para sus hijos, así como el riesgo relativo de su entorno. No existe un guion ni una solución general para proteger la seguridad física y emocional de todos los niños.

En esta anécdota una madre descifró cómo dar información a su hija adolescente, sin asustarla ni confundirla:

Bailarina de tap segura

En su adolescencia, Amanda tuvo la oportunidad de participar en un festival de tap que duró una semana. Para llegar a Nueva York todos los días, tenía que tomar el tren sola. Sabía que era responsable, pero al mismo tiempo, me preocupaba que una adolescente viajando sola fuera un blanco fácil. Le di las advertencias normales sobre guardarse bien la cartera y entregar sus pertenencias sin resistirse, si alguien intentaba asaltarla. Después le recordé que si alguna vez necesitaba ayuda, si se perdía o alguien la incomodaba, podía meterse a una tienda y pedirle ayuda a un empleado. Si no era posible, que buscara a una mujer con hijos pequeños porque probablemente sería seguro pedirle ayuda. Puso los ojos en blanco, pero entendió el mensaje.

Los primeros dos días todo fue viento en popa, pero en su tercer viaje a la ciudad, estaba sentada sola en el tren y un hombre se sentó a su lado y empezó a molestarla, exigiendo que hablara con él y apretándola en su asiento. Intentó ignorarlo, pero no la dejaba en paz y estaba muy asustada. Nadie en el tren parecía ponerle atención y el conductor no estaba por ninguna parte. Se levantó y recorrió el pasillo hasta que encontró a una madre con dos hijos pequeños, se sentó a su lado. El hombre no la siguió.

Cuando me contó resurgió un recuerdo que había olvidado hacía mucho. Tenía diecisiete años y viajé en autobús a Texas para visitar a un familiar. Un hombre se sentó a mi lado y me empezó a tocar las piernas ocultándose en la oscuridad. Pasé una hora con miedo, apartándole las manos con cuidado, demasiado asustada para pedir ayuda. En un punto me preguntó cuántos años tenía y cuando le contesté, murmuró: "Menor de edad es cárcel", y se fue.

En retrospectiva, valieron la pena los ojos en blanco que me puso mi hija. Me dio gusto poder empoderarla para actuar y protegerse.

Y después los dejamos libres en el mundo. ¿Están listos?

Universitaria segura (correo de papá)

Hace cinco años tomé uno de sus talleres, y quería compartir esta anécdota.

Era el primer día de clases en la universidad. Estaba ayudando a mi hija a mudarse a la residencia de estudiantes. Su recámara era compartida. Los pasillos eran una locura. En algún punto, un grupito de jóvenes se asomó a la recámara y le dijo a mi hija:

—Vamos al pub, ¡ven!

—Gracias por la invitación, pero estoy muy ocupada desempacando —respondió ella.

—Ay, ven, no seas aguafiestas. Estás arruinando la diversión —dijo uno de ellos.

Mi hija estaba muy tranquila, sin titubear, respondió alegre:

—No vine a divertirte, pero espero que la pases bien.

Creo que el enfoque que aprendí en el taller me ayudó a infundirle la seguridad de convertirse en una mujer que puede mantener su postura fácilmente.

REPASO: PERSONAS PROBLEMÁTICAS

1. **Modifica tus expectativas:** no podemos garantizar la seguridad de nuestros hijos si los asustamos con advertencias aterradoras. En el caso de los niños pequeños, necesitamos confiar en la supervisión de los adultos para mantenerlos seguros.

2. **Reconoce sus sentimientos** incluso cuando son negativos o nos incomodan.

   —Parece que estás muy enojada con tu entrenadora. Hizo algo que te molestó mucho.

   —Le puedes decir a la tía Irma que no quieres un abrazo. Si quiere, pueden chocarlas.

3. **Dale información** adecuada a sus circunstancias.

   —Si alguien te incomoda, puedes entrar a una tienda y pedir ayuda a un empleado. También puedes buscar a una mujer con hijos pequeños, probablemente es seguro pedirle ayuda.

23

Sexo

Sólo es una palabra de cuatro letras

Un tema que suele causar profunda incomodidad entre los padres de niños preadolescentes es el *sexo*.

"Mi hija tiene seis años y los niños en su salón ya están hablando de cómo nacen los bebés. ¿¡No están muy pequeños!?"

"Mi hijo va en segundo de primaria. El otro día cuando compartíamos el coche para llevar a sus amigos a la escuela, iban riéndose y susurrando sobre 'ser gay'. Quería decir algo, pero no supe qué."

"Mi hijo va en quinto de primaria. La semana pasada tuvieron una presentación especial sobre drogas y sexo. La escuela mandó un aviso sugiriendo que revisáramos los materiales y platicáramos con los niños para aprovechar la oportunidad. Intenté hablar con él y enloqueció, estaba gritando y llorando. Me dijo que se iba a ir de la casa. Toda esta información le cayó muy mal. Siento que la escuela le quitó la inocencia."

No hay consenso sobre a qué edad los niños deben aprender sobre los hechos de la vida. Algunos padres quieren conservar "la inocencia de la niñez" todo lo posible. Otros aceptan la filosofía de "cuanto antes, mejor".

Nuestra experiencia nos dicta que cuando los padres hablan con los preadolescentes sobre los misterios de la procreación, la reacción es más bien cohibida. Las conversaciones sobre sexualidad les resultan insoportablemente vergonzosas. Por otra parte, los niños más pequeños suelen ver el proceso como información fascinante sobre el mundo tan singular que habitan.

Otro beneficio de hablar sobre este tema desde la infancia es que los niños sabrán que pueden acudir a ti con preguntas más adelante, cuando tengan dudas y empiecen a escuchar al resto del mundo hablar sobre sexo. Si no hablamos con los niños de sexo cuando son pequeños, el mensaje que les transmitimos es que es un tema tabú. Perdemos la oportunidad para recibir preguntas. Investigaciones sugieren que hablar con los niños pequeños sobre sexo fomenta conductas responsables y no resulta en el sexo precoz.*

Si se te está dificultando abordar el tema del sexo y la reproducción, compartimos algunas anécdotas de padres para inspirarte:

El libro del bebé

Cuando me embaracé con mi segundo hijo, Christopher tenía tres años. Decidí no inventar cuentos como habían hecho mis padres. Compré el libro *A Child Is Born*, de Lennart Nilsson, que tiene imágenes sobre el esperma que fertiliza el óvulo y el desarrollo del embrión y el feto en todas las etapas. Cada mes veíamos la siguiente foto y hablábamos del bebé que crecía en mi vientre. Christopher nunca se sintió incómodo. Era ciencia, ¡su materia favorita!

El viaje increíble (anécdota de Julie)

Asher tenía cinco años cuando mi esposo y yo le contamos que estaba embarazada. Asher, que ya sabía de los óvulos y espermatozoides nos preguntó: "¿Cómo se juntó el óvulo con el espermatozoide de papá?" Antes de responder, él se adelantó con su propia explicación: "¡Ya sé! Cuando se dan la mano, pasa de papá a mamá y después encuentra el óvulo". Fue muy tentador responder: "¡Sí, más o menos!". Pero una amiga me había guiado para abordar esta conversación, así que estaba lista: "No, así no. Papi coloca su pene en mi vagina y el espermatozoide sale de ahí, viaja por mi útero hasta encontrar el óvulo".

Entiendo cómo surgieron los mitos de la cigüeña. Me sentí rarísima contándole a mi hijo de

---

* https://jamanetwork.com/journals/jamapediatrics/article-abstract/2740229?guestAccessKey=f4c21d39-7699-4bee-94dc-8255e4faf7bf&utm_source=For_The_Media&utm_medium=referral&utm_campaign=ftm_links&utm_content=tfl&utm_term=072919

cinco años que su papá y yo tuvimos relaciones sexuales. Pensé que se asombraría, pero sólo respondió: "Ah", y enseguida preguntó cuándo nacería el bebé.

Clase en el quiosco del centro comercial (anécdota de Joanna)

Estaba en el centro comercial con mi hijo de tres años y medio, Zach, y mi amiga Lynda. Hicimos una parada para ir al baño, y mientras yo estaba en el quiosco, escuché que Zach le preguntó a Lynda: "¿Qué son esos?" Debió haber señalado la máquina de tampones porque escuché la respuesta de Lynda: "Se llama tampón. Cada mes, el cuerpo de todas las mujeres produce un huevecito muy pequeño, se llama óvulo. Ese óvulo puede crecer hasta convertirse en un bebé. Y si no, el óvulo se rompe. También hay sangre adicional para el bebé, así que cuando no hay bebé, sale sangre, porque no se necesita. La mujer se pone el tampón para absorber esa sangre".

Me impresionó mucho la facilidad y simplicidad con la que mi amiga respondió. Yo no hubiera sabido en dónde empezar. Zach no pareció darle mucha importancia, pero sí debió haber quedado pensando en el tema. Como un mes después, entró al baño mientras yo lo estaba usando y vio sangre en la taza. Parecía un poco alarmado, pero después me dijo: "Mamá, tal vez tu cuerpo hizo un huevecillo pero no se convirtió en bebé. Por eso tuvo que salir esa sangre, no te preocupes" y me dio una palmadita de consuelo.

Nunca se me hubiera ocurrido mencionar el tema de la menstruación con un niño de tres años. Pero en retrospectiva, creo que es bueno que los niños aprendan sobre los cuerpos humanos, sobre todo cuando son pequeños porque así les resulta un hecho normal de la vida.

Milagro de Acción de Gracias

Cuando mi hijo iba en segundo de primaria, escogió una película de la biblioteca, *El milagro de la vida*. Tenía la portada de un bebé y estaba en las películas educativas. La saqué sin pensarlo dos veces. Toda la familia se sentó a verla, incluidos mi hijo que iba en el kínder y el más pequeño, de dos años. Resulta que la película contenía *todo*. Utilizaron una tecnología de fibra óptica increíble para mostrar cómo las trompas de Falopio expulsan los óvulos, cómo el esperma sale liberado y sube hasta el canal vaginal, chocando con el óvulo para entrar, cómo se desarrolla el embrión y el nacimiento del bebé.

Dylan estaba fascinado. Le regresó y volvió a reproducir la escena del nacimiento muchas veces. Después preguntó cómo hacía el espermatozoide para entrar a la mujer. Miré a mi esposo como diciendo: "Tú eres el hombre, te toca". Y me miró como sugiriendo: "Tú trajiste la película. Te toca". Tragué saliva y contesté: "El hombre pone su pene en la vagina de la mujer para que el espermatozoide pueda entrar a su cuerpo y encontrar el óvulo". Dylan tenía los ojos como platos: "*¿Hicieron eso?*"

—¡Tres veces! —respondió mi esposo animado.

—Cuando quiera tener un hijo, ¿cómo voy a saber cómo hacerlo? —preguntó Dylan.

Guau, no estaba preparada para tener esa conversación con un niño de siete años. Pero lo hice: "No te puedo explicar porque tu cuerpo todavía no está lo suficientemente desarrollado para producir esperma. Pero sabrás cómo se siente cuando seas más grande".

Dylan quedó satisfecho con esa explicación. Estaba muy emocionado por esta nueva información. Estaba listo para salir a informar al mundo entero. Esto fue poco antes de Acción de Gracias, y de tarea debía escribir "Qué agradezco". Dylan escribió: "Agradezco el espermatozoide y el óvulo porque sin ellos yo no existiría". Escribió el ensayo más extenso que había producido en su corta vida: dos páginas inspiradas en las que explicó todo lo que había aprendido sobre la fertilización y el nacimiento.

Tuve que disuadir a Dylan de salir corriendo con los vecinos para compartir esta información. Le conté que algunos padres no querían que sus hijos tuvieran esta información hasta que fueran más grandes y se podían molestar si la descubrieran antes.

Me alegra haber rentado esa película, aunque entonces pareció un error. Con el transcurso de los años, Dylan y sus hermanos fueron aprendiendo más cosas sobre sexo, poco a poco, en lugar de recibir todo de golpe. Cuando la escuela empezó su programa sobre enfermedades de transmisión sexual y drogas para cometer delitos sexuales, agradecí que hayan aprendido sobre sexo de forma positiva.

Una de estas enseñanzas graduales se presentó cuando Dylan tenía doce años y en su clase de salud estudiaron la educación sexual. Me preguntó por qué se necesitan condones. "Si no quieren tener un bebé, podrían no tener sexo". Me di cuenta de que aunque conocía los mecanismos de la procreación no conocía la historia completa. Le expliqué que la naturaleza creó el sexo como algo placentero para que las criaturas se reprodujeran. Si no fuera placentero las especies no sobrevivirían. Procesar toda esta información fue demasiado. Se fue y aquí terminó la conversación. A medida que fue creciendo, el tema surgió de vez en cuando, a partir de un artículo periodístico, una película, conversaciones sobre política, todo lo cual fue sumando a su comprensión de la sexualidad. Es un tema muy amplio.

De dónde vienen los camioncitos

Estaba en el coche con mi amiga y su hijo de dos años, un niño muy elocuente. Vimos una grúa que arrastraba una camioneta de las llantas delanteras. "¡Mira mami!", gritó emocionado el niño. "¡Esos dos camiones se están apareando!"

Supongo que le explicó en qué consistía el sexo desde muy pequeño. Aunque, todavía tiene mucho que aprender.

Los pájaros y las abejas (y los pollos)

Mi hijo de seis años aprendió sobre sexualidad cuando una amiga adulta me preguntó cómo es que mis gallinas pueden poner huevos sin un gallo.

Le expliqué que las gallinas ponen huevos con o sin gallos. Si hay un gallo para fertilizar los huevos, empollan, de lo contrario, los huevos no están fertilizados. Mi amiga estaba asombrada. Supongo que no creció en una granja. Pero mi hijo estaba muy confundido. Cuando mi amiga se fue (con una docena de huevos), le expliqué qué es la fertilización. Le conté que el gallo se pone sobre la gallina para expulsar esperma que entra en la gallina. El esperma fertiliza el huevo cuando sigue dentro del cuerpo de la gallina, antes de que tenga cascarón. Después, sale el huevo con un embrión diminuto dentro que crece hasta ser un polluelo y salir del cascarón.

Lo ha visto porque tuvimos un gallo, aunque fue breve, que montaba a las gallinas... y cacareaba a las cuatro de la mañana. ¡Se imaginarán lo populares que éramos con los vecinos!

También le ha tocado ver a los polluelos salir del cascarón. Por lo que recibió mi explicación como otra pieza del rompecabezas. Tengo que reconocer que fue mucho más fácil hablar de pollos que de humanos. Ahora entiendo por qué a alguien se le ocurrió explicar el sexo con "pájaros y abejas". Tarde o temprano sé que va a preguntar sobre el humano, pero por lo menos ya empezamos a hablar del tema.

Problemas con los besos

Cuando mi hijo iba en primero de primaria besó la mano de otro niño en un reto. Los niños habían estado diciendo que besarse era asqueroso, pero a mi hijo que le encantaban los retos, dijo que de todas formas lo haría. Los otros niños le empezaron a decir "gay". Después, los niños de otros salones le preguntaban si era gay. Lo empujaban o le pegaban y salían corriendo, y él los perseguía. Llegó a casa y me contó que no sabía qué era *gay*, pero que estaba seguro de que era gay, porque eso le decían todos. Hablé con la maestra y me dijo que era mejor ignorar el problema y dejar que pasara.

Pero no quise ignorarlo, ¡era espantoso! Nadie se quería sentar con mi hijo ni jugar con él. Así que platiqué con él: "Cuando un hombre y una mujer se enamoran quieren besarse y abrazarse, a veces viven juntos, se casan y tienen hijos. Bueno, pues a veces un hombre se puede enamorar de otro hombre, o una mujer de otra mujer. A eso se refiere ser gay. Cuando besaste la mano de un niño se imaginaron a dos niños enamorados, por eso te llamaron gay". Le expliqué que para algunos, ser gay está mal, y por eso los niños se estaban portando mal con él. Pero le aseguré que no está mal que las personas se amen, ya sea un hombre y una mujer, un hombre y otro hombre o una mujer y otra mujer. La gente debe amar a quien quiera amar. Le conté que no tenía que descubrir si era gay o no porque sólo tenía seis años.

Mi hijo se quedó contento con esta explicación. Respondió: "Aaa-ahhh, por eso". También le sugerí que no persiguiera a los niños que lo molestaban porque eso los alteraba más.

Regresó a la escuela preparado con nueva información y seguridad para ponerle fin al acoso. Me sentí bien de darle toda la información que necesitaba en ese entonces y protegerlo contra el prejuicio que podría encontrar o desarrollar en el futuro.

¡No más secretos!

Cuando mi hijo tenía siete años, todavía no le había contado la historia de su nacimiento. Me parecía demasiado complicada y nunca encontraba el momento perfecto. Se lo conté a una amiga, quien reaccionó alarmada y me invitó a contárselo lo más pronto posible.

Fue tan convincente que mi esposo y yo platicamos con nuestro hijo al día siguiente sobre "EL TEMA". Le conté:

—Papá y yo queremos contarte de dónde viniste antes de nacer.

—¿Por qué? ¿Estás embarazada?

—No, no te preocupes.

—No me preocupo, ¡me gustaría!

Antes de salirnos del tema, le recordé cuando él y su papá hablaron de óvulos y esperma.

—Teníamos muchas ganas de tener un bebé, pero no nos podíamos embarazar. Así que le pedimos a otra mujer que nos ayudara a tener un bebé. Papi le dio su esperma a esta mujer y tú creciste dentro de ella. Estuvimos el día de tu nacimiento y después te trajimos a casa.

—No entiendo. ¿Me adoptaron? —contestó.

—No.

—¿Pero no son mis papás?

—*Somos* tus papás. Tienes un acta de nacimiento con nuestros nombres, dice que somos tus padres.

—Sólo porque tengan un papel que dice que son mis papás no quiere decir que lo sean. No tienes mis genes y no crecí dentro de ti (sabe de genes porque su papá es profesor de ciencia).

—Tienes los genes de papá y yo te cuidé desde que naciste.

—Mmm... estoy cansado —se acurrucó junto a mí y se quedó dormido.

En el curso de las siguientes semanas empezó a plantear todas sus preguntas:

—¿La mujer que estuvo embarazada de mí sigue viva?

—Sí, estoy en contacto con ella.

—¿Y mi amigo Ryan? Él sólo tiene mamás. ¿De *dónde* sacaron el esperma?

—Un hombre les ayudó.

—No soy normal. Trevor es el único de mis amigos que es normal porque tiene papás normales. A Devon lo adoptaron y Ryan tiene dos mamás y le tuvieron que pedir esperma a un hombre. Y ustedes tuvieron que buscar a alguien que se embarazara de mí.

—Hay muchas formas de formar una familia. La nuestra se formó así.

Me hubiera gustado contarle cuando era más pequeño. Más de un año después, seguía muy molesto porque le ocultamos esto. Acostumbraba a decir frases como: "No es justo que los papás tengan secretos y los niños no. ¡No me contaron que no vine de tu óvulo!". Creo que tenía cierto conocimiento de su mundo y de él mismo y que esto lo cimbró.

Han pasado dos años desde esa conversación y sigue hablando de "esos años en los que me ocultaron cosas". El secreto fue peor para él que la información. Por fin ha normalizado el tema del útero sustituto, como un hecho de su vida. Hace poco lo compartió con su amigo Ryan y su madre. Le gusta contar que se parece a su papá porque comparten genes, pero que también se parece a mí, aunque no los compartamos. A los nueve años ya tiene resuelto el debate de la naturaleza y la crianza.

No es como los viejos tiempos

Cuando mi hija era preadolescente, estaba decidida a no hacerla sentir incómoda con el tema del sexo y la reproducción. Recuerdo que mi madre me dijo que podía preguntarle lo que fuera, pero de algún modo, el sexo fue un tema tabú. Esas conversaciones eran reservadas. Siempre se suscitaban cuando no estaban mi hermano ni mi papá, y percibía la incomodidad de mi madre. Sin duda, no quería heredarle eso a mi hija. ¡Pero tampoco estaba segura de lograrlo!

Decidí que la honestidad era la mejor política, así que le dije: "Cuando era niña, casi nadie hablaba de sexo. Se suponía que era privado y la gente se avergonzaba mucho si surgía el tema.

"Creo que los padres *deberían* hablar con sus hijos sobre sexo. Pero yo todavía me siento incómoda porque así me criaron. Así que ahora sabes por qué. De todas formas, voy a hablar de eso, aunque me avergüence un poquito."

Esa confesión me ayudó a relajarme porque no me sentía presionada para mostrar una actitud perfecta. A mi hija le pareció interesante. Creo que supuso que crecí en la prehistoria. Ella se siente mucho más segura con el tema que yo a su edad. Un par de años después, no tuvo ningún problema en contarle a la familia (incluidos sus hermanos y papá) que tenía cólicos porque estaba en su periodo. ¡Jamás hubiera concebido hablar así a los hombres en mi familia!

Clase de cine

Mi hijo de trece años quería rentar una película, y según el tráiler, parecía ser de un hombre atractivo y carismático que había dominado el arte de conquistar a las mujeres para tener sexo. El giro predecible era que se terminaba enamorando de una mujer que lo trata como él ha tratado a todas las mujeres que ha conocido, y tiene que esmerarse mucho por conquistarla. No estaba muy entusiasmada por esta elección porque asumí que demostraría una conducta reprobable. Aunque sabía que al final había una "lección", no creía que valiera la hora y media de película dedicada a presentar un estilo de vida glamuroso que incluiría tratar a las mujeres como objetos.

Hasta que caí en cuenta de que era mi oportunidad dorada para charlar sobre las relaciones y las citas. Le dije que la podíamos ver (a fin de cuentas era clasificación B-15) pero cuando sus hermanos se acostaran, porque estaban muy pequeños.

Preguntó por qué y traté de simplificarlo: "Porque el protagonista de la película trata mal a las mujeres. Se comporta como si salir en citas fuera un deporte competitivo para ganar puntos. Tiene que convencer a una mujer de tener sexo. Cuando lo logra, lo deja y pasa a la siguiente. No quiero que ni tú ni tus hermanos crean que así se trata a las personas, de engañarlas para tener sexo y sumar otra conquista. *Ya* tienes edad suficiente para entender que en una película la historia puede parecer graciosa. Estoy segura de que *tarde o temprano* el protagonista aprende la lección: querer y preocuparse por la persona con la que tiene sexo".

Mi hijo parecía interesado y terminamos hablando sobre las citas. Me contó algunas cosas de los niños que ya salían a citas en secundaria, y me preguntó sobre la primera cita entre su papá y yo (en la cual toda la noche dije mal su nombre y nunca me corrigió). Recuerdo pensar que no hubiera tenido una respuesta tan abierta y positiva de haber empezado a sermonearlo, de la nada, sobre cómo tratar a las niñas. Eso hubiera sido incómodo y doloroso. Hablar sobre el guión de una película le dio al tema una distancia cómoda.

Ahí lo tienen, amigos. Hablen con sus hijos sobre sexo, antes de que se convierta en un monstruo en el clóset. Menciónenlo de forma superficial cuando surja el tema en una película, un anuncio o un documental sobre animales (o camiones). Hablen en términos simples y de acuerdo con el desarrollo de sus hijos. Sólo porque un niño de cinco años se pregunte de dónde provienen los bebés no quiere decir que necesite un sermón sobre enfermedades de transmisión sexual y violación. No queremos agobiar a los niños con más información de la que pueden procesar. En nuestra experiencia, los niños pequeños gestionan mucho mejor los hechos de la vida, siempre y cuando se los presentemos de forma positiva y sencilla. De hecho, son quienes mejor los gestionan.

REPASO: SEXO

1. Dales información

—El espermatozoide nadó hasta mi útero para encontrar el óvulo.

2. Describe cómo te sientes

—A veces todavía me incomoda hablar del tema porque así me criaron.

3. Reconoce sus sentimientos

—No te gustó que fuera un secreto. ¡Te gusta saber de dónde vienes!

24

Demasiados abrazos

Cuando el afecto no es consensuado

Queridas J & J:

A mi hijo de seis años le encanta abrazar y besar a sus amigos. El problema es que no sabe cuándo soltarlos, incluso cuando ellos se oponen fervientemente.

He intentado hablar con él sobre la importancia de respetar los cuerpos de los demás. Responde como si entendiera mi explicación, pero parece que no lo puede evitar. He intentado restringir ciertos privilegios como la tablet. Pero no sirvió de nada, sólo se enojó.

La única solución que ha funcionado hasta ahora es apartarlo físicamente (aunque con suavidad) del otro niño. Esto funciona bien cuando estoy presente, pero no lo puedo hacer cuando está en la escuela. Su maestra sugiere que se debe a algo que aprendió en casa. Es evidente que no, ¿cómo lo puedo controlar cuando no estoy con él?

Sería mucho más sencillo si le estuviera pegando a otros niños. Siempre le hemos enseñado a los niños que pegarle a alguien NUNCA se justifica, y punto. Pero los abrazos y los besos son mucho más complicados. ¿Cómo le enseñas a un niño de seis años hasta qué punto el afecto físico es sano? ¿Y cómo le podemos enseñar a apartarse cuando la otra persona ya ha tenido suficiente?

—Madre en aprietos

Querida Madre en aprietos:

El castigo y restringir ciertos privilegios no le ayudarán a tu hijo a aprender a controlarse. Parece que estás intentando resolver el problema, pero te estás saltando el primer, y muy fundamental, paso.

Paso uno: **reconoce los sentimientos de tu hijo**

¡No nos cansamos de decirlo! Pasa una cantidad considerable de tiempo hablando de lo bonito que es abrazar y besar. Lo mucho que le gusta hacerlo, en las mañanas, las tardes, antes de dormir, a sus papás, sus maestros y sus amigos. ¡Un buen abrazo es lo mejor! Cuando empiezas, no quieres parar, aunque la otra persona diga "¡suficiente!". Se siente tan bien que no quieres parar.

Paso dos: **describe el problema**

Sólo entonces puedes hablar de los sentimientos de los demás. "El problema es que a veces los demás no están de humor para que los abracen. Se pueden molestar. ¿Qué puede hacer alguien a quien le encanta abrazar cuando la otra persona no quiere que la abracen?"

Paso tres: **pide ideas**

Tal vez tu hijo puede hacer propuestas. Aquí van algunas ideas para empezar:

1. ¿Le gustaría un animal de peluche o un cojín enorme para abrazarlo cuando quiera?
2. Cuando tenga ganas de abrazar, se puede abrazar a sí mismo, tomando los hombros con las manos y besando el interior de los codos.
3. Puede preguntarle a alguien si quiere un abrazo. Si dice que sí, ¡adelante!
4. ¿Hay una palabra especial que sus amigos o maestros puedan decir para indicarle que deje de abrazarlos?
5. Tal vez los dos pueden inventar un juego de abrazos, para que practique cuándo empezar y cuándo terminar. Lo abrazas fuerte y él puede decir "más" o "ya". Cuando diga "ya", aléjate con dramatismo y di algo así: "¡Se acabó el abrazo!" (o "¡libre!" o "¡separado!" para que dejar de abrazarse sea más divertido.) Después deja que haga lo mismo. También deja que practique con otros

familiares o peluches que pueden hablarle con sus vocecitas tiernas.

Anota todas sus ideas. Escoge las que les gusten a los dos. Habla con sus maestros sobre las soluciones para incluirlos. Cuando utilice una solución, utiliza **elogios descriptivos:**

"Tenías ganas de abrazar, pero supiste que Amy no quería, así que te abrazaste solito. ¡Bien!"

Si no utiliza sus soluciones, **actúa** liberando a la "víctima" con suavidad, sin regañar a tu hijo. sólo repite: "Amy no está de humor para que la abracen. Vamos a buscar a alguien más".

Por último, puede ser útil **atender sus necesidades básicas** dándole la experiencia que busca. A algunos niños les gusta la presión, sobre todo si están en el espectro autista o tienen diferencias sensoriales. Una forma lúdica de satisfacer esta necesidad es fingir que el niño es un hot-dog (o tofu-dog, para los vegetarianos). Envuélvelo bien apretado en una manta (el pan) y después ponle los "condimentos". La "catsup" son abrazos grandes y firmes. La "col" se añade dándole palmaditas en la espalda, la mostaza, con caricias suaves con las manos, y la sal y la pimienta con los dedos, después te comes todo, ñam-ñam (¡sustituye con tus condimentos favoritos!).

REPASO: DEMASIADOS ABRAZOS

1. Reconoce sus sentimientos

—Abrazar es tan rico, que es difícil detenerse.

2. Recurre a la resolución de problemas

—El problema es que, a veces, los demás no están de humor para un abrazo. Necesitamos ideas.

3. Utiliza elogios descriptivos

—Supiste que Amy no quería un abrazo, así que te abrazaste solito. ¡Bien!

4. Actúa sin insultar

—¡Vamos a encontrar a alguien más que abrazar!

5. Atiende sus necesidades básicas: brinda las experiencias sensoriales que tu hijo busca

—Te voy a envolver como una salchicha en un pan.

Resolución de problemas

25

El problema con "tú/ti"

Queridas J & J:

Cuando intento empatizar con mi hija, se enoja. Le digo cosas de este estilo: "Entiendo que para ti es muy frustrante" o "Debes tener mucho miedo" o "Está bien estar triste", y me grita: "¡No digas eso!" o "¡Claro que no!". Me gusta la idea de reconocer y aceptar los sentimientos, pero no funciona con mi hija. Es como rociar gas a un incendio.

—Madre fracasando

Querida Madre fracasando:

Para entender la reacción de tu hija, vamos a probar las afirmaciones de tu correo en nosotras mismas.

Imagina que se te dificulta aprender a registrar los ingresos y los gastos en una hoja de cálculo para tu nueva empresa desde casa. Nunca has usado este programa y no va bien. Te quejas con tu esposa: "¡Ay, este programa no está funcionando! ¡¡Lo odio!!".

Tu esposa responde: "Ah, entiendo que este programa puede ser frustrante para *ti*.

¿Te sentirías mejor? ¿O sentirías que te está tratando con cierta condescendencia? ¿Como si estuviera analizando tus deficiencias?

Ese *para ti* con el que concluye le echa sal a la herida. Implica que las hojas de cálculo son fáciles para la mayoría, pero *para ti* (con tu mente ineficaz) son una lucha terrible.

Sería un mayor consuelo si tu pareja prescindiera del "para ti" y se limitara a decir: "¡Ay, los programas nuevos pueden ser frustrantes!".

Ahora está describiendo el programa, no tu incapacidad para manejarlo. Parece que se está poniendo en tus zapatos y empatizando, no juzgándote.

Vamos a probar la siguiente oración de tu correo. Esta vez imagina que tienes miedo de hablar en público y tienes que dar una presentación para un grupo grande en el trabajo. Tu jefe se da cuenta de tu expresión seria y que te tiemblan las manos, y te dice: "Te noto muy asustada".

¿Te consoló? ¿O lo sentiste presuntuoso y tal vez un poco autocomplaciente por identificar tu estado de ánimo miserable? ¿Quién le dijo que era tu psicólogo? Hasta donde sabes, ¡no le pediste que te dijera cómo te sientes!

¿Qué tal si, en cambio, él percibe tus señales de nerviosismo y te dijera: "Da nervios, hablar frente a toda la empresa, sobre todo la primera vez"?

A lo mejor te sientes un poco menos nerviosa, sabiendo que tu jefe entiende lo estresante que es esta tarea. No *te* está analizando, está describiendo la situación. Parece que está de tu lado.

Habrás identificado el común denominador en estas conversaciones. En ambos casos, las palabras "tú, ti" pueden sabotear los intentos por mostrar empatía.

Desde luego no las puedes borrar de tu vocabulario. Habrá muchas veces en que cumplan su función normal, práctica y sin fines de insultar. El reto es identificar que pueden molestar. Evítalas si en tu respuesta parece que juzgas o analizas al niño. En vez de decirle cómo se siente, puedes describir la situación o la experiencia, y nombrar el sentimiento que la acompaña. La idea es empatizar con la experiencia universal de sentir miedo, tristeza, frustración, enojo...

Esta es una tabla de conversiones muy práctica PARA TI:

En vez de:	Prueba:
Te ves muy asustada.	Los truenos pueden dar miedo. ¡Están muy fuertes!
Me doy cuenta de lo frustrante que puede ser para ti.	Las divisiones largas pueden ser frustrantes. Hay muchos pasos que recordar.

En vez de:	Prueba:
Debes estar muy molesta, está bien llorar.	Es triste quedarse fuera de la fiesta de un amigo.
Entiendo que estás muy decepcionado porque no te contrataron.	Ay, no. ¡Qué decepción!

Varias de estas frases son incluso más molestas porque el orador dice "*Entiendo que...*" "*Me doy cuenta de que...*", enfatizando así su percepción al identificar tus emociones. Cuando las personas están afligidas, quieren que se reconozcan sus sentimientos, no que los analicen. Si son niños, pueden responder gritando y retirándose corriendo. Si son adultos, van a hacer corajes en silencio y días después, explotar "sin razón aparente".

¡No queremos cancelar todos los "tú, ti"! Muchas veces es preciso usarlos para formar una oración coherente. Y muchas veces son por completo inofensivos, incluso en el contexto de reconocer los sentimientos. Aquí algunos ejemplos:

"Suenas muy enojada con *tu* hermana. Debió haber hecho algo que *te* molestó mucho."

"No *te* noto convencido de inscribirte al equipo. En parte quieres y en parte, no..."

"*Tú* querías visitar a tus abuelos. Es horrible que no puedas ir porque tienes fiebre."

¿Cómo sabrás si "tú/ti" son problemáticas? Sin lugar a dudas, aceptar los sentimientos no es un arte, ni una ciencia. Tu hijo (o pareja o colega o amigo) te dará la clave con sus reacciones. Si tienes dudas, prueba contigo mismo para ver cómo te sientes.

También es práctico imaginar qué dirías si estuvieras empatizando con un adulto. Si tu amigo se quejara de que tuvo un día difícil porque se quedó en casa con los niños, sin salir, no le dirías: "Ay, la crianza es frustrante para ti. Te debes sentir agobiado. Está bien si a veces te molestas con los niños. Es normal".

Sin duda hubiera sido mejor prescindir de los "tú, ti" y mejor ponerte en sus zapatos: "Los días lluviosos son lo peor! Los niños siempre terminan peleando y no hay escapatoria".

Algunos lectores estarán pensando: "*¿Por qué estas autoras están gestionando cada palabra minúscula que dice la gente? ¡Qué molesto!*".

Pero la mayoría de los padres no se preocupa por este tema. Muchos niños valoran una frase empática, incluso si no es una obra de arte perfecta. Pero si tus intentos por aceptar los sentimientos se reciben con ira o rechazo, te puede ayudar a afinar tus respuestas.

El problema con los "pero"

Queridas J & J:

Reconocer los sentimientos no funcionó con mi hijo de cinco años. Le encanta colorear y todos los días le he estado imprimiendo un animal para que lo coloree. Ayer pidió un guepardo, pero la impresora se atascó y no pude volver a arrancarla. Empezó a llorar. Intenté reconocer sus sentimientos y darle alternativas.

"Sé lo mucho que querías colorear un guepardo, pero se descompuso la impresora. Puedes escoger entre estos animales que ya imprimí".

Hizo un berrinche en serio. Tal vez este método no funcione con algunos niños. ¿O tengo que seguir practicando hasta que se acostumbre?

—Madre atascada

Querida Madre atascada:

Cuando reconocemos los sentimientos es muy tentador continuar con un "pero", y coronarlo con algún consejo valioso.

"Suenas muy molesto, ¡pero de todas formas no puedes faltar a la escuela! ¿Por qué no juegas con alguien más en el recreo?"

"¡Qué frustrante! Pero no te puedes quedar sentada y quejarte. Necesitas hacer algo al respecto o superarlo."

"Sé que tenías muchas ganas de dibujar un guepardo, pero se descompuso la impresora. Puedes dibujar un tigre, es casi lo mismo, tiene rayas en vez de manchas."

Sentimos que nuestra labor es identificar la realidad que nuestro hijo debe aceptar, y hacerlo de inmediato. Y queremos que lo superen rápido y acepten una alternativa absolutamente razonable. El problema es que un niño agobiado no está listo para contemplar opciones ni consejos. En cuanto mencionamos el "pero", cancelamos cualquier sentimiento positivo que haya transmitido nuestra respuesta empática previa. Lo pueden experimentar más como regaño y menos como empatía. Es como si le dijéramos al niño: te entiendo y ahora te voy a decir por qué no debes sentirte así.

Vamos a probarlo, veremos si los "peros" se sienten bien cuando estamos desanimados.

"Levantarse para atender a un bebé que llora varias veces en la noche es agotador, *pero* tienes que entender que es parte de ser padre, y lo sabías. Puedes dormir cuando el bebé tome su siesta o aceptar la ayuda de tu suegra."

"Es decepcionante que se haya cancelado la obra por el coronavirus, *pero* sería egoísta no cancelarla. Tienes que contemplar el bienestar de los demás."

"Es horrible que tu mejor amiga se mude a otra ciudad, *pero* conocerás nuevos amigos. Sólo necesitas salir y estar disponible."

Piensa cómo mejorarían estas respuestas si prescindimos de la segunda parte de las oraciones:

"Levantarse para atender a un bebé que llora varias veces en la noche es agotador."

"Es decepcionante que se haya cancelado la obra por el coronavirus."

"Es horrible que tu mejor amiga se mude a otra ciudad."

¿No se siente mejor? Tal vez compartirías más sobre lo que estás pasando. Tal vez si sientes que te escuchan, estarás abierta a contemplar un plan para mejorar la situación. O tal vez, te sientes consolada, sabes que alguien te entiende.

La próxima vez que se atore la impresora, el diálogo podría transcurrir así:

"¡Ay no! ¡Tenías muchas ganas de colorear un guepardo y la impresora no sirve!"

"¡No es justo!"

"¡Qué decepción!"

"¡Sí!"

"Oye, impresora, ¿por qué no funcionas cuando tienes que funcionar?"

"Esta impresora es pésima."

"¿Qué hacemos? ¿Utilizamos otro animal o dibujamos nuestro propio guepardo? ¿O prefieres hacer otra cosa?"

Si tu hijo insiste y exige la impresión del guepardo y no parece entender las limitaciones tecnológicas, vas a sentir la presión de usar un "pero". Estas son dos frases prácticas para sustituirlo:

1. *El problema es...*

"¡Ay no, tenías muchas ganas de colorear un guepardo! ¡Qué decepción! *El problema es* que se descompuso la impresora."

El problema es... sugiere que hay un problema que se puede solucionar si los dos suman esfuerzos. Tal vez puedan googlear soluciones para "impresoras atascadas" o apoyar una hoja en la pantalla mientras trazan un guepardo. El énfasis no cae en descartar el sentimiento, sino en resolver el problema.

345

2. Aunque ya sabes...

"Es molesto cuando deseas colorear un guepardo, ¡y no hay ninguno disponible para colorear! *Aunque ya sabes que* la impresora se descompuso, de todas formas es muy frustrante."

Con *aunque ya sabes...* les das crédito al niño por entender la situación, y al mismo tiempo, reconoces sus sentimientos.

El problema con "discúlpate"

Queridas J & J:

Cuando mis hijos lastiman a alguien siempre los hago disculparse. Pero a veces esto empeora la situación.

Este es un escenario común: Jared está corriendo por la casa y choca con su hermanita. Haylie se cae y llora.

Yo: Jared, no corras en el pasillo. Lastimaste a Haylie. ¡Discúlpate!

Jared (pone los ojos en blanco): Ok, ok, per-doooón.

Haylie (intenta patearlo): ¡Te odio!

Esto de disculparse no está funcionando. Entiendo que cuando los obligamos a disculparse quizá no sean sinceros. ¿Pero qué hacer cuando tu hijo se estampa con su hermana? ¿Dejar que se vaya como si nada? ¿Que repita la disculpa hasta que suene sincera mientras su hermana lo patea? No parece haber una buena solución.

—Papá clemente

Querido Papá clemente:

Parece que parte de nuestra labor como padres es enseñar a los niños a disculparse. Pero como ya has notado, ante la orden *"discúlpate"* el agresor responde con antipatía. Cuando obligamos a los niños a pronunciar estas palabras, algunos lo hacen con sarcasmo, y otros lo hacen para salir del paso, las repiten como robots sin arrepentirse.

Luego están quienes se niegan a decirlo, se ríen y se van corriendo. Nos deja pensando si estamos criando a un sociópata (¡por favor, quita esta inquietud de tu lista! Las risas inapropiadas o salir corriendo suelen ser señales de temor o vergüenza, no de crueldad. Para un niño pequeño, enfrentarse a un hermano llorando y a un padre molesto es demasiado).

También ya has notado que "el perdón" no suele cumplir el fin de consolar a la parte ofendida o herida. Lo cual nos hace pensar por qué nos esmeramos tanto por exigírselo a los niños. ¿Acaso hay una forma más efectiva de enseñarle a un niño qué hacer cuando lastima a alguien, por accidente o a propósito?

Nos gustaría reservar "el perdón" para accidentes menores, como cuando chocamos con el carrito de otra persona en el súper. Es una forma concisa y educada de demostrar que no fue tu intención.

Pero cuando lastimas a alguien o maltratas algo, esas palabras no son suficientes. Esperamos que las personas se esmeren por reparar el daño, o por lo menos garantizar que mejorarán en el futuro. De lo contrario, la disculpa nos sabe falsa o como una petición de que la parte afectada deje de estar enojada. Tal vez nos estamos concentrando demasiado en las palabras y no lo suficiente en las acciones que deberían acompañarlas. Vamos a estudiar estas situaciones hipotéticas:

Cuando un invitado a comer tira la leche, ¿preferirías que se deshaga en disculpas: "¡Lo siento muchísimo! ¡Qué torpe soy!", o que vaya por una esponja para limpiar?

Si tu hermana pide prestado tu coche y abolla la defensa, ¿qué preferirías escuchar?

"¡Lo siento muchísimo! ¿Me perdonas?", al borde de las lágrimas... o: "Me hubiera gustado evitarlo. Mañana llevo tu coche al taller para que le cambien la defensa".

Si los perros de tu vecino hacen un hoyo en tus amadas petunias, ¿qué respuesta apaciguaría tu ira?

"Ok, ok. ¡Lo siento! ¡Ya me disculpé como diez veces!"... o "¡Ay, no! ¡Tus hermosas flores! Si me permites, voy a comprar varias para plantarlas. Primero, voy a arreglar el pestillo de la reja para que Mel ya no se pueda salir".

Cualquiera de las respuestas anteriores podría incluir *"perdón"*, pero estas palabras no son la parte más importante de la disculpa. La clave es ofrecerse a **reparar el daño**, ya sea resolver las cosas en el presente o en el futuro... ¡o ambos!

Si nos centramos en *estos* elementos de la disculpa los niños sabrán qué hacer cuando lastimen o molesten a alguien. El mismo niño que nos saca de quicio cuando se ríe o sale corriendo cuando le exigimos que se disculpe, tendrá un cambio radical cuando le demos la oportunidad de redimirse con alguna acción concreta. Es un alivio ver que cuando les damos la oportunidad, nuestros niños pueden ser empáticos.

¿Cómo podemos ayudar a un niño para que haga lo correcto cuando se requiere una disculpa? Podemos empezar por **describir los sentimientos** de la parte afectada de manera concisa, y después encontrar una forma para reparar el daño que corresponda a la edad del niño. Puede ser una oferta física, como en estos ejemplos:

"Idris está llorando. Se lastimó la rodilla por jugar brusco. ¡Necesitamos una bandita adhesiva! ¿Me traes una del botiquín?"

"Camila está triste porque se reventó su globo. ¿Puedes buscar otra cosa para que juegue?"

"A Bart se le lastimó el labio en ese choque. ¿Le puedes traer una paleta de hielo para aliviarlo?"

Cuando los niños se acostumbren a hacerlo, podemos *pedirles* que piensen en soluciones.

"Jack parece molesto. ¿Cómo se sentiría mejor?"

Habrás notado que eludimos usar las palabras acusatorias "tú, ti". Si decimos: "Tronaste el globo de Camila a propósito. ¡Qué grosero!", seguro reacciona a la defensiva: "¡Claro que no!" o "¡Ella intentó tronar el mío!".

¿Qué pasa si, pese a todos tus esfuerzos, tu hija, que acaba de golpear a su amiguita en la cabeza con su camión, se niega a reparar el daño? ¿Deberías insistir para que por lo menos se disculpe, antes de que siga jugando como si nada?

Una disculpa que no es sincera es peor que ninguna disculpa. Carece de sentido para quien se disculpa y para quien la recibe es insultante. Es mejor demostrar la conducta adecuada y **actuar** para que la niña no siga lastimando o destruyendo. Por ejemplo:

"Ay, no, Paola se lastimó con el camión de Alma. Perdón, Paola. Vamos a ponerte hielo en la cabeza."

"Alma, me voy a llevar el camión para guardarlo. No puedo permitir que nadie se golpee la cabeza."

Si Alma está de un humor feroz y sigue atacando con vehículos alternativos, es hora de dar por terminada la reunión de juego o determinar qué le está molestando e intentar resolverlo.

Si a tu hijo no le cuesta nada disculparse, pero no cambia su conducta, evita reaccionar así: "¡Una *disculpa* no es suficiente!". Lo vas a confundir (*¿no era lo que tenía que hacer?*). Oriéntalo para que repare el daño y planee con miras al futuro.

"De acuerdo, lamentas haberle pegado a Paola en la cabeza. ¿Ahora qué hacemos para que se sienta mejor?"... "¿Qué hacemos a la próxima?... ¿Cómo demostrarle a tu amiga que estás enojada, pero sin pegar?".

Historias desde la vanguardia

Aprieta dedos

Alex tiene cinco años y en nuestra familia siempre le toca el papel del salvaje. A diferencia de su hermanita de año y medio, lo es, pero caemos en la trampa de creer que es una bestia insensible. Ayer le apretó los dedos cuando quería agarrar sus Legos y ella empezó a llorar. Me resistí a regañarlo ("¡Otra vez estás siendo brusco!"). Mejor opté por decir: "¡Abby se lastimó los dedos! Necesitamos consolarla. ¿Qué hacemos?" Alex respondió: "¡Le voy a dar un beso en los dedos!" Le empezó a besar cada dedo, igual que le hacemos cuándo él se lastima, y ella reaccionó riendo. Este enfoque saca a relucir su lado tierno.

Halloween en julio (anécdota de Joanna)

Sammy, de cinco años, estaba jugando afuera con sus hermanos. Entró a la casa llorando, subió corriendo a su recámara y azotó la puerta.

Dan, de siete años, entró contento, sin darse cuenta de nada. Debo admitir que tuve que morderme la lengua para no acusarlo (*¿qué le hiciste a tu hermano?*). Me contuve y empecé a contarle lo que vi:

—Dan, pasó algo que le molestó a tu hermano. Está llorando en su recámara.

Dan reaccionó alicaído:

—Ah... estábamos jugando y nos estaba molestando. Pateé la pelota y se cayó, pero no me di cuenta de que estaba llorando.

—Supongo que no es fácil jugar con un niño de cinco años. ¿Qué hacemos para consolarlo? —de nuevo, me resistí a criticar la conducta de Dan para que no se sintiera culpable.

—Ya sé, ¿puedo cortar una manzana?

Con mi supervisión, Dan le hizo una carita a una manzana con un cuchillo pequeño. Después sirvió un vaso de jugo y subió con su ofrenda de paz a la recámara de Sam. A Sam le encantó. Y se restauró la armonía... por ahora.

Puede ayudar reconocer que las intenciones de tu hijo no eran malas. Si le hablamos como si fuera mal intencionado es muy probable que así se comporte. En vez de decirle: "¡Mira lo que hiciste!", cuando lastime a alguien o rompa algo por accidente, podríamos decir: "Ay, no, no querías que pasara esto. No era parte del plan". Con una respuesta comprensiva facilitamos que se arrepienta, repare el daño y mejore en el futuro.

Pánico en la alberca

Nuestros amigos nos invitaron a nadar en su alberca. Mikey, mi hijo, se echó un clavado y cayó muy cerca de Kyle (el hijo de nuestro anfitrión), quien tragó agua. El pobre se estaba ahogando y llorando. Sus papás me miraban, a la espera de que obligara a Mikey a disculparse... que hubiera hecho, a sabiendas de que arruinaría el resto de la reunión. Cuando intento que Mikey se disculpe, se suele molestar y salir corriendo y nunca lo dice con gentileza.

Así que probé su consejo, palabra por palabra: "¡Ay, no! ¡Kyle se lastimó! No querías que pasara *esto*. ¡*No* era parte del plan!". Mikey parecía tan aliviado, lo repitió: "¡NO era parte del plan!". Y concluyó con: "Perdón, Kylie", con mucha ternura. Kyle respondió que estaba bien y siguieron jugando como si nada.

Cuando tu hijo ofende a un adulto, ya sea maestro, conductor de autobús, entrenadora, vecino, puede ser difícil hacerle frente al adulto en cuestión y disculparse. ¡Da miedo! Es una gran oportunidad para enseñarles a escribir una nota de disculpa. Los adultos suelen recibirlas bien, pues valoran el esfuerzo.

Corista inquieto

Mi hijo regresó de la primaria llorando.

—¡El profe de canto me sacó del concierto del coro!

—¡Ay, no! Qué triste.

—Sólo porque estaba brincando en la tarima cuando estábamos practicando.

—Ay, parece que se enojó mucho por eso.

—Pero es difícil quedarme quieto tanto tiempo, me duelen las piernas.

—Te entiendo, es difícil permanecer de pie mucho tiempo. ¿Tal vez le podrías preguntar si te puedes sentar cuando necesites descansar?

—No, debo estar parado, pero es demasiado tarde. Me dijo que se me acabaron las oportunidades.

—Parece que el profe está nervioso porque quiere que el concierto salga bien, y le inquieta que los niños estén saltando durante los ensayos. Normalmente es un hombre muy amable. Creo que si le escribieras una nota podría cambiar de opinión. Le podrías explicar que estabas brincando porque cuando estás mucho tiempo parado te duelen las piernas. Pero que tienes muchas ganas de participar en el concierto y te comprometes a quedarte quieto durante los ensayos. ¿Te ayudo a redactarla?

—¡SÍ!

Le escribimos la carta. El profesor estaba impresionado. Mi hijo cantó muy orgulloso en el concierto. También aprendió el poder de una disculpa por escrito, que siguió aprovechando el resto de su carrera escolar.

Cuando le enseñamos a un niño pequeño a disculparse, nos centramos en ayudarlo a emprender una acción sencilla para solucionar el problema o que la persona se sienta mejor.

Por supuesto, una disculpa más "madura", por su complejidad y matices, implica reconocer los sentimientos del agraviado, además de reparar el daño.

La mejor manera de enseñar esta aptitud más avanzada es poner el ejemplo. Cuando herimos a un niño, es mejor evitar pedir perdón:

No: "Discúlpame. ¿Me disculpas? Ven y dame un besito".

Mejor podemos expresarles que entendemos cómo se sienten: "Lamento mucho haberte avergonzado frente a tus amigos cuando mencioné que llevaras tu inhalador. La próxima vez que te quiera decir algo así, lo haré en privado".

Para guiar a los niños en este proceso compartamos las palabras explícitas que nos brindarían consuelo: "Me ayudaría escuchar que entiendes lo preocupada que estaba anoche que llegaste tarde y no me llamaste para avisarme. *Después* podemos enfocarnos en qué hacer para la próxima".

Es mucho más probable que tu hijo sea más receptivo frente a este mensaje si demuestras que tú también eres comprensivo cuando se invierten los papeles.

¿Reciclar o no?

En los últimos meses, hemos acumulado una cantidad insana de creaciones en cartón, papel, barro y cinta adhesiva. Están acumulando polvo y la casa se siente muy desordenada.

Con los niños en casa todo el día, a raíz del covid-19, no ha habido una oportunidad para deshacerme de tantas cosas de forma discreta. Así que ayer que estaban jugando, como si nada, tiré una pila de creaciones de cartón al bote de reciclaje. Me salí a escondidas, ¡pero me atraparon con las manos en la masa!

Sahana, mi hija de ocho años, reaccionó muy molesta, exigió saber lo qué estaba haciendo. Empezó a revisar el bote y a sacar cosas. Le expliqué que no las habíamos usado hacía mucho, que habían estado arrumbadas y era hora de limpiar.

Se le llenaron los ojos de lágrimas. Subió corriendo con una de las creaciones que rescató y cerró la puerta de su recámara. Me sentí muy mal.

Últimamente, cuando tenemos un desacuerdo nos escribimos cartitas, así que le escribí una disculpa y se la mandé con su hermano. Es curioso, pero ella también me estaba escribiendo una.

> Querida mami:
> Estoy molesta porque me entristece verte tirar algunas cosas que considero especiales, sin preguntar. ¿Cómo te sentirías tú?
> Con cariño, Sahana

> Hola, Sahana:
> Lamento mucho tirar tus cosas sin consultarte. También me molestaría mucho si alguien tirara mis cosas sin decirme antes. ¿Cómo puedo enmendar las cosas?
> Con cariño, mami

Querida mami:

   ¿Podemos sacar algunas cosas de la basura? ¡Te perdono! ¡Somos amigas!

Con cariño, Sahana :)

Querida Sahana:

   Si sacamos las cosas de la basura, ¿las guardarás? Me preocupa que no puedas despedirte de cosas que ni tus hermanos ni tú han usado en más de un año.

Con cariño, mami

   Tal vez sólo voy a guardar algunas cosas, que tengan más valor. Pero la próxima vez, pregunta.
   Con cariño,

Sahana

   Me parece bien :)
   Gracias por entender. Estoy lista para revisar la basura y recuperar lo que quieras, me avisas cuando estés lista.

<3 Mami

El laboratorio de huevos

Me llamó la profesora de educación física. Mi hijo de quince años, Drew, había sido irrespetuoso. Se había negado a limpiar un huevo roto del "laboratorio de huevos". La profesora dijo que Drew se portaba bien, y no quería reportarlo con el director, pero quería que hablara con mi hijo porque su conducta era inaceptable. Cuando Drew llegó a casa le conté de la llamada. Parecía avergonzado. Me explicó que habían hecho una "práctica de huevos" que consistía en dejar caer huevos crudos de las escaleras para ver si se rompían o aterrizaban ilesos en los protectores que habían diseñado para este fin. Drew había estado muy emocionado sobre esta práctica, y había trabajado todo el fin de semana en su proyecto, se había desvelado para probar los distintos materiales y diseños.

Para su enorme decepción, su huevo no cayó en el protector y se reventó en el piso. ¡*Hubiera* funcionado de haberlo lanzado bien! Drew quería otra oportunidad. Se había esmerado tanto y esa mañana había ido a la escuela con muchísimo entusiasmo. Pero la profesora le gritó: "Es un turno por persona. ¡Límpialo!". Drew estaba tan triste que se fue molesto sin limpiar.

Acepté que no tener una segunda oportunidad era decepcionante e injusto, después de tanto esfuerzo. Reconocí lo increíble que había sido este invento que absorbía los impactos, etcétera. Pero al final, concluí: "Me preocupa que tu profesora está muy molesta contigo. Sé que te gusta su clase y detestaría que pasaras lo que queda del año con una profesora que te considera un niño irrespetuoso."

Drew contestó: "No te preocupes, mamá, me voy a disculpar. No necesito ayuda". Se sentó frente a la computadora y escribió una carta que entregó al día siguiente:

Querida profesora L:

Lamento mucho haber sido grosero ayer. No me di cuenta de que todos habían limpiado su huevo, así que pensé que sólo me lo estaba pidiendo a mí. No me gusta admitirlo, pero creo que tengo un "ligero problema con la autoridad", porque cuando alguien me ordena hacer algo, mi cerebro me manda un mensaje que dice: "¡No lo hagas sólo porque te lo están pidiendo!". Incluso cuando estoy a punto de hacerlo de todas formas, algo me dice que no.

Es obvio que no está bien y estoy intentando mejorar. Le ofrez-co una disculpa sincera por mi comportamiento de ayer. Como no sé cómo compensar la limpieza, aquí tiene algunos huevos de nues-tras gallinas, espero que los disfrute.

Atentamente,

Dan

Sobra decir que la profesora recibió la carta con cariño y resarció la relación.

REPASO: EL PROBLEMA CON "DISCÚLPATE"

En vez de exigirle a tu hijo que se disculpe:

1. **Describe tus sentimientos** (o los de la parte agraviada) sin acusar.

   —¡Ay, no, el dedo de Melissa se atoró en la puerta! ¡Eso duele mucho!

2. Dale la oportunidad de **reparar el daño...**

   a. Mejorar las cosas en el presente

   —¡Necesitamos una bandita adhesiva! ¿Puedes traer una del botiquín?

   —¿Puedes encontrar algo para consolarla?

   b. Mejorar las cosas en el futuro

   —Necesitamos recordarle a todos que no azoten la puerta. ¿Crees que funcione un letrero grande en la puerta? Tenemos cartón y crayolas...

3. Enséñale a **reconocer *tus* sentimientos**

   —Me ayudaría escuchar que entiendes lo preocupada que estaba anoche que llegaste tarde y no me llamaste para avisarme. *Después* podemos enfocarnos en qué hacer para la próxima.

*Cuando surja la oportunidad, **demuéstrale la conducta que quieres ver:***

4. Reconoce los sentimientos de la parte agraviada y **ofrece reparar el daño**

—Lamento mucho haberte avergonzado frente a tus amigos cuando mencioné que llevaras tu inhalador. La próxima vez que te quiera decir algo así, lo haré en privado.

Como antes

He estado intentando cambiar el modo en que les hablo a mis hijos. Así que cuando mi hija de nueve años, Miley, se quejó de algo, en vez de corregirla, reconocí sus sentimientos. Parecía un poco asombrada y sospechosa.

Miley: sólo lo dices porque leíste ese libro.

Yo: Sí, tienes razón. No acostumbro a hablar así. ¿Te gusta más que sea como antes?

Miley: ¡No!

Hasta que nos volvamos a encontrar

¿Quién puede hacer todo esto al mismo tiempo? Tantos consejos son agotadores.

No tienes que ser el "padre perfecto". ¡Nadie lo es! Sé igual de paciente e indulgente contigo mismo como quieres ser con tus hijos. Damos a los niños miles de oportunidades, y una más. Hagamos lo mismo con nosotros.

El doctor Haim Ginott, querido psicólogo infantil y pionero de este enfoque de la crianza, decía: "No tienes que ser ortodoxo. Puedes ser reformista. Aspiramos al 70%... aunque algunos días sólo lleguemos al 50%... incluso 10% puede suponer una diferencia importante en la relación".

¿Entonces para qué tomarnos tantas molestias? ¿La diferencia se nota mucho?

Tenemos dos razones para esforzarnos: el presente y el futuro.

Cuando utilizamos estas herramientas de comunicación, la vida con los niños en el presente es más agradable. Los niños se vuelven más cooperativos, pelean menos (entre ellos y con nosotros) y fortalecemos nuestro vínculo afectivo.

Al pensar en el futuro, contempla las cualidades que te gustaría que tuvieran tus hijos cuando crezcan. Padres y maestros nos cuentan que quieren que los niños sean amables, considerados, responsables y respetuosos; que resuelvan sus problemas con autonomía y que entiendan la perspectiva del otro.

Si queremos que salgan al mundo y consideren los sentimientos de los demás, tenemos que empezar por considerar los *suyos*. Si queremos que los niños crezcan y sean librepensadores, que resuelvan los problemas de forma responsable y contemplen las perspectivas de los demás, debemos considerar *sus* perspectivas y practicar con ellos para que tomen decisiones, se responsabilicen de sus actos y resuelvan sus problemas.

Imagina un mundo lleno de personas que resuelven problemas con respeto y bondad. Si podemos poblar el mundo con adultos así, podría valer la pena el esfuerzo.

Índice abreviado

Agradecemos mucho a...

Nuestros esposos, Andrew Manning y Don Abramson, quienes creyeron en nosotras y nos brindaron servicios vitales: fueron porristas, correctores de estilo y diseñadores.

Nuestros hijos, Dan, Sam y Zachary Faber Manning, así como Asher, Rashi y Shiriel King Abramson, por sus comentarios reflexivos, apoyo técnico y la ocasional comida casera. Sobre todo gracias a Dan por diseñar la fuente que usamos para recrear la caligrafía de los niños en las cartas escritas a mano en algunas historias.

Nuestros padres, Adele y Leslie Faber, así como Pat y Ed King, por su cariño, apoyo y sabiduría inquebrantable.

Nuestra artista, Emily Wimberly, por su imaginación, creatividad y buen humor, por capturar las emociones complejas con su pluma.

Nuestra editora, Kara Watson, y **nuestra agente,** Margaret Riley King, por su retroalimentación y sugerencias invaluables, desde sus perspectivas como profesionistas y madres.

Participantes en nuestros talleres y lectores de todo el mundo, quienes compartieron sus historias, nos hicieron preguntas y nos confiaron detalles de sus vidas.

Adele Faber y Elaine Mazlish, madres fundadoras y nuestra inspiración. Estamos orgullosas de continuar con su labor.

(Y a Kazi, el pastor belga de Joanna, por las historias de perros y por calentarle los dedos con la nariz mientras escribía.)

Índice analítico

/

Esta obra se imprimió y encuadernó
en el mes de octubre de 2022,
en los talleres de Impregráfica Digital, S.A. de C.V.,
Insurgentes Sur 1425-20, Col. Insurgentes Mixcoac,
C.P. 03920, Benito Juárez, Ciudad de México